犹太文丛

A SHORT HISTORY OF THE

JEWISH PEOPLE

From
Legendary Times

To
Modern Statehood

犹太人三千年简史

[美] 雷蒙德·P.谢德林　　　　著

张鋆良　　　译

宋立宏　　　校译

浙江人民出版社

图书在版编目（CIP）数据

犹太人三千年简史 ／（美）雷蒙德·P.谢德林著；张鋆良译. — 杭州：浙江人民出版社，2020.6（2023.11 重印）
ISBN 978-7-213-09442-2

Ⅰ. ①犹… Ⅱ. ①雷… ②张… Ⅲ. ①犹太人-民族-历史 Ⅳ. ①K18

中国版本图书馆 CIP 数据核字（2019）第 262245 号

浙江省版权局
著作权合同登记章
图字:11-2018-556号

地图审图号:GS(2019)4488 号

犹太人三千年简史

[美]雷蒙德·P.谢德林 著 张鋆良 译 宋立宏 校译

出版发行：浙江人民出版社(杭州市体育场路 347 号 邮编 310006)
　　　　　市场部电话：(0571)85061682　85176516

责任编辑：汪　芳
营销编辑：陈雯怡　陈芊如
责任校对：杨　帆
责任印务：程　琳
封面设计：秦　达
电脑制版：杭州大漠照排印刷有限公司
印　　刷：杭州富春印务有限公司
开　　本：880 毫米×1230 毫米　1/32　　　印　　张：9
字　　数：213 千字　　　　　　　　　　　插　　页：12
版　　次：2020 年 6 月第 1 版　　　　　　印　　次：2023 年 11 月第 5 次印刷
书　　号：ISBN 978-7-213-09442-2
定　　价：68.00 元

图1 "大卫的登基标志着成熟的以色列君主制正式启动，也标志着古以色列人明确出现在历史上。"（第16页）图为公元5—6世纪加沙地区一犹太会堂里马赛克地板上的大卫像（头像经过修复），上有希伯来文铭文"大卫"。宋立宏摄。

图2 "希西家加固耶路撒冷的城防，开凿著名的西罗亚水道（至今仍可参观）以保障城市供水。"（第24页）图为西罗亚水道中发现的铭文，内容是纪念水道开凿完成。刻于公元前8世纪。

图3 "从1947年开始，死海西面的旷野中发现大量写本和写本残片。"（第44页）图为发现死海古卷的以色列库姆兰地区的山洞。

图4　希律"最著名的工程是重修圣殿"（第46页）。图为希律圣殿的复原图。

图5　"今天耶路撒冷的哭墙（也称西墙），正是当年希律圣殿的挡土墙的残留。"（第47页）宋立宏摄。

6

图6 巴尔·科赫巴"自称'以色列的亲王（ha-Nasi）'，还发行带有'以色列救赎元年'之类铭文的钱币"（第56页）。图为巴尔·科赫巴起义第二年（133或134年）发行的银币，直径28毫米。一面（左）图案为耶路撒冷圣殿，两旁的铭文是"耶路撒冷"。另一面（右）为住棚节礼器"四类"：香橼果，旁边是束着桃金娘叶和柳条的棕树枝；周围的铭文是"以色列自由的第二年"。

图7 "在犹太民间传说中，哈德良是近乎恶魔般的存在"（第57页）。图为以色列境内发现的哈德良青铜雕像。宋立宏摄。

8

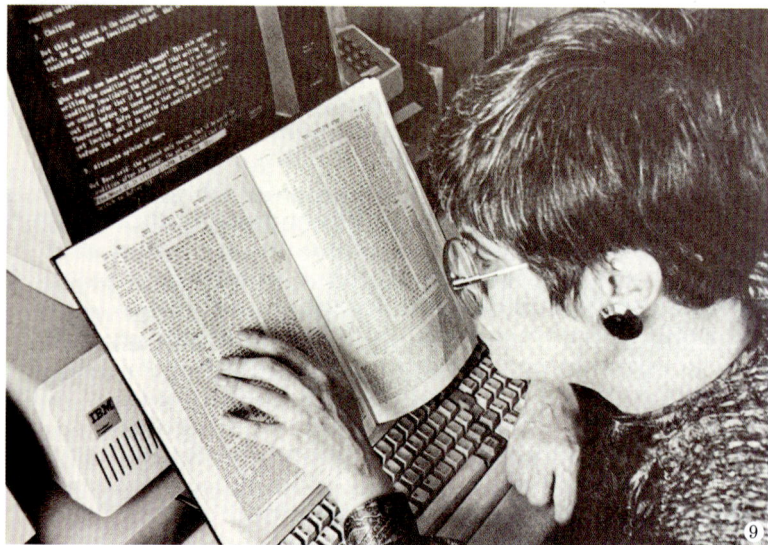

9

图8 "2世纪末,犹太族长拉比犹大编定和颁布《密释纳》,此书很快成为拉比犹太教的核心教科书,一直沿用至今"(第59页)。图为埋葬犹太族长拉比犹大的洞穴墓地,位于以色列贝特夏里姆(Beth She'arim)。宋立宏摄。

图9 研习者学习一页《塔木德》时,"一手的两指叉开,一指对着原文,一指对着评注,参照阅读"(第63页)。

图 10　迈蒙尼德（1138—1204 年），"伊斯兰时代最著名的犹太人"（第 85 页）。图为在其出生地西班牙科尔多瓦的迈蒙尼德雕像。

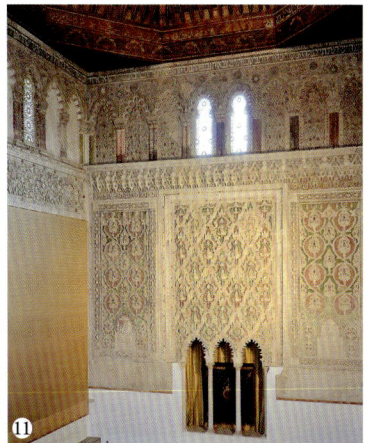

图 11　在 14 世纪，撒母耳·哈列维在"托莱多建造美丽的犹太会堂，这是西班牙屈指可数的几座留存至今的中世纪犹太会堂之一"（第 114 页）。

图 12　1492 年，斐迪南和伊莎贝拉决定把犹太人驱逐出西班牙，驱逐令于 3 月 31 日签发（第 118 页）。图为 1492 年 3 月 31 日签发的驱逐令。

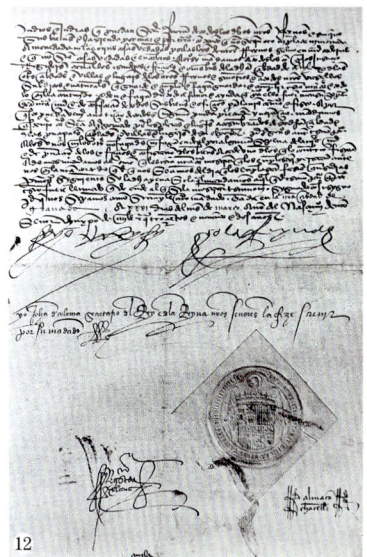

图 13 在 16 世纪，"最有权势的塞法迪犹太权贵是格拉西娅·纳西夫人（约 1510—1569年）"（第 126—127 页）。图为格拉西娅·纳西像，单面青铜章，左边希伯来文铭文是她的名字，右边拉丁文铭文是"年方 18 岁"，出自意大利佛莱拉。

图 14 采法特的核心人物是人称"狮子"（Ari）的以撒·卢里亚拉比（第 129 页）。图为卢里亚在以色列采法特的墓地。宋立宏摄。

图 15 "17 世纪以沙巴塔·泽维为核心的弥赛亚运动是迄今为止影响最大的一场"（第 129—130 页）。此图据说是 1666 年在士麦那见过沙巴塔·泽维的人画的他的画像，在传世的泽维画像中可能最接近他本人。

Waare afbeeldinge van Sabetha Sebi den genaemden hersteller des Joodtschen Rijcks. Vray pourtrait de Sabbathai Sevi qui se dict Restaurateur du Royaume de Juda & Israel.

图16 "摩洛哥犹太人从未获得法国公民身份，但在保护国的统治下，他们的生存条件有所改善。"（第135页）法国在1830年征服摩洛哥。法国名画家欧仁·德拉克洛瓦（Eugène Delacroix）于1832年游历北非，后带着大量表现犹太人与阿拉伯人生活的素描回国，并以此为素材创作油画，包括这幅《摩洛哥的犹太婚礼》（1841年）。

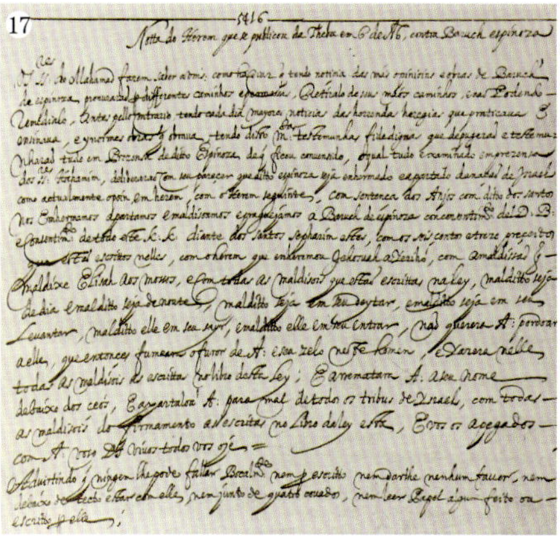

图17 犹太哲学家"斯宾诺莎在1656年被革除教籍"（第155页）。图为将斯宾诺莎革除出塞法迪犹太社群的革除令，1656年7月27日颁布。

图18 "德雷福斯是法军的犹太人高级军官，1893年被控犯有叛国罪，作为罪证的文件后来被证实系伪造。"（第161页）图为被剥夺徽章的德雷福斯，警局照片，1895年。

图 19 "以色列·巴阿尔·谢姆（约 1700—1760 年）创立的哈西德主义最先席卷乌克兰，然后横扫其他斯拉夫领土，它是对推崇《塔木德》所产生的过度理智倾向的纠正"（第 170 页）。图为以色列·巴阿尔·谢姆生前使用的犹太会堂，位于今乌克兰（当时属于波兰）的梅吉比日（Medzhybizh）镇。系 1929 年以前的照片。

图 20 "德裔犹太小贩扎堆聚集在城市中的德语街区（比如纽约的下东区）"（第 180 页）。图为纽约的下东区，约 1900 年。

图 21 "从 19 世纪 80 年代开始的大规模东欧移民潮是犹太史上最大的人口流动之一。它从根本上永久改变了美国犹太人的特质。"（第 182 页）图为约 1909 年的明信片，已在美国站稳脚跟的犹太人伸手迎接新来的犹太移民，希伯来文铭文意思是"我们要藏在你的翅膀中"，鹰象征美国。

图 22 美国保守派犹太教的领袖所罗门·谢克特（1847—1915 年）"是杰出的犹太教学者，曾在剑桥大学教授拉比文献"（第 184 页）。图为谢克特在剑桥大学整理 19 世纪末在埃及发现的中世纪犹太文书（关于这些"戈尼萨"文书，见第 86 页）。

  图 23 第二次世界大战"快结束时，苏联和美国的士兵解放了剩余的集中营，集中营囚犯的状况让他们目瞪口呆"（第 201 页）。图为 1945年 5 月达豪集中营的幸存者向前来解救的美军欢呼。

  图 24 "把犹太复国主义理念转变成一场国际运动的，却是一名同化了的匈牙利犹太人。西奥多·赫茨尔（1860—1904 年）"（第 208 页）。图为以色列耶路撒冷的赫茨尔陵墓。宋立宏摄。

图 25　以色列国第一任总理大卫·本－古里安。（第 212 页）图为今日以色列特拉维夫海滩上的大卫·本－古里安像。宋立宏摄。

图 26　"1909 年，第一座犹太人城市特拉维夫在巴勒斯坦建立"（第 212 页）。图为以色列画家流便·鲁宾（Reuven Rubin）作于 1923 年的油画《特拉维夫的房子》，他捕捉到此城建在沙丘上的初貌。

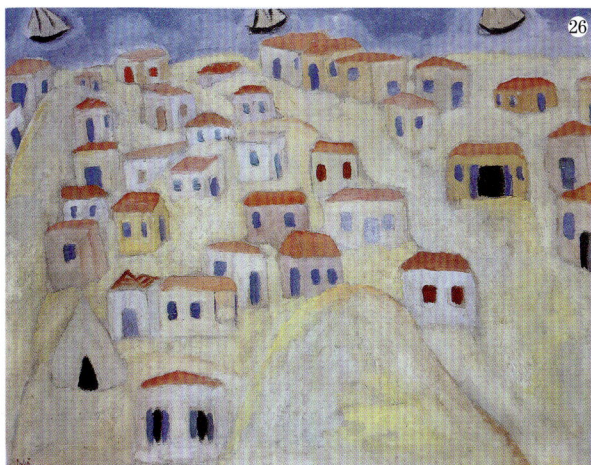

图27　卢巴维奇派哈西德在梅纳赫姆·孟德尔·施内尔松的领导下，出人意料地充分利用现代广告技术，引起广泛关注。"有传言说施内尔松本人就是弥赛亚，但他直到1994年去世从未自称是弥赛亚。"（第238页）图为纽约布鲁克林卢巴维奇派哈西德居住区金斯敦大街（Kingston Avenue）上的标牌，上有施内尔松像和"迎接弥赛亚"的字样。宋立宏摄。

图28　1991年苏联解体后，许多苏联犹太人移民以色列，"他们的数量多到改变了以色列的人口结构"（第246页）。图为1991年抵达以色列本-古里安机场的苏联移民。

什么构成犹太史的连续性

——中译本导读

　　书写历史并非自古就有的犹太传统。近代以前称得上是历史的犹太书写寥寥无几。希伯来语《圣经》（基督教术语叫"旧约"）中有些书卷被当作历史书，但《圣经》作者视历史进程为宗教真理不断展现的过程，体现的是上帝之手对人类事务的干预和控制，故历史在犹太传统中并非希腊意义上的探询，而是对神意的演绎。例外自然有，其中最重要的无疑是约瑟夫斯（Josephus），这位公元1世纪的犹太史学家借鉴希腊史学模式，用希腊文撰写了自创世到他那个时代的犹太史，然而，几乎没什么犹太人在18世纪以前阅读过，他的著作能够传世，完全是倚赖基督教教会的保存。

　　到了18世纪，对犹太人历史的兴趣才显著出现。开风气之先的是基督教作家。雅克·巴纳热（Jacques Basnage）的十五卷本《犹太人历史》（1716）从耶稣时代一直写到18世纪，其副标题明确说这是"充当约瑟夫斯所作历史的延续"。巴纳热是新教加尔文宗在法国的信徒（即胡格诺派），因为宗教信仰而被逐出法国，流亡荷兰。他撰写这部犹太史，除了秉持基督徒一贯有的向犹太人传教的热情，也包含对犹太人在后《圣经》时代流落天下的感同身受的移情。

　　自19世纪初起，随着历史在德国大学里渐渐脱离神学或希腊罗马经典著作而被单独讲授和研究,犹太学者才开始以学术批判的眼光看待自身过去。其时,启蒙运动和法国大革命虽然已让人人生而平等的理念广泛流行,但基督教世界对犹太人的传统偏见依然根深蒂固,犹太人要想切实获得所在国的完全公民权利,仍旧任重道远。另一方面,欧洲犹太人也感到有必要改革犹太教,剔除其中肉身复活等现代启蒙理性视为迷信的成分,以便让传统犹太教在一个宗教已退入私人领域从而可供个人自由选择的时代重现生机。正是在对外和对内这两条战线上,书写犹太史成了一些德国犹太学者顺应时代要求的一把利器。

在亚伯拉罕·盖格(参看本书第 162 页)等学者看来,后《圣经》时代的犹太史已没有什么政治内涵。公元 70 年第二圣殿的毁灭(churban)是犹太传统中莫大的灾难,犹太人因此在巴勒斯坦丧失政治主权,犹太教也从此彻底改变:学习宗教经典一旦取代圣殿中的动物献祭,成为宗教崇拜的形式,犹太教就成了一个可以带往世界各地的宗教,进而为一神思想在万民中的传播迈出决定性一步。因此,犹太教本身并非因循守旧者声称的那样一成不变,改革犹太教不仅在历史上有先例可循,更是促成犹太宗教传统获得更大发展的必由之路。相应地,书写犹太史的一个迫切任务,就是记录和分析宗教教义、仪式和制度的历代流变,让当时对犹太教的改革显得可以接受。

对政治维度缺失的强调还带有现实政治因素的考量。在盖格这类德国学者眼中,比第二圣殿毁灭更加重要的是亚夫内(Yavne)经学院的建立。《塔木德》中记载了一则传奇:罗马大军围攻耶路撒冷期间,拉比约哈南·本·扎卡伊预见圣城陷落和圣殿毁灭,便吩咐门徒把他装进棺材抬出城,然后来到罗马统帅面前,凭借机智获得许可,在亚夫内建立学院,确保继续有人研习犹太圣书(参看本书第 55 页)。亚夫内为犹太教日后的千秋大业奠定基础。盖格等人以亚夫内为分水岭,重新定义犹太人:在亚夫内经学院建立以前,犹太人是享有政治主权的民族,而此后犹太人只是一个精神上自由的宗教社群。将后《圣经》时代的犹太人定性为宗教社群,其当下的政治内涵显而易见。在现代民族国家中,做一个有犹太信仰的公民是可以接受的,但作为一个民族的犹太人就必然令德国主流社会猜忌他们到底更忠于德国,还是更忠于其他国家的犹太人;只有打消主流社会对这种双重忠诚的顾虑,才有利于犹太人获得所在国完全的公民权利。

于是,最早书写犹太史的德国犹太学者形成了一种共识:犹太人的历史独特性最能够体现在他们的一神观念之中,因此犹太史的本质是犹太信仰的历史。换言之,犹太人近两千年来流散在世界各地,既没有国家又没有土地,犹太史的连续性靠犹太教体现,书写犹太史就是书写犹太教史。

海因里希·格雷茨(Heinrich Graetz)的十一卷本《犹太人历史》(1853—1876 年)堪称德国犹太史编纂的最高结晶,也是整个 19 世纪出现的影响最大的犹太史作品。到格雷茨写作时,犹太史是犹太教史的观念已深入人心,但他更愿意用"民族魂"(*Volksseele*)这个比宗教宽泛的观念来统摄犹太史。他既没有脱离犹太民族抽象地去谈论一神观念,也没有关注犹太过去那些纯粹物质的方面。他聚焦思想和文化的发展,饱含激情地刻画出一部犹太集体灵魂的历史。不过,在格雷茨的时代,同化之风在德国犹太社群中越刮越烈,反犹主义也已在德国社会冉冉上升。他要在这两条战线上同时作战,因此,他书写犹太史,并不是为了拓展启蒙,也不想寻求让基督教社会在政治或智识上接受犹太人,而是要通过揭示犹太人走过的不同历史道路,为被现代性重创和削弱的犹太身份聚气和寻根,以重新恢复犹太人的自信;对于非犹太文化,他很少掩饰自己从道德和审美立场做出的负面评价。这种旨趣当然与渐渐兴盛的德意志民族主义南辕北辙,因此格雷茨遭到德国民族主义历史学家的厉声讨伐也就不奇怪了。

进入 20 世纪,在民族主义大潮的席卷下,德国犹太学者一直小心翼翼回避的用民族界定犹太史连续性的路径终于在东欧开花结果。东欧多民族、多语言共存的现实让西蒙·杜布诺夫(Simon Dubnow)反对犹太人不是民族而是宗教社群的观点,他认为犹太人漂泊了上千年,已成为精神上的民族,无需常规民族发展所依赖的国家和土地。事实上,这种不植根于土地而以历史与文化为安顿的民族,在他看来恰恰代表了民族发展的最高阶段。研究犹太史,就应当研究承载民族精神的民族制度。在他用俄文撰写(但最早用德文出版)的十卷本《世界犹太人史》(1925—1929 年)中,历史上形形色色自治的犹太社群(*kehilah*)便取代一神观念,构成体现犹太史连续性的主线。这部巨著也不再是宗教史、思想史或文学史,而毋宁说是一部制度史(杜布诺夫自称是"社会史")。杜布诺夫笃信,犹太人可以在异族统治的政治框架下通过自治的民族共同体而屹立于世界民族之林。

但这恰恰是持犹太复国主义立场的历史学家竭力反对的。他们认为犹太人生活在异族统治中根本没有希望,唯有时刻不忘《圣经》中的"应许之地",才能确保犹太人幸存,故犹太史的主旋律应当是揭示历代犹太人对"以色列地"(*Eretz Yisrael*,这是"巴勒斯坦"的希伯来文术语)的渴望和回归。这种立场的代表自然来自 1925 年开办的耶路撒冷希伯来大学的历史学家,他们几乎清一色是来自欧洲的移民。后来当上以色列国教育部部长的迪努尔(Ben-Zion Dinur,1884—1973 年)主张,犹太史的核心是以色列地的历史,犹太人在流散地的历史尽管不乏闪光之处,但更多的是迫害和苦难,由此造成的反抗迟早会把犹太人领回犹太史的起点,即以色列地;1700 年,一群波兰犹太人在一位信奉犹太神秘主义的拉比的带领下移居耶路撒冷,此事鲜为人知,但到迪努尔眼中就标志着现代犹太史的起点。相形之下,杜布诺夫把法国大革命作为现代犹太史的起点，因为正是这次革命把政治平等权赋予犹太人。以色列国研究《塔木德》时期历史的头号权威阿隆（Gedalyahu Alon，1901—1950 年）认为，亚夫内在历史上实为罗马人拘留战俘和逃犯的集中营，约哈南·本·扎卡伊是违背自己意愿而被送到那里的。这样，在德国犹太学者眼中确保犹太人幸存的纯粹的智识基础，就被犹太复国主义历史学家否认了；在耶路撒冷的犹太学者看来，政治奴役没什么好粉饰的，必须旗帜鲜明地反对政治上的不作为和对国家概念的放弃。阿隆的解读还强调了犹太人和非犹太人之间难以调和的对立，这也是这派学者的一个特点。

生活在以色列国之外的同辈犹太学者当然难以认同这些激进的观点。英语世界声望最高的犹太史学者要数萨罗·巴龙（Salo Witmayer Baron），他是美国大学里犹太史学术研究的开创人。在他的十八卷本《犹太人社会与宗教史》(1952—1983 年)中，核心不是以色列地，而是犹太人和犹太宗教。巴龙反复声称，犹太人的创造力与某方土地没有任何关系。对于写出多卷本犹太史的前辈，他也与他们明显有别。杜布诺夫虽然承认犹太人可以生活在异族统治下，但他对犹太民族的情感依恋使他不可能将犹太人所受的苦难归咎于他们自己，他们只是无辜的受害者，外部因素对犹太精神生活的影响在他那里也被最小化了。与之对照，巴龙总是结合特定时空下的普遍情况来论述犹太人、犹太教和犹太社群的发展，犹太史始终是内在的犹太因素与外在的非犹太因素共同作用的结果，他的连篇累牍的注释中包含大量非犹太史料。正因为熟悉犹太人生活的外部环境，巴龙坚持认为，中世纪和近代早期的犹太史绝非像格雷茨等人描绘的那样，是"催人泪下的"(lachrymose)受苦受难史；相反，犹太人的整体生活条件起码不低于周围非犹太人的生活条件，就算遇到极端情况，他们也有能力调整适应，并在此过程中激发丰富的创造力。然而，巴龙将犹太史正常化的努力在学界之外影响不大，他对犹太史就是一部血泪史的反驳不幸隐没在纳粹屠犹投下的漫长阴影之中，他沉溺于细节考证的写作风格则牺牲了可读性。

随着后现代思想席卷学术界，民族变成想象的共同体，传统是发明的，书写无非体现了权力，整个世界更像是一个集合各种话语的文本。在这种将一切相对化的智识氛围下，为历史叙述找寻任何一以贯之的稳定本质或核心就显得徒劳无益。虽然历史学科并没有因此而终结，但犹太史编纂却呈现出新的特点。

2002 年，美国犹太史学者大卫·比尔（David Biale）主编的《犹太人的文化：一部新史》（*Cultures of the Jews：A New History*）出版，这部1000 多页的著作由国际团队合作撰写，作者主要来自北美，但也包括以色列和法国学者。比尔认为，"民族"与"宗教"如今已不再是一成不变或铁板一块的客观范畴，而更多是主观构建，即历代犹太人相信自己有共同的民族传记和共同的文化。此外，犹太文化与犹太身份的产生还离不开犹太人与其邻居之间的权力关系，所以他主编这本犹太史，目标"是展示犹太人和非犹太人之间以及犹太世界不同群体之间的文化交流。聚焦的是断裂和非连续性，以及不同地点和不同时代的犹太文化之间的差异"。因此，不存在一个宗教社群，而只有多种犹太文化，正如"文化"在此书标题中是复数所强调的那样。此书尤其关注了以前被忽视的中下层和欧美之外的犹太文化，却没有单列一章谈论犹太哲学或思想史。尽管比尔认为无法再像前辈那样继续构建种种宏大的主导叙事（master narratives），但犹太人阶层之间、性别之间以及犹太人与非犹太人之间的共生（symbiosis）和混杂（hybridity）反倒构成此书一以贯之的特色。

今天，书本已不再是人们了解传统的唯一媒介，越来越多的人开始通过博物馆、互联网和影视作品获取历史知识。这些传播历史的新媒介显然已对历史书写本身产生影响。英国人西门·沙马(Simon Schama)的三卷本《犹太人的故事》是为配合同名电视纪录片撰写的,已出的两卷(2014,2017)共超过了千页。此书画面感逼真的精湛开篇完全出人意表:居然不在应许之地,而在埃及,还不是亚伯拉罕、摩西待过的埃及,而是公元前5世纪埃及象岛上驻扎的一支犹太雇佣军(对照本书第32页)。这在《圣经》中没有只言片语的记载,仅靠19世纪末意外发现的纸草才为人所知。象岛犹太人不说希伯来语,不爱读书,关心时尚,与异族通婚,甚至公然违反《圣经》中不得在耶路撒冷以外建造圣殿的禁令,自行建造了一座圣殿。一言以蔽之,这些神圣文本之外的犹太人才构成犹太史可靠的起点。全书的核心论点就蕴含在这个起点里:象岛犹太人迥异于传统犹太史学所塑造的那种虔诚、自闭、饱受迫害、被迫放债的犹太人,他们这类颇适应周遭环境的犹太人同样在历史上生生不息,理应与以耶路撒冷为中心的犹太叙事等量齐观。沙马光大了巴龙所开创的将犹太史正常化的努力,他在这条路上恐怕比任何前辈都走得要远。他眼中的犹太人不只是精神上的"圣书之民",因为全书焦点是犹太文明的物质遗存——纸草、陶片、壁画、马赛克地板、羊皮卷写本等。沙马仿佛博物馆馆长,娴熟地讲解着心爱的展品,对自己想到的任何相关背景也一并巨细靡遗地娓娓道来。然而,一件展品与下一件之间未必有时空上的联系,如果说传统的"历史"首先意味着按照线性时间展开叙述,那么这本大作的确名副其实,是一串串饶有趣味的"故事"。

后现代盛行的文化多元主义在保护少数群体和弱势群体,并号召主流社会关怀这些群体的同时,也鼓励他们表达自己的诉求。正统派犹太人如今也开始书写他们以前漠不关心的历史,不仅愿意考虑非犹太内容,而且讨论自己的写作立场,并采用注释、参考书目等现代学术形式。这些著作是为正统派犹太人所写,在他们中间甚至颇为流行,其中美国出生、现居耶路撒冷的拉比韦恩（Berel Wein）的著作特别有影响。在韦恩看来，一部犹太史就是在忠于犹太传统还是反叛犹太传统这两极之间来回摇摆的种种表现的集成。在这场旷日持久的文化战争中，他的主角与重点自然是犹太教史上的重要拉比和犹太人内部的重要争论，谁能最终赢得胜利是一目了然的。"我越是阅读和研究犹太史，就越清楚地知道一位作者和策划者在引导以色列走向自己的命运。"这是要逆流回到《圣经》中上帝之手引领人类事务的神学史观。

对照上述犹太史学编纂的种种取向，谢德林这本1998年出版的犹太简史的特点就明朗了。本书不是犹太教史，犹太宗教在谢德林眼中只是犹太身份的一个组成部分，犹太人的语言、制度、书籍和历史本身同样重要。每个时代的主要犹太社群构成这本犹太史的叙事主线，杜布诺夫的遗产依然清晰可见。而在谢德林的视野里，只有与非犹太人的社会和文化不断互动的犹太社群才能繁荣与持久，才构成各个时代的主流犹太社群，这与巴龙的思想一脉相承。谢德林博士毕业于巴龙执教的哥伦比亚大学，后长期任教于纽约的美国犹太神学院，这是保守派犹太教的旗舰学校（见本书第184页），其学风素以博采传统和现代学术的精华而闻名。谢德林参加了比尔主编的那本犹太史的写作，与比尔一样，他在本书中也着意揭示不同犹太社群之间的文化差异，并开创性地在通史著作中突破欧美中心论，系统介绍了北非和中东犹太人在近现代犹太史上所起的作用，本书第六章的内容至今能在中文世界填补空白，这方面的学术优势主要得益于谢德林自己就是精研伊斯兰世界犹太诗歌的顶尖学者。本书不是多卷本或大部头的犹太通史，因而更有利于呈现出整个犹太史的发展脉络，而不至于让初学者见树不见林。但即使如此，要把漫长的犹太史精练到这个篇幅，仍难免用到不少令普通读者茫然的专有名词和术语。作者思虑周详，特地为每章配上大事年表、地图和知识要点栏，从而大大有助于读者消化吸收和把握重点。

总之,这本犹太史兼顾学术性和可读性,观点上不刻意出奇制胜却又能充分反映现代学术发展的潮流,取材上则在围绕流散地和以色列地的叙事之间达成平衡,是对三千年犹太史凝练而精到的综合,堪称引领读者一窥犹太史堂奥的难得佳作。此书出版 20 年后未经修订仍在不断重印,足见它在构思和写作方面的成熟。

约十年前,当时在宾夕法尼亚大学的大卫·斯特恩(David Stern)教授向我推荐了此书,此后我一直用它作为研究生教学的教材或补充读物,对此书的价值体会渐深。张銎良没有告知我便将它译成中文,令我欣喜,这对他应当是一次很好的学习。我在他译文的基础上做了校对和修订,这对我自己又是一次很好的学习,让我对怎样精练、准确地表述犹太史有了新的体会。我请谢德林教授为中文版更新了书后的"犹太史书目",其中有中译本的我已附上相关出版信息。谢德林教授还修订了原书极个别地方,中译本里不再一一标举。原书无注释,中译本脚注由我添加,旨在帮助读者理解原文,尽可能简短为要。原书历史人物和地名众多,未在索引中出现而又比较生僻者,中译本正文已附上原文。中译本的出版除了需要感谢斯特恩教授当初的推荐,还要感谢汪芳编辑的支持,杨沁龙、乔卉楠也为译稿提出建议,在此一并致谢。

【书目附言】

谢德林教授在书后"犹太史书目"的"通论"下列有犹太史基本书目。关于犹太史学编纂,除了"通论"中推荐的 Yosef Hayim Yerushalmi 的开创性著作,本文还参考了这个出色的选本 Michael A. Meyer(ed.), *Ideas of Jewish History* (New York, 1974)以及这本近著 Michael Brenner, *Prophets of the Past*：*Interpreters of Jewish History*（Princeton，2010）。关于约瑟夫斯，参看泰萨·瑞洁克的《史学家约瑟夫斯及其世界》（周平译，商务印书馆 2014 年）。"通论"中 Louis Finkelstein 主编的著作是把犹太人设想成宗教社群的代表作，H. H. Ben Sasson 主编的著作是反映犹太复国主义立场的代表作。阿隆对亚夫内的解读见 Gedalyahu Alon, *Jews*, *Judaism and the Classical World*：*Studies in Jewish History in the Times of the Second Temple and Talmud*（Jerusalem，1977），pp. 269—313。谢德林教授建议本书中文版删去原书"通论"中列入的巴龙的多卷本犹太史，显然是因为此书可读性不强，但巴龙的历史观至今在英美学界影响不衰。拉比韦恩的代表作是 Berel Wein, *Survival*：*The Story of the Jews in the Modern Era 1650—1990*（New York，1990）。

中文世界已出版几本犹太史译著。阿巴·埃班的《犹太史》（阎瑞松译，中国社会科学出版社 1986 年）是我国改革开放后第一部犹太通史译著（中译本缺原书最后一章"今日犹太世界"），原书名为《我的人民：犹太人的故事》（Abba Eban, *My People*：*The Story of the Jews*），出版于1968年，作者当时任以色列国外交部部长。罗伯特·M.塞尔茨的《犹太的思想》（赵立行、冯玮译，上海三联书店 1994 年）出色地梳理了犹太思想和犹太历史的关系，原书名为《犹太人民，犹太思想：犹太历史经验》（Robert M. Seltzer, *Jewish People*, *Jewish Thought*：*The Jewish Experience in History*，1980）。塞西尔·罗斯的《简明犹太民族史》（Cecil Roth, *A Short History of the Jewish People*；黄福武、王丽丽等译，山东大学出版社 1997 年）中译本根据第六版译出，写到1967年六日战争，作者是庶几与巴龙齐名的英国犹太历史学家，史学观点也与巴龙相近，反对犹太史就是血泪史。西门·沙马三部曲的第一卷《犹太人的故事：寻找失落的字符（公元前 1000 年—公元 1492

年)》中译本已经出版(黄福武、黄梦初译,化学工业出版社 2016 年),沙马写作此书的缘起正是多年前受邀续写塞西尔·罗斯一本未竟的犹太史。伯纳德·J.巴姆伯格的《犹太文明史话》(Bernard J. Bamberger, *The Story of Judaism*,1970;肖宪译,商务印书馆 2013 年)是一位美国改革派拉比写的犹太教史。另有两本图文并茂的犹太史图录的中译本(出版信息见"通论"),也有助于普及犹太史。

宋立宏

2019 年 2 月

于香港道风山

目　录

引　言 / 001

第一章　古以色列人的起源和王国

　　　　公元前 1220 年以前至公元前 587 年 / 007

第二章　犹地亚和流散的起源

　　　　公元前 587 年至公元 70 年 / 029

第三章　罗马治下的巴勒斯坦和萨珊治下的巴比伦

　　　　70—632 年 / 053

第四章　伊斯兰世界的犹太人

　　　　632—1500 年 / 071

第五章　中世纪基督教欧洲的犹太人

　　　　9 世纪至 1500 年 / 096

第六章　奥斯曼帝国和中东的犹太人

　　　　1453—1948 年 / 120

第七章　西欧犹太人

　　　　1500—1900 年 / 144

第八章　　东欧犹太人和美国犹太人

　　　　　　1770—1940 年 / 166

第九章　　纳粹屠犹 / 189

第十章　　犹太复国主义和以色列国的起源 / 205

第十一章　1948 年后的犹太人 / 221

跋　语　　犹太人的前景 / 247

致　谢 / 250

犹太史书目 / 251

索　引 / 258

译后记 / 271

引　言

"犹太人简史"这种说法似乎有点自相矛盾，因为犹太人素以古老和历史悠久著称，更何况犹太人的故事没法单独讲述，因为在很大程度上，这个小民族的历史一直在为其他更强、更大的民族的历史作注脚。要把握犹太史，理想的做法是展现整个犹太史的舞台，它包括从伊朗到地中海的亚洲地区、欧洲、北非，以及大西洋彼岸的北美。这众多地区和文化中的更替与变化塑造着犹太史，也成就了犹太人。但要理解整部西方历史和犹太人在其中扮演的角色，显然不是一本小书能完成的，而鸿篇巨制又定然会使那些刚刚开始探究犹太人的读者望而却步。

本书恰恰是为这类读者设计的，目标是让犹太史的悠长脉络明白易懂，以讲故事的方式让读者看清犹太史的发展轮廓。本书还想帮助读者开始系统地思考犹太史的若干基本问题：犹太人从何处来？他们为何离开故土？他们往何处去？他们如何在多个世纪的流散中保持犹太身份？哪些大模式决定他们当中的不同社群具有不同的特征？他们为什么如此讨人嫌，以致穷困落魄和遭人驱逐充斥在他们的大部分历史中？他们如何受现代性影响？当代犹太人拥有引以为豪的民族身份和成就斐然的民族家园，他们是如何从过去的饱受蹂躏中脱颖而出的？

犹太史引人入胜,但并非一部怪力乱神的历史。犹太人的源远流长可能在世界历史中也不多见,但它完全能像其他人类的制度和活动那样得到合理解释。不过,由于历史对定义犹太身份举足轻重,犹太史常常被叙述成一个理想化的民族神话,而不是被讲述为带有人类缺点和趣味的真人真事。犹太人的民族英雄,比如犹大·马卡比、阿齐瓦拉比、迈蒙尼德和大卫·本-古里安,都受到赞颂,成了所有人类价值观的典范;他们的敌人则被诅咒为妖魔邪祟的化身;在某些历史环境中扮演犹太人角色的非犹太人被称为"正义的外邦人"(righteous Gentiles);而那些追求自己利益而非广大犹太人利益的犹太人则被污蔑为叛徒。在这类刻画中,后见之明造成误判。比如,在公元最初几个世纪中,拉比犹太教逐步成为犹太教的主导形式,同时期其他形式的犹太教则被当作异端邪说。

民族神话对于塑造民族身份极为重要,世界上所有的家族、部落、族群或民族都有各自的神话。但这些神话往往相互冲突,不同的人群又将自己的历史奉为正宗,以致与其他人群的友善互动很难开展。当前的中东冲突就是绝佳例子,展现出两种民族神话之间的对立不可调和,而这种例子世界上比比皆是。美国的印第安人、资产阶级、黑人民族主义者讲述美国历史的方式完全不同。如果不同的人群坚持自己对历史和民族命运的看法是唯一正确的,那么他们就无法和谐共存。因此,学术性的历史对于社会至关重要,它的一个目的,就是鉴别对民族历史的曲解,并尽可能以人力所及的中立态度纠正此类曲解造成的后果。

如何从学术性的历史中清除民族神话,这个问题对最早期犹太史的影响尤其大。关于这一时期,我们掌握的大部分信息来自《圣经》,这是一部绝妙的民族历史,记载了展示神迹的故事,并假定上帝之手控制着以色列和其他民族的命运。此外,由于《圣经》文本具有神圣性，读者往往怀着两种偏见看待《圣经》：传统的信徒容易将其中的字字句句当作真实不虚，而不信教的人则觉得是满纸荒唐言。一旦结合考古遗存和其他古代史料阅读《圣经》，并运用阅读其他古代宗教文本时所用的工具，就能获得一些有用的历史素材，但《圣经》是犹太人对自身起源的记述，和任何关于民族起源的故事一样，必须谨慎和批判地加以看待。

本书还要避免另一个相关的曲解，它源于我们把自己时代习以为常的地缘政治概念叠加在更早时代上。我们想当然地认为，由穆斯林主导的北非、中东、西亚所组成的"东方"与欧洲所在的"西方"之间的文化鸿沟自古就有。近几个世纪以来，这种东西方的划分说得通，但如果把它运用到从亚历山大大帝到十字军东征的1500年，便只会造成混乱。在这一时段早期，我们所谓的东方比大部分我们所谓的西方更加希腊化，比如，公元前1世纪的伊拉克远比现在法国所在的地区更加"西方"；在这一时段后期，地中海各地分属基督教和伊斯兰教领地，因而在宗教和语言上多有差异，尽管如此，各地之间的文化和商业联系还是比人们想象的要密切。此外，在这一时段的多数时间里，现今在经济、技术、政治和文化发展上落后于欧美的地区反而先进得多——它们实际上是当时的"发达国家"。本书试图充分重视中东的犹太人，中东犹太社群经常被视为边缘或带有异域风情的，但在多个世纪里，它却是世界上最强大、最成功的犹太社群。

本书还要纠正一个类似的曲解，即忽视中东犹太人和塞法迪犹太人在现代犹太史上的作用。这两个犹太社群（在当代讨论中经常被混为一谈）虽然在现代随着东道国的衰落而式微，但在以色列国建国以前，无论就人数还是文化活动而言，他们一直是重要的，他们的后裔目前在以色列国是人数庞大的新兴力量。然而，就连研究犹太史的资深学者也常常忽略他们。本书要试着还他们以应有的地位。

犹太人分散在众多不同的民族和文化中,一个地区的犹太社群与其他地区的犹太社群经历不同,采取的文化形式也不同。因此,对于大部分犹太史,如果严格按照时间顺序编排,难免显得牵强和混乱。对于某些时期,将较大的犹太社群分开单列,把它们当作平行单位,再按时间顺序讲述它们的故事,叙事线条会显得更加清晰。这种方法也能为理解现代各犹太社群的不同特点奠定更好的基础,比如,可以揭示为什么二战前波兰的犹太人会迥异于战前土耳其、摩洛哥或美国的犹太人。

xii

本书不是犹太宗教的历史。如同所有的人类制度和犹太人自身一样,犹太教许多个世纪以来一直在演变,这一演化过程的迷人故事值得单独讲述。但犹太人和犹太教完全不是一回事,两者在现代更是泾渭分明,澄清这点很重要。在 20 世纪末,相对而言,世上几乎没有犹太人再把宗教信仰或行为作为界定犹太人的主要依据,连世上绝大多数犹太人,包括其中积极认同犹太身份的许多人,也难以讲清楚犹太教的教义和实践。有理由认为,犹太人并不共享同一宗教而是共享同一历史,虽说大多数犹太人很可能不会这样明说。相应地,本书虽然也涉及宗教,但仅仅将之作为犹太身份的几个组成部分之一,和犹太人的语言、书籍(世俗的和宗教的)、制度以及历史本身等量齐观。我们的话题不是犹太教,而是犹太人。

受篇幅所限,我无法一一提及历史上每个犹太社群,对一些有趣的犹太社群,只能忍痛割爱,要么省去,要么一笔带过,其中包括印度、埃塞俄比亚、格鲁吉亚、布哈拉、也门和中国的犹太人。将本书篇幅增加一倍并不难,难的是把它缩减到现在的规模。我努力坚持的原则是,只系统描述每个时期占主导地位的社群,即看得到大局的社群。作为补偿,我提供了足够多的参考书目,读者自可顺藤摸瓜,对犹太史最感兴趣的方面继续探索。

　　上文已经强调,无论研究什么历史,都应以人力之所及,尽可能获得一种全球视野。但我还是要承认,我自己与本书话题的关系不能算中立。我自视为犹太史的积极参与者、热忱的希伯来语研究者、有选择地奉行犹太宗教传统的人、中世纪希伯来语文学的专业学者。尽管我个人长期对本书话题沉潜含玩,但我已经尽力在书中维护此处提倡的全球视野。我发现犹太人的一切都引人入胜,而令我尤感兴趣的是,犹太人是如何与自己栖身其中的不同民族与文化展开互动,既适应周遭的环境,又保留风格各异的传承的。我希望能够通过这本犹太人简史,也让读者多少感受到我的这份热情。

xiii

在但废丘(Tel Dan)发现的早期亚兰语石刻,来自公元前 9 世纪,第九行提到"大卫家族"。照片,版权方为泽夫·拉多万。

第一章　古以色列人的起源和王国

公元前 1220 年以前至公元前 587 年

犹太史长剧的第一幕是古以色列人（Israelites）的时代。公元前
1000 年左右，古以色列人在地中海东岸当时称作"迦南"的地方建立王
国，这个王国持续了 400 多年，毁于公元前 587 年。古以色列人王国的
历史并非传说；该王国国王的事迹、作战的情况、若干社会经济状况和
大量宗教信息，就保存在《圣经》的几卷历史书中（主要是《列王纪》和
《历代志》）。这些历史书中的部分记载可以被考古遗迹和本地区其他
民族保留的记录佐证或纠正。这是因为，古以色列人的王国（在历史
上有段时间被分成两个王国，见下文）虽然占地不大，但所处的地理位
置对相邻的列强很重要。

年　表

犹太历史	时间（公元前）	世界通史
	约 3200	埃及王国建立
先祖时代	约 1900	
	约 1728—1686	汉谟拉比王统治巴比伦
	约 1650—约 1550	埃及喜克索斯王朝
	约 1370—约 1353	法老阿赫那吞统治埃及

续表

犹太历史	时间(公元前)	世界通史
	约 1290—1224	法老拉美西斯二世统治埃及
出埃及	约 1280	
	约 1224—1216	法老梅内普塔统治埃及
约书亚率军征服迦南	约 1250—1200	非利士人在巴勒斯坦定居
士师时代	约 1220—1020	
撒母耳	约 1050	
扫罗	约 1020—1000	
大卫	约 1000—961	
所罗门	961—922	
王国分裂:罗波安统治犹大,耶罗波安统治以色列	922	
约沙法统治犹大	873—849	
亚哈和耶洗别统治以色列	869—850	
亚他利雅统治犹大	842—837	
耶户统治以色列	842—815	
耶罗波安二世统治以色列	786—746	
乌西雅王统治犹大	783—742	
	745—727	亚述国王提革拉毗列色三世
亚哈斯统治犹大	735—715	
何细亚统治以色列	732—724	
	727—722	撒缦以色五世
	722—705	撒珥根二世
以色列灭国;北方十支派遭放逐	721	
希西家统治犹大	715—687	

续表

犹太历史	时间(公元前)	世界通史
	705—681	西拿基立
西拿基立攻打耶路撒冷	701	
约西亚	640—609	
	612	尼尼微被巴比伦人攻陷
米吉多战役	609	
	605—562	巴比伦王尼布甲尼撒
约雅斤被放逐到巴比伦	597	
西底家	597—587	
耶路撒冷沦陷； 巴比伦之囚开始	587	

迦南地的西南面是埃及，一个伟大而强势的王国，埃及不间断的历史始自大约公元前3200年。隔着东北方的沙漠，往东就是另一个古老文明的故乡美索不达米亚，它同样始于公元前第四个千年，美索不达米亚文明孕育出几个强国。和古以色列人王国同时代的主要帝国先有亚述人的帝国，再有新巴比伦帝国。在古以色列人的时代，这些美索不达米亚国家和埃及是该地区权力的主要竞争者，而古以色列人的领土恰恰构成它们中间的地理桥梁。古以色列王国的大部分政治史，反映了埃及和美索不达米亚之间的竞争史。一旦周围重要的邻国国力虚弱或者自顾不暇，古以色列人的王国(或者说两个王国)就能获得最大的成功；一旦邻国国力强盛或者竞争白热化，古以色列人的王国就能蒙受某个邻国的恩泽，实现适度的繁荣，但它也可能卷入竞争，进退维谷。最终，它还是选错投靠对象，惨遭灭国。

不过，古以色列人王国的人民究竟从何而来？关于这个问题，原始资料含糊不清。《圣经》以外明确提到古以色列人的最早资料，是一段大约公元前 1220 年的埃及碑文,内容是纪念埃及法老梅内普塔(Marniptah)在迦南地战胜古以色列人和其他几个民族。但是,古以色列人的起源以及接下来直到建立君主制的这段历史隐没在黑暗中。和大多数民族一样,古以色列人为他们的起源创作了一个故事,它部分基于事实,部分基于对各种大事件的师心自用的解读,部分则基于民间传说。

《圣经》以外的记录显示,在公元前第二个千年的早期,有几波移民迁入美索不达米亚(即底格里斯河与幼发拉底河流域,相当于今伊拉克和叙利亚东部)和迦南,他们都属于一个半游牧民族,史称西闪米特人或亚摩利人。这些人很可能是定居在迦南北部(大致相当于今叙利亚东部)的亚兰人和定居在迦南南部(大致相当于今以色列)的古以色列人的共同祖先。这些移民在人种上接近迦南土著,并接受了迦南土著的语言和文化。在这些移民中,有些人过着半游牧的生活,主要

迦南及周边地区

在中部山区和南部地区的荒漠中活动,饲养牛、绵羊和山羊,偶尔种种地;有时他们跟定居的农耕人口起冲突,不过在大部分时间里他们不与人交往。美索不达米亚和埃及也有这样的边缘民族,史称哈比鲁人或阿毗鲁人。这两个名称不表示族群或氏族,而表示社会阶层,或许就是"希伯来"一词的来源,《圣经》则把"希伯来"这个词和亚伯拉罕联系在一起。①

有些迦南人和亚摩利人前往埃及,趁着埃及中王国虚弱,于公元前1720年左右占据尼罗河三角洲地区。在公元前1650年左右,他们接管整个国家,建立起自己的埃及王朝,史称喜克索斯王朝,持续了大约100年。

《创世记》和《出埃及记》记载的古以色列人自己的故事,与上述大迁徙十分吻合。《创世记》声称希伯来人亚伯拉罕是美索不达米亚人,他遵从上帝的命令,迁居迦南地。他和儿子以撒居住在迦南,但他的孙子雅各逃荒去了埃及。雅各的儿子约瑟在埃及成了重臣。他和雅各的其他11个儿子,即以色列十二支派的祖先一起享受荣华富贵,但他们的后代却沦为埃及人的奴隶。《圣经》关于迁居埃及的记叙,能很好反映公元前15世纪阿毗鲁人在埃及的出现。约瑟的飞黄腾达则与第18和第19王朝有非埃及裔朝臣的零星记载相符。《圣经》描述古以色列人受到奴役,建造比东(Pithom)和兰塞(Ramses)两座城市,这可能和历史上两个工程有关:塞索斯一世(Sethos Ⅰ,公元前1305—前1290年在位)在阿瓦里斯(Avaris)城建造赛特神庙,拉美西斯二世(公元前1290—前1224年在位)在派兰塞(Pi-Ramses)创建新都城。与非常普遍的印象相反,古以色列人不可能参与建造著名的吉萨金字塔,如果他们真到过埃及,也是金字塔建成后将近1000年的事。

---

① 见《创世记》14:13。——校者注

古以色列人逃离埃及的过程叫"出埃及记"，记载在《圣经》的同名书卷中。与上文提到的史实对照，出埃及可能发生在拉美西斯二世统治时期。发生在此时，也能和上述梅内普塔碑文中提到的公元前1220年左右迦南地的古以色列人相合。但碑文中的古以色列人和从埃及来迦南地的那些人是同一群人吗？从《圣经》记叙的主体看，他们似乎是同一群人，因为这种记叙假定全体古以色列人都在埃及。不过，《圣经》中另有记叙强烈地暗示，他们逃出埃及进入迦南后，与几支人种上有联系的部落汇合，这些部落并非亚伯拉罕、以撒、雅各的后代，也没有去过埃及。如果这是真的，那么正是这些不同人群的联合创造出后来被称为古以色列人的民族。这是今天大部分历史学者接受的说法。

《圣经》的叙述把古以色列人历史中的所有事件都定性为神意。据《圣经》记载，上帝命令亚伯拉罕离开美索不达米亚，前往迦南地定居。亚伯拉罕一抵达迦南，上帝就告诉他，他的后代将在埃及当奴隶，但最终会获救，返回迦南地，作为上帝的选民永远生活在那里。亚伯拉罕的儿子以撒和孙子雅各都住在迦南，但雅各的儿子合谋将自己的弟弟约瑟卖给一帮以实玛利商人，约瑟被带到埃及；这些事都在上帝的计划中，为的是让这个家族安然度过日后的饥荒，不过当事人毫不知情。约瑟历经艰险，当上大官，能够在父亲和兄弟最终逃荒到埃及时接济他们，把他们安置在尼罗河三角洲某处，《圣经》称此地为歌珊地。

《圣经》接着说，在约瑟和器重他的法老去世后，雅各的后代继续繁衍，数量之多，引起新统治者敌视，终使他们沦为奴隶。一个在埃及出生的古以色列人摩西救了他们。新法老曾下令把所有古以色列人的儿童投入尼罗河淹死，但法老女儿救下摩西，养在皇宫里。摩西多行奇迹，引诱法老释放古以色列人，但徒劳无功；最终，他把古以色列人带到《圣经》中称为"芦苇海"（通常译作"红海"，但不能认定就是现在的红海）的水边。他向上帝祈祷，海水便神奇地分开，他们得以通过，而后海水合上，将埃及军队淹没。接着，古以色列人来到西奈半岛南部的西奈山，在今天名为摩西山（Jebel Musa）的山脚下扎营。他们在那里目睹上帝显现的奇迹，领受祂的律法。根据古以色列人的传统，正是这件事将古以色列人祝圣为上帝的选民，也把遵从上帝特殊命令的责任强加给他们。

离开埃及时，古以色列人小心翼翼，避开沿海岸线进入迦南地西南部的道路，这条道上遍布埃及人的要塞。不过，他们一旦试着从南部进入迦南地，就发现道路受阻。他们在别是巴正南面的绿洲加低斯（Kadesh）长期驻扎，又在旷野中流浪了一段时间，然后向东绕行一大圈，避开刚刚形成的以东王国和摩押王国（分别位于死海的东南面和东面，在今约旦王国境内），征服约旦河东岸的亚摩利人王国的都城希实本（Heshbon）。此时，渡过耶利哥对面的约旦河对他们来说已成坦途。摩西这时去世，继承他的是约书亚。

接下来的事情，《圣经》中有两种说法。一说古以色列人征服耶利哥，通过三次迅捷的战役横扫此地，再由古以色列人的十二支派将它瓜分。但是，《圣经》又说这次征服进展缓慢，缺乏协调，到约书亚去世时仍未竟全功。考古证据尚不能让我们下结论，但却证实许多迦南人的城市在公元前13世纪后半叶被毁，并显示一些城市在同一时期反复经历了毁灭和重建。似乎可以肯定，古以色列人一开始在中部山区要比在沿海平原或者耶斯列平原更成功。

从公元前13世纪末到公元前11世纪末，迦南的古以色列人组成一个十二支派的联盟。两个支派（流便和迦得）完全定居在外约旦，一个支派（玛拿西）控制约旦河两岸的领土。犹大支派控制着约旦河以西的南部领土，约旦河以西的中部领土被便雅悯、以法莲和玛拿西占领，较小的几个支派占领耶斯列平原北部的领土。然而，迦南人的飞地遍布四方；部分沿海平原还掌握在源自爱琴海的敌对的侵略者手里，他们被统称为海上民族，其中的非利士人将成为最令古以色列人头疼的势力。很久以后，正是非利士人的名称将与这片土地联系在一起，让它得名"巴勒斯坦"，这个名字今天依然为人熟知。

古以色列人的联盟没有正式的中央政府或首都，但各个支派因为一个圣约和一位叫耶和华（Yahweh）①的共同的神而同气连枝，互相负责。圣约收纳在圣龛即约柜里，后来安放在中部山区的示罗。必要时会召开所有支派的长老会，共同谋划统一行动，但各个支派通常各自为政、各行其是，有时也临时结盟。魅力超凡的领袖不时出现，领导几个支派或者所有支派，讨伐征战。《圣经》管这种领袖叫"士师"，这些豪杰智勇双全，一生的事迹丰富多彩；以笏、底波拉、基甸和参孙是其中最有名的士师。

古以色列人逐渐从游牧民族变为农耕民族；他们建立城镇，砍伐森林，发展技术，还要应对没有被征服和吞并的迦南人族群的敌视。但是，他们的联盟不够强大，不足以对付非利士人，后者是一群侵略成性的军事贵族，并不满足于攻击邻居，还一直伺机利用埃及的弱点，想侵占整个迦南。非利士人占有重大技术优势，懂得制铁，能熟练驾驭战车。在公元前1050年左右，他们在亚弗（Aphek）的一场大战中获胜，夺得（被带到战场的）约柜，摧毁示罗城，占领大部分地区。作为回应，古以色列人建立君主制，以便协调作战，他们选出扫罗任首位国王。

于是，突出士师之领袖魅力的政府形式被君主制替代，这并非人人所乐见；扫罗能当选，不光是因为得到德高望重的先知撒母耳（他起

---

① 汉语学界又译作"雅威"。这个神名（יהוה）在犹太传统中不发音，不能念出来（17世纪的沙巴塔·泽维曾当众念出此名，被革除教籍，见本书第130页），从这个意义上说，译成"耶和华"和"雅威"没有区别。——校者注

初反对这种改变)的支持,还要归功于他的人格魅力,这让他的统治看起来像是旧政权的延续。不过他虽然一开始对非利士人的作战卓有成效,但后来就变得反复无常,时不时流露出沮丧和愤怒,还屡有误判。撒母耳转而支持扫罗王麾下的年轻将领大卫,此人和非利士著名英雄歌利亚打仗,获胜后声名远扬。作为战士,大卫受到爱戴,让扫罗相形见绌。扫罗妒火中烧,将标枪冲着大卫投去,欲刺杀他,大卫只能逃到非利士人那里避祸。在他们中间,大卫玩起危险的两面派游戏。他冒迦特的非利士王之名,领着自己的民兵一次次假装袭扰犹大支派,但实际上,他却肆意袭击敌视犹大支派的亚玛力人和其他迦南人部落,因而被犹大支派的人当作保护者,赢得口碑。

大约公元前 1000 年,古以色列人在耶斯列平原惨败于非利士人。扫罗的三个儿子被杀,扫罗自杀;扫罗幸存的儿子伊施巴力(Eshbaal)继位,但没能坐稳王位。大卫从犹大支派那里收获回报,他们在希伯仑将他推举为王,这很可能得到非利士人的首肯。软弱的伊施巴力遭谋杀后,大卫轻易获得北部各支派的支持。几年之内,他又征服犹大支派和便雅悯支派交界处一块重要的迦南人飞地,将其主城耶路撒冷作为自己的领地,并把约柜(之前已从非利士人手中收回)运到那里。这样,耶路撒冷成为一个君主国的首都,这个国家由两个不同部分组成:南方犹大支派和北方被统称为以色列的十个支派——还有位于中央的连接南北方的圣所。①

古以色列人崇拜的神叫耶和华。不过,虽然耶和华也像异教徒的众神一样,有专用名字,但祂和古以色列人邻居的众神都不同。在同时代的各族人民中,古以色列人特立独行,是一神论者;换言之,他们只承认耶和华是真神,是天地的创造者、世界的主宰、全人类命运的掌

10

---

① 以色列十二支派中利未一支负责献祭与宗教事务,散居其他支派之中,不拥有土地。
——校者注

控者。异教徒民族崇拜多神,大多认为有一位主神支配其他诸神,并且尤其庇护自己,但他们也接受这个事实,即其他民族也忠于各自民族的守护神。然而,古以色列人不承认任何其他神明的合法性。古以色列人为呈现耶和华而采用的形式,有时和异教徒邻居的拜神形式相似,他们还经常用源自本地异教的术语描述耶和华,但古以色列人的一神教在发展成熟后,就不允许用任何形式呈现耶和华,也不允许在崇拜时使用偶像。耶和华崇拜的主要仪式是动物献祭,以及由世袭的祭司阶层的成员向祂的圣所供奉农产品。这类崇拜遍布古以色列人分布的区域,不过当王权强大时,统治者试图把它限制在耶路撒冷的皇家圣所内。

大卫的登基标志着成熟的以色列君主制正式启动,也标志着古以色列人明确出现在历史上。大卫和他的儿子所罗门统治了(大约)80年,在后世犹太人的想象中,这段时间是犹太史上的黄金时代。大卫将国土向东和东南扩张,打败外约旦的王国亚扪、摩押和以东;在北面,他在现今的叙利亚打败亚兰人新建立的诸国;而在地中海沿岸,他迫使非利士人向他进贡。他控制着从地中海到东部沙漠,以及从西奈沙漠向北直到推罗(坐落在迦南北部地中海海岸线上的腓尼基人国家的首都)、向东北直到幼发拉底河的大部分领土。这样,他实际上替非利士人实现了控制这整个地区的野心,把自己变成一个小帝国的中心。

11　　　　　　　　　　　　　**大　卫**

《圣经》中对大卫王生平及统治的记叙组成《撒母耳记》上下篇,是《圣经》中篇幅最长、最生动的故事之一,可能也是现存最早的希伯来语叙事,兼具民间传说和史实。

《撒母耳记上》叙述大卫成为以色列王的过程。根据这一叙述,大卫起初是犹大支派的牧童，这是民间传说的典型描写手法，以暗合他是"其子民的牧者"的身份。先知撒母耳决意用更能干的领袖取代扫罗王，他秘密将大卫膏立为王（在古代以色列，确认君王身份的仪式是行膏油礼而非加冕礼）。年轻的大卫仅凭牧羊人的投石器，就在一场战斗中击败并杀死非利士勇士歌利亚，从而引起扫罗王的注意。这一英勇功绩令他家喻户晓，但也招致扫罗的嫉妒和敌视。

扫罗时常抑郁消沉，一旦犯病，他就将大卫招进宫，为他弹琴解闷。一晚，扫罗一时冲动，把标枪掷向大卫。大卫逃到非利士人那里，加入扫罗的宿敌迦特王的宫廷。在伺机返回期间，他多次组织袭击，表面上是针对犹大地，实则将矛头对准迦南人。扫罗和其子约拿单在同非利士人的战斗中丧生，大卫此时已经是经验丰富的军事领袖，他成了犹大王，定都希伯仑。几年后，他又当上北方各支派的王，把犹大和以色列并为一个王国。他夺下位于犹大和北方各支派分界线上的迦南人城市耶布斯，以此作为首都，改名耶路撒冷。

《撒母耳记下》讲述大卫执政期间的一系列故事，他骁勇善战，但并非全然正直。他不得不面对几场针对他的叛乱，最揪心的一场由他亲子押沙龙发动，事态一度非常危急，大卫和他的宫廷不得不逃到约旦河对岸。押沙龙后来遭到父王反击，落荒而逃，被大卫的一名士兵追杀。他死后，大卫痛不欲生。

《撒母耳记》对大卫身上的缺点毫不避讳。他迫切想占有手下一位将领的妻子拔示巴，遂将她的丈夫派往前线送死，再娶她为妻。此举受到先知拿单的强烈指责，大卫忏悔，得到宽恕。后来，他和拔示巴生下的所罗门继承了王位。

犹太传统日后不仅视大卫为战士和君王，还把他当成诗人纪念。辑录在《圣经》之《诗篇》里的许多甚至全部诗歌，据说就出自大卫之手。

12

13

大卫和所罗门王国

塞浦路斯

地中海

幼发拉底河

亚述

达夫尼

俄隆提斯河

叙利亚

赫人

提弗萨

利色

哈马地

哈马城

亚发

迦巴勒

腓

尼

基

埃美萨

达莫

亚兰

巴勒贝克

琐

利合

西顿

巴

大马士革

推罗

亚柯

但

夏琐

亚珥歌伯

古

以

色

列

人

约旦河

波斯拉

耶斯列平原

多珥

亚弗

示罗

约帕

非利士人

耶路撒冷

拉巴-亚扪

亚扪

加沙

别是巴

摩押

埃及

以东

西拉

埃拉特

以旬迦别

—— 经所罗门扩张的大卫王国

　　不少叛乱显示，并非所有古以色列人都对此感到满意。大卫的亲生儿子押沙龙的反叛可能只反映泛泛的不满情绪和他的个人野心，而示巴·本·比基利(Sheba ben Bichri)的反叛却是北方众支派在犹大支派的统领下躁动不安的信号。在大卫晚年，他的儿子亚多尼雅(Adonijah)试图破坏他让所罗门继位的计划，但大卫生前就把王位传给了所罗门。

　　所罗门(约公元前961—前922年在位)继承了安定的王国，他把注意力从战事转向国家的商业发展。他与埃及和推罗结盟，又利用自己身处两片海域之间并且横跨主要商路的地理位置，发展红海和阿拉伯半岛的贸易。他在南部沙漠开采铜矿，与埃及人、基利家人(Cilicians)、赫人(Hittites)①做马匹和战车生意。由此实现空前的繁荣，城镇扩张、技术进步、人口增长，一种超越地域偏见的文化也登场了。繁荣使所罗门可以大兴土木，包括建造耶路撒冷的大型王宫和圣殿，为此他还特地从推罗请来一名建筑师。繁荣也促进了文学发展，大卫的宫廷历史(《圣经》中《撒母耳记》的核心部分)和以色列起源的故事就形成于这一时期。这部作品没有完整保留下来，不过《摩西五经》(即《圣经》中犹太人称为《托拉》的部分，由《创世记》《出埃及记》《利未记》《民数记》《申命记》组成)的作者将之作为主要资料来源而大加引用。研究五经底本构成的学者将这部散佚的作品称为J底本。

　　然而，对民众来说，所罗门的建筑工程和帝国的行政管理是重负，不但带来复杂的行政系统和沉重的赋税，而且为了国家利益强迫民众服劳役，此举不得人心。鉴于和推罗的贸易出现赤字，所罗门不得不割让北方几座城池。所罗门偏袒自己所在的犹大支派，引起众怒。地

14

――――――――――――

　　① 本书《圣经》时代的地名和人名的翻译参照和合本。赫人是否就是今天所说的赫梯人，学界仍有争议。——校者注

方祭司眼见耶路撒冷圣殿的影响力越来越大,而自己的地位日渐式微,也滋生不满情绪。经过两代君主的统治,这个国家已经改变,不再是一个由简朴的农民、牧民组成的松散的部落联盟,而成了一台有社会分层的经济机器:民众不仅受一小群贵族剥削,还屈服于一个讲话口音和生活作风越来越陌生的宫廷的种种需求。

所罗门自己没有尝到这些不满的恶果,但他一去世,王国就一分为二。他的儿子罗波安虽然继续掌控犹大和便雅悯两个支派,但是北方各支派拒不承认由大卫促成的与犹大支派的联合,另立耶罗波安为王,此人原是所罗门的宫廷大臣。北方王国的首都起初放在示剑,后来迁至得撒(Tirzah),最后定在撒玛利亚。它在几个短命王朝的统治之下维持了 200 年,直到公元前 721 年被亚述人攻灭。与此同时,犹大依旧由大卫的王朝统治,直到公元前 587 年被巴比伦人攻灭。北方王国名为以色列,这在古以色列人的历史上容易造成混乱;因此,在这一时期,所谓的“古以色列人”,通常不是指整个族群,而仅仅指北方王国的居民。

无论犹大还是以色列,都不够强大,守不住大卫和所罗门打下的江山。亚扪、摩押和非利士人的一众城市再次独立,亚兰的领地也失去,大马士革成为重要的竞争势力。犹大和以色列沦为二流国家:犹大经常面临埃及的压力,以色列经常面临大马士革的压力,这两个国家还会通过直接干预邻国以及与邻国政治串通而不断相互施压。犹大和以色列之间的竞争也体现在宗教上,耶罗波安设立自己的官方崇拜,在但、伯特利两地修建神殿,其臣民不再把耶路撒冷圣殿这个大卫皇室的官方圣地视为自己的崇拜中心。不过,耶罗波安并不像忠于大卫王朝的一帮先知所指责的那样,他既没有拒绝原来的民族宗教,也没有引入偶像崇拜。

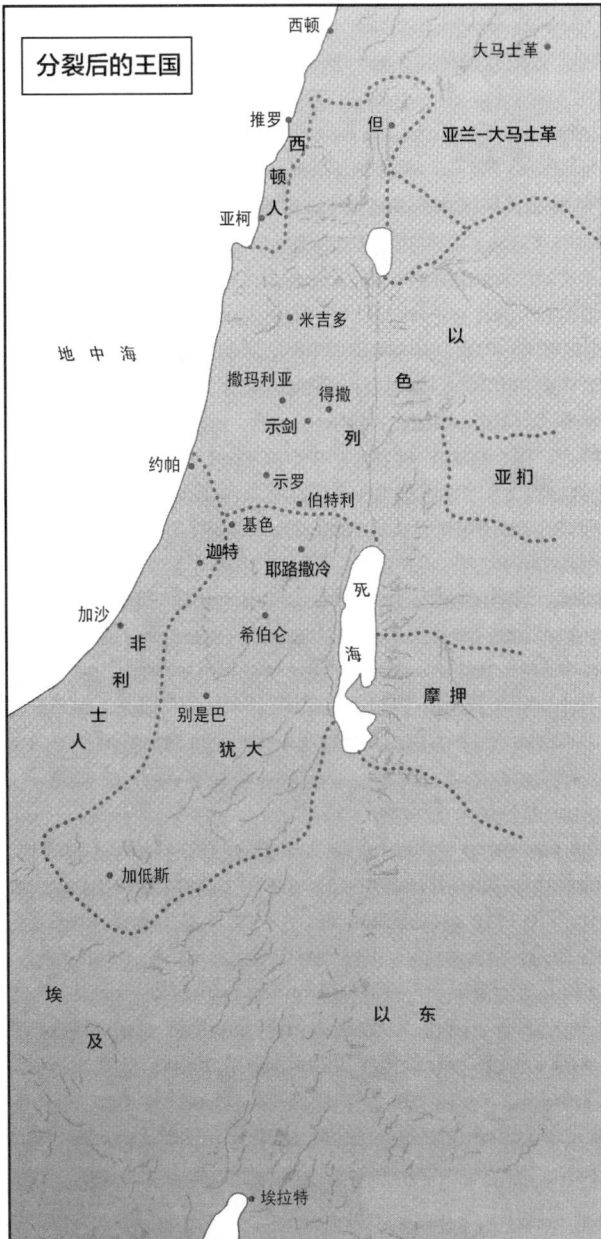

16

分裂后的王国

西顿

大马士革

推罗

西
顿
人

但

亚兰-大马士革

亚柯

米吉多

以

地中海

色

撒玛利亚
得撒

示剑

列

约帕

示罗

伯特利

亚扪

基色

迦特

耶路撒冷

死

加沙

希伯仑

海

非
利

别是巴

摩押

士
人

犹 大

加低斯

埃

以　东

及

埃拉特

犹大的稳定维持了几代人,但以色列相对动荡,频频更换统治者,直到公元前 876 年暗利登基。他建立的王朝一直维系到公元前 842 年,并通过与犹大和腓尼基人保持和平而恢复了以色列的强国地位。和平由联姻达成:暗利的儿子亚哈迎娶推罗王的女儿耶洗别,暗利的女儿(或孙女)亚他利雅则嫁给犹大王的儿子。(这两位强势的妇女都将在各自的时代呼风唤雨。)由此强大的以色列终于再次征服摩押,而犹大再次控制以东。亚哈还和亚兰-大马士革开战,但后又捐弃前嫌,联合亚兰和其他北方国家一起对付来自亚述的严重得多的威胁。后来,他又和亚兰交战,被杀。他的儿子约兰失去摩押,亚哈王朝从此衰落;这在一长段碑文中有记述,此碑名为米沙(Mesha)石碑,现藏于卢浮宫。

宗教保守派人士,特别是先知以利亚和他的弟子以利沙,强烈反对暗利王朝。这些人反对外来膜拜,以色列和推罗的紧密合作使此类膜拜在以色列流行。耶洗别是他们的眼中钉,因为她有计划有步骤地宣传自己的异教信仰,还迫害耶和华的信徒。公元前 842 年,以利沙策划政变,一位名叫耶户的将领控制全国,他把耶洗别扔出窗外,屠戮了整个亚哈家族和耶洗别的推罗膜拜的信奉者。

与此同时,在亚他利雅的影响下,犹大地也经历了类似事件。她在丈夫约兰和儿子相继去世后独掌大权,杀光所有可能反对她的约兰的亲眷,并扶植巴力神的膜拜。但是,亚他利雅没有真正的追随者。大祭司的妻子从亚他利雅的大清洗中救下襁褓中的王子;公元前 837 年,他年满 7 岁,大祭司在圣殿中立他为王,亚他利雅遭处决。

以色列和犹大两国一直比较弱小,直到公元前 8 世纪 80 年代,这时亚述势力遭到削弱,而两国都出现能干的国王,遂使国力暂时中兴。两位国王的统治时期几乎同步,以色列王是耶罗波安二世(公元前 786—前 746 年在位),犹大王是乌西雅(公元前 783—前 742 年在位);

在他们的统治下,两国都有所扩张,领土合起来几乎恢复到所罗门王国时的水平。但在耶罗波安二世去世后不久,亚述在强大的新统治者提革拉毗列色三世领导下卷土重来。亚述人可怕的军事机器决定了北方王国的剩余历史和犹大王国剩余历史的大部分。

提革拉毗列色三世先发动战争,征服巴比伦,再把注意力转向西方。到公元前738年,所有位于叙利亚和迦南北部的国家都向他进贡,其中就包括几近无政府状态的以色列。以色列和大马士革试图向犹大施压,令其加入对抗亚述人的地区性联盟,但被犹大国王约坦和亚哈斯先后拒绝。亚哈斯在位期间,这个联盟的成员国侵袭犹大,想改立一个听话的国王。面对侵略和来自其他地方的攻击,亚哈斯只得向提革拉毗列色三世求助。亚述人的大军横扫这一地区,所向披靡,联盟瞬间土崩瓦解。占领以色列后,提革拉毗列色三世迁走当地部分人口,缩小其领土,还扶植傀儡国王何细亚掌管残山剩水。然而,何细亚拒不纳贡,还向埃及求助。藐视亚述大帝国,无异于自取灭亡。公元前724年,亚述王撒缦以色五世发动进攻,俘获何细亚,占领大部分土地。公元前721年,撒珥根二世攻占首都撒玛利亚,北方王国的历史就此终结。

亚述征服者按照惯例,把当地人口迁走,再从其他征服地区迁来人口填补。北方王国的大部分人口被迁往上美索不达米亚,他们最终与当地居民融合;北方王国的领土上住着从叙利亚和巴比伦迁来的人口,他们和以色列剩余的人口混居。这在传统犹太史上称为北方十支派的流亡。不过,新来的人口从以色列遗民那里知晓并接受耶和华崇拜,两群人后来融为一体。虽然他们依旧自视与犹大人民关系密切,但这种关系在公元前5世纪恶化,双方更在公元前4世纪亚历山大大帝征服这一地区后反目成仇。

此时距亚述退出世界历史舞台仅剩一个多世纪。公元前703年,

18

19

巴比伦发生的一场起义给推罗带来机遇,非利士各城市、犹大和其他一些势力组成反亚述联盟,犹大王希西家(公元前715—前687年在位)在其中发挥了核心作用。为了防止亚述人报复,希西家加固耶路撒冷的城防,开凿著名的西罗亚水道(至今仍可参观)①以保障城市供水。亚述王西拿基立在公元前701年进军此地,骇人的屠杀和大规模的外迁接踵而至,希西家不得不割让部分领土并增加贡赋。但西拿基立没有占领耶路撒冷就突然撤离,根据《圣经》的叙述,这是由于他的军队忽然奇迹般地出现大量死亡。尽管如此,犹大仍要继续向亚述人纳贡,直到约西亚王(公元前640—前609年在位)时期,他在位期间正逢亚述因为巴比伦的崛起而衰落、瓦解。

在约西亚统治时期,犹大王国尚能保持一定程度的独立,但已是强弩之末。他收复被亚述人占去的北国以色列的部分领土,还发起一场席卷全国的宗教改革,以清除由亚述人强行推广的外来膜拜。他把献祭仪式严格限制在耶路撒冷举行,以此重申犹大的独立和他的宗教权威。按照《圣经》的说法,改革起因是在耶路撒冷的圣殿中发现一卷古经(可能是《申命记》),上面规定不得在其他任何地方举行献祭仪式。为了庆祝新律法的颁布,耶和华和这一民族所立的约得以更新,当时已湮没无闻的逾越节庆典再次举行。

公元前609年,埃及军队穿过耶斯列平原,打算帮助垂死的亚述帝国抵抗巴比伦人。约西亚王试图率军挡住埃及人,预先阻止埃及-亚述联军的胜利,但战死沙场。巴比伦王国这时控制了美索不达米亚,埃及只得转而控制巴勒斯坦和叙利亚。犹大的新国王约哈斯遭废黜,由约雅敬取代,他向埃及纳贡。

巴比伦王国向西扩张,蚕食埃及领土,犹大王国覆灭的序幕拉开。

---

① 因为是希西家所建,故而又称为"希西家水道"。——校者注

巴比伦将领尼布甲尼撒(他很快称王)在叙利亚打败埃及人,向南逼近犹大,胁迫约雅敬在公元前 603—前 602 年间向他称臣。约雅敬试图反抗,转而求助于埃及人。在随后与巴比伦的战争中,他死去,由 18 岁的儿子约雅斤继位。约雅斤在抵抗尼布甲尼撒三个月之后投降。他和皇室成员、高官以及犹大王国的大量财宝被掳往巴比伦;他的叔叔,即约西亚王之子西底家,被立为傀儡国王。

西底家也想反叛,他显然指望得到埃及的援助。但这些援助远远不够,公元前 587 年,经过长期围攻,尼布甲尼撒的军队攻破耶路撒冷的城墙。西底家看着儿子们在他眼前被杀,随后被弄瞎双眼带到巴比伦。耶路撒冷遭焚毁,城墙被夷平。许多高级将领被杀,剩下的被掳走,犹大国彻底灭亡。一个名叫基大利的犹大贵族被任命为地方长官,管理这片巴比伦新领地,但犹大官员们很快密谋,将他当作通敌者暗杀。

铭 文

21

从《圣经》时代幸存至今的文字记录尽管为数不多,却能够让我们了解古代以色列的社会和经济情况。可确定年代的最古老的希伯来语铭文是基色历,来自所罗门时代。它刻在一块质地软的石灰岩小板上,出自儿童之手,很可能是当时的学校作业,列有一年中各月份适宜从事的农业活动。

犹大和以色列王国时期留下许多陶片(ostraca),上有用古希伯来语字体写的铭文,系墨水所写。有一组陶片的内容是物资清单,比如葡萄酒和油,是公元前 8 世纪运往北方王国都城撒玛利亚的王宫的。有块陶片来自公元前 7 世纪末,铭文内容包含一位农民对监工虐待的抗议。内盖夫地区也发现一批陶片,上面是某个名为艾尔亚什夫

(Elyashiv)的军需官的档案,他负责管理亚拉得(Arad)的仓库。这些文书记录了向犹大军队及其雇佣兵分配补给的情况。另一批陶片上是一些写给拉吉(Lachish,这是耶路撒冷附近一座城镇)的军事总管亚乌什(Yaush)的信件,写于公元前587年巴比伦人攻占耶路撒冷前不久。

公元前8世纪末还流传下一块纪念性碑铭,纪念西罗亚水道的竣工。根据《圣经》中的《列王纪》和《历代志》记载,希西家王兴修这一工程,是为了将基训河水输送到耶路撒冷城墙内的西罗亚水池,以防亚述人围攻时城内缺水。另一块纪念性碑铭是迄今在该地区发现的最大一块,它用摩押语写成,这是迦南人的一种语言,和希伯来语非常接近。它纪念的是摩押王米沙在亚哈王去世后对以色列王国发动的叛乱,和《列王纪下》中的描述吻合。这篇铭文的风格和《列王纪》的风格极为相似,但它以摩押人的立场描述当时的政治事件。米沙宣称摧毁了古以色列人的诸城,将古以色列人俘获为奴,并从尼波(Nebo)的一座耶和华神殿中夺取圣器。《圣经》对此事结局的记载颇为不同,两个版本之间的矛盾尚未解决。

在内盖夫北部一座旅客驿站中,一些大型储物罐上的铭文引起很大争议。这些铭文写于公元前9世纪,提及"撒玛利亚的耶和华"神和他的"亚舍拉"。在《圣经》中,"亚舍拉"(ashera)一词频繁作为迦南人的宗教膜拜的名字出现,但它在迦南人的铭文中是一位女神的名字。一些学者把铭文中的这个词解读为耶和华的一种属性,但其他学者把它解释为迦南女神的名字,她可以被当作耶和华的妻子。如果这一理论成立,铭文中的"亚舍拉"便反映出一神教出现之前古以色列人历史上的一个阶段,当时耶和华仍是异教神祇,与该地区其他民族的神祇没什么不同。

最后值得一提的是,有两小块银牌上镌刻着一段祈祷文,内容几乎和《民数记》6：24—26 中祭司的祝福语一般无二，至今仍在传统的犹太会堂里被每日吟诵。这两块银牌是护身符，成于公元前 7 世纪下半叶，系随身佩戴之物。这段祈祷文是迄今为止唯一一段来自《圣经》时代但不依靠《圣经》流传的《圣经》文本："愿神赐福给你，保护你；愿神使祂的脸光照你；愿神向你仰脸，赐你平安。"

犹大地的君主制持续了 400 多年，对于一个处在兵家必争之地的小国来说，能维持这么久，已经令人尊敬了。但其子民不允许它被遗忘。他们带着对这个王国的记忆，开始流亡，哪怕身处流散地，依然怀着有朝一日终将恢复旧日荣耀的梦想，砥砺前行。这一理想中的复兴后世称为弥赛亚时代。在巴比伦，流亡者创建多种宗教制度，将他们对王国的记忆和复兴王国的梦想鲜活保存了多个世纪。后来，弥赛亚梦想和一神论原则一起成为犹太教的典型特征。

23

以斯拉宣读律法,杜拉-欧普洛斯(位于今叙利亚)古犹太会堂的壁画。
壁画翻拍,版权方为泽夫·拉多万。

第二章　犹地亚和流散的起源

公元前587年至公元70年

巴比伦帝国强大而短命。到公元前539年,波斯人居鲁士将之征服,继而建立规模空前的大帝国,从印度一直延伸到埃塞俄比亚。在对待被征服者方面,居鲁士比前辈仁慈:他允许臣民拥有一定程度的自治,让他们的首领承担政治责任,尊重他们的宗教膜拜。在公元前538年,即征服巴比伦后不久,居鲁士下令在新设立的波斯犹地亚省重建犹大地人的社群和膜拜。流亡者获准在约雅斤之子设巴萨王子的带领下返回故土,此人是倒数第二位犹大王。

年　表

犹太历史	时间	世界历史
	前539	居鲁士征服巴比伦
重建开始; 首批流亡者回归犹大	前538	
	前525	波斯人征服埃及
所罗巴伯执掌犹大	约前522	
	前522—前486	大流士一世
第二圣殿建成	前515	
	前490	马拉松战役

续表

犹太历史	时间	世界历史
	前465—前424	亚达薛西一世
以斯拉	前458?	
尼希米主持耶路撒冷城墙重建；以斯拉颁布《托拉》	约前445	
	前423—前404	大流士二世
象岛圣殿遭毁	前410	
	前404—前358	亚达薛西二世
	前401	埃及脱离波斯统治
	前333	伊苏斯战役
亚历山大大帝征服巴勒斯坦	前332	亚历山大大帝征服埃及
	前323	亚历山大逝世
	前323—前285	埃及托勒密一世
	前312—前280	叙利亚塞琉古一世
托勒密一世征服巴勒斯坦	前301	
	前223—前187	叙利亚安条克三世
安条克三世征服巴勒斯坦	前200—前198	
	前175—前163	叙利亚安条克四世
安条克四世废黜大祭司奥尼亚三世	前175	
耶路撒冷变成希腊人的城市，改名为安条克	前172	
安条克四世掠夺圣殿	前169	
安条克宣布犹太教非法并亵渎圣殿；马卡比起义开始	前167	
犹大·马卡比领导起义	前166—前160	

续表

犹太历史	时间	世界历史
犹大举行仪式将圣殿 再次献给上帝	前 164	
犹大完全征服耶路撒冷； 尼迦挪战役； 犹大和罗马签约	前 161	
犹大遇害，约拿单取而代之	前 160	
约拿单任大祭司	前 152	
前大祭司奥尼亚 四世在埃及狮城建造圣殿	约前 145	
约拿单遇害，西缅取而代之	前 142	
西缅被任命为族长和大祭司	前 140	
约翰·许尔堪任大祭司	前 134—前 104	
亚利多布一世	前 104—前 103	
亚历山大·雅拿	前 103—前 76	
撒罗米·亚历山德拉王后	前 76—前 67	
庞培介入内战；罗马控制犹地亚	前 63	
	前 44	尤利乌斯·凯撒遇刺
希律	前 37—前 4	
	前 27—公元 14	罗马皇帝奥古斯都
圣殿重建	19	
犹地亚、撒玛利亚、以土买 合并为一个罗马行省	6—41	
本丢·彼拉多	26—36	
耶稣受十字架刑	约 30	
卡利古拉推行帝王 崇拜而引发危机	37—41	卡利古拉皇帝
亚历山大城反犹暴动	38	

27

续表

犹太历史	时间	世界历史
希律·阿格里帕	41—44	
	41—54	克劳狄皇帝
	54—68	尼禄皇帝
	62	使徒保罗逝世
亚历山大城犹太人遭屠杀； 犹地亚叛乱开始； 韦斯巴芗征服加利利	66	
	69—70	韦斯巴芗皇帝
提图斯征服耶路撒冷；圣殿被毁	70	
马萨达陷落；狮城圣殿关闭	73 或 74	

约雅斤早在公元前597年就被流放到巴比伦，在巴比伦帝国崩溃以前，尼布甲尼撒的继任者将他从囹圄中释放，并给予一定优待；在巴比伦，他定然成为来自犹大地的流亡贵族圈的核心人物。随着波斯帝国的崛起，许多在巴比伦的犹大地人也飞黄腾达，这群上层人士中的一些人跻身波斯宫廷权贵。这类人已经没什么动力返回新设立的波斯犹地亚省。巴比伦的犹大地人依然觉得与犹地亚人有历史、家族、文化和宗教的联系，他们也依旧是个独特的族群和宗教团体；但他们已不再是真正意义上的流亡者，因为他们自愿留在国外。

同样的事还发生在埃及。靠近阿斯旺的尼罗河中有一座小岛，名为象岛，岛上驻扎着一支雇佣军，由犹大地人组成，他们可能早在公元前7世纪中期就已到此；这个殖民地存在了200多年，和波斯的犹地亚省一直有联络。象岛犹大地人建造了一座圣殿，举行与耶路撒冷相同的献祭仪式，哪怕耶路撒冷的第一圣殿毁灭后，他们仍将献祭仪式维持了很久。他们也并非埃及唯一的一群犹大地人，在公元前587年犹大王国覆灭以后,有些犹大地人曾逃到埃及北部。

巴比伦和埃及的犹大地人的社群,可以看作是最早、最持久的流散社群(Diaspora communities),这个术语指生活在以色列地之外的犹太社群。伊拉克的犹太社群绵延不绝,一直维持到 1951 年;埃及的犹太社群虽然几度濒临消亡,但次次绝处逢生,不过现今似乎真要永久泯灭了。

正是从这一时期开始,才适合谈论今天所谓的犹太人。在历史上和世界各地,这些人自认为彼此不仅相互联系,还与古代以色列人王国的子民有联系,无论这种联系是族性、文化、智力传承还是宗教方面的。

《圣经》

29

《圣经》是希伯来语古籍的汇集。尽管想尽办法,我们仍然无法弄清这些书是何时又是如何被遴选、集结成一部权威正典的。我们只知道,到公元 1 世纪,所有今天组成《圣经》的书籍都被视作神圣的经书。在希伯来语中,《圣经》叫 *Miqra*("读物")或 *Kitve haqodesh*("神圣的经书");有时又称 *Tanakh*,此词由三个词的首字母组合而成,犹太传统用这三个词分别代表《圣经》的三个部分:《托拉》(Torah,又称《摩西五经》),《先知书》(Nevi'im),《圣录》(Ketuvim,或《圣文集》)。

《托拉》讲述了古以色列人的故事,从亚伯拉罕迁居迦南地讲到摩西去世。其间,古以色列人下到埃及,受奴役,然后逃离,再在沙漠中流浪 40 年,最后抵达约旦河边,渡河重新进入迦南地。这一叙述还充当律法的框架,这些律法即十诫以及后来构成犹太宗教法基础的大量民事和宗教规定,将用来管理古以色列人在迦南地的生活。它还详细描述了献祭仪式,到古以色列王国时期,这些仪式就成为民众的主要宗教仪式。

《先知书》部分包含两类不同的书籍。前四卷内容承接《托拉》的叙述，从古以色列人在约书亚的带领下进入迦南地开始，经过士师时代、扫罗建立君主制、大卫与所罗门执政、王国分裂，一直讲到第一圣殿毁灭和古以色列人在公元前587年丧失主权。《先知书》剩下的部分包含以色列众先知的言论，先知是祭司阶层以外的宗教领袖；从公元前7世纪开始，他们向民众布道，又告诫国王应谨记宗教责任，并为他们揭示政治事件的宗教含义。最著名的布道先知是以赛亚、耶利米、何西阿、阿摩司、以西结。最后几位布道先知(哈该、撒迦利亚、玛拉基)活跃在从巴比伦之囚回到犹地亚的初期。

《圣经》第三部分内容驳杂，其大部分书籍出自波斯时代。这部分以《诗篇》起首，《诗篇》包含150首宗教诗歌，可能是作为圣殿仪式的一部分而用来吟唱的。《箴言》是关于宗教举止和道德品行的格言集。《约伯记》是探讨苦难问题的长诗，全诗以民间故事为框架，主人公约伯忍受苦难，最终蒙福。接下来是名为"五卷"(Megillot)的五部短作：一卷是情诗(《雅歌》)；一卷是哀悼耶路撒冷毁灭的挽歌(《耶利米哀歌》)；一卷是对生命意义的沉思(《传道书》)；一卷是关于大卫王一位祖先的故事(《路得记》)；还有一卷是关于波斯宫廷阴谋的故事，这场阴谋差点让波斯犹太人灭族(《以斯帖记》)。《但以理书》包含一位在波斯的犹太朝臣在波斯所见的关于南国犹大人流亡和回归的异象；《以斯拉记》和《尼希米记》叙述了回归家园的故事(《尼希米记》实为公元前5世纪一位犹地亚省省长的个人回忆录)，而《历代志》扼要重述了历任犹大王的故事。

在没有共同的政治框架、共同的语言或民族机构的情况下，怎样才能维持犹太身份？巴比伦犹太社群的领袖用一本书解决了这个问题。犹太宗教传统坚持认为，这本名为《托拉》的书(由《圣经》前五卷组成,"托拉"意为"教导")是摩西在西奈山上领受的,但后来湮没无闻。而此时,巴比伦那些来自犹大地的长老将它重新颁布,并把学习它和遵行其中的律法作为这个民族的主要宗教责任。历史学家对这一过程的描述略有不同。据他们所说,《托拉》实际上就是这个时候出现的。巴比伦那些来自犹大地的长老,利用王国时期的古老文件,编纂出一部正式的民族史,以及法律、习俗和宗教实践的汇编,从而能够以宗教行为为基础重组民族认同,并在某种程度上把这种民族认同转化成一种宗教。这些变化留在犹太身份和犹太宗教上的烙印至今可见。

犹地亚只是耶路撒冷周围一片狭小地带。得到波斯皇帝授权后,设巴萨和另一位犹大王室后裔所罗巴伯率领返乡的人民,努力在犹地亚重建被毁的圣殿。早期的重建工作成就有限,因为犹地亚人必须与贫穷及连年歉收作斗争。在政治上,犹地亚仍然从属于更大的波斯撒玛利亚省,它就是从撒玛利亚省分割出来的,它争取独立的努力自然遭到撒玛利亚当局的敌视。第二圣殿最终在公元前515年建成,其规模比不上宏伟的所罗门圣殿(一些老辈人还记得它的模样),也没有赢得住在撒玛利亚的耶和华信徒的效忠。耶路撒冷的防御工事仍是一堆废墟。

虽然人们试着重建耶路撒冷的城墙,但这一工程直到皇帝批准尼希米接管后才完成。尼希米是亚达薛西一世的犹太朝臣,从公元前445年到公元前433年以后某个时间掌管犹地亚,此后又掌管过一段时期,但为时稍短。作为领袖,尼希米效率高、意志强,他自己写的回忆录作为《圣经》的一卷留存至今,其中描述了他不得不面对撒玛利亚省省长参巴拉(他甚至派人暗杀过尼希米)和外约旦省省长多比雅的反对。在第二次掌权期间,尼希米致力于加强犹地亚省的各项宗教制度建设。

公元前5世纪下半叶某个时刻,可能就在尼希米的任期内,另一位

31

犹太官员以斯拉也从巴比伦来到犹地亚,波斯皇帝委托他把《托拉》立为该地区的法律。《圣经》的《尼希米记》和《以斯拉记》里保存的亚兰语文书中就有对以斯拉的委托书,还包含对一场动人庆典的描述。在这场庆典上,《托拉》在波斯皇帝的授权下第一次被正式公开诵读,并被作为犹地亚省的法律而颁布。这是犹太史上的一个关键时刻,至今都要在犹太会堂里每次诵读《托拉》的仪式上礼节性地再现。

波斯帝国犹地亚省及其周边地区

犹地亚当局试图约束象岛犹太人的宗教活动,但似乎并没有采取措施关闭象岛圣殿,尽管它的存在有违《申命记》的律法(见第一章)。它一直维持到公元前410年,这时,一些埃及人军团开始反叛波斯人的统治,而犹太驻军继续效忠波斯人。象岛附近有座埃及公羊神克努姆(Khnum)的神庙,其祭司趁乱摧毁犹太圣殿,因为犹太人的动物献祭冒犯了他们的膜拜。镇压反叛后,波斯当局鉴于象岛圣殿历史悠久,允许重建,但又不想触犯耶路撒冷当局和埃及祭司的敏感神经,遂规定只能在圣殿中献果蔬。圣殿得以重建,但在公元前4世纪早期,象岛上的犹太聚落却消失无踪了。

对历史学家来说,在波斯时期剩余的岁月里,犹地亚的历史一片黑暗。我们只知道犹地亚由大祭司和波斯任命的省长共同治理,奉行一种神权政体。尼希米去世约一个世纪后,亚历山大大帝到来,犹太史的轮廓才再次清晰。犹太人的命运也随之急剧变化。

公元前334年,亚历山大大帝首次进攻波斯帝国。11年后,33岁的他英年早逝,此时,他已征服波斯全境,包括犹地亚(公元前333年)和埃及。所有这些领土——几乎包括全部犹太人的流散地,都被希腊文化打上深深的烙印。在接下来几个世纪里,犹太人对希腊文化又爱又恨,连死命抗拒它的人也很难逃脱它的影响。在更广的范围里,犹太与希腊理想的相互影响将成为整个西方文明的一个特色主题。

在亚历山大统治期间,撒玛利亚城叛乱,作为惩罚,马其顿殖民者来此定居。为了在宗教上区别于马其顿异教徒定居者,本地居民(他们是古代北方以色列王国居民和公元前8世纪由亚述人引进的定居者的后代)在示剑(今天叫纳布卢斯[Nablus])建造耶和华圣所。从此,这一宗教社群就叫撒玛利亚人,一直延续至今,但人数已大大缩减;《新约》故事中的"好撒玛利亚人"①,就反映出三个世纪后犹地亚民众对他们的轻蔑。

亚历山大一去世,他的帝国就被手下将领瓜分,犹太人分布在两

34

---

① 见《路加福音》20:25—37。——校者注

亚历山大大帝及其
继任者们的帝国

个辖区:塞琉古得到伊朗东部领土、美索不达米亚和叙利亚,建立塞琉
古王朝,巴比伦流散社群的犹太人就生活在这个王朝中;托勒密建立
托勒密王朝,统治着埃及及其境内的犹太人流散社群,直到公元前30
年。包括犹地亚省在内的地中海东岸领土此时名为克伊勒-叙利亚,
它夹在美索不达米亚和埃及的两大强权间,是兵家必争之地,就像在
古代以色列列王统治时代一样。埃及一开始占得上风,从公元前301
年起控制这里。埃及人统治了一个世纪,没有干涉犹太事务,而是让
原先犹地亚的神权政体在大祭司和长老会的领导下继续运行。在这

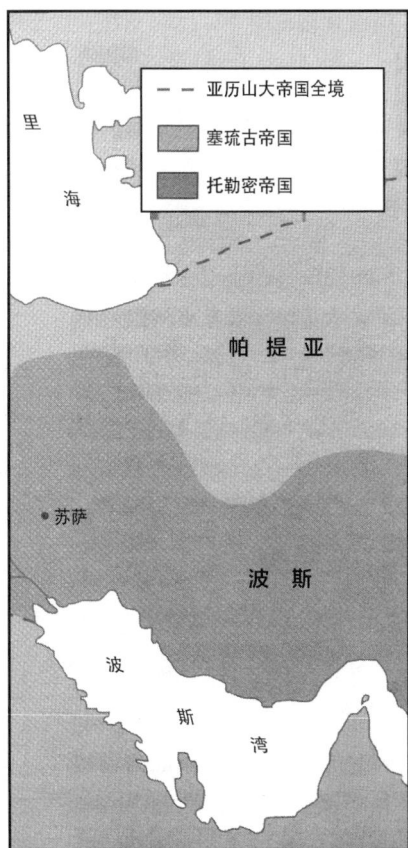

个世纪里，埃及犹太社群迅速发展，尤其是新建的亚历山大城很快成为犹太人生活的中心。特别值得注意的是，犹太士兵表现突出，延续了以前象岛驻军的军事传统。他们非常希腊化，以致在法律上被当作希腊人，换言之，他们和统治者同属一个社会阶级，而有别于埃及臣民。为了给这些希腊化的埃及犹太人提供便利，《托拉》在这一时期被译成希腊文。到公元前 3 世纪末，在流散地生活的犹太人可能比居住在巴勒斯坦的犹太人还多。

公元前 198 年，塞琉古王朝统治者安条克三世（"大帝"）将托勒密王朝赶出亚洲，夺得巴勒斯坦。安条克三世允许犹地亚继续作为半自治州存在。但在他的第二位继任者安条克四世"神显"统治期间（公元前 175—前 163 年），犹地亚和希腊统治者的关系破裂。塞琉古王朝面临的最大问题是罗马的扩张，安条克三世为此已经蒙受了一次羞辱。财政吃紧致使塞琉古统治者洗劫臣民的神殿。神殿总是不错的财富来源，里面的祭器和装饰多为贵金属，此外，神殿向来被看作神圣不可侵犯，因而常常充当公款甚至私人储蓄的存放地。因此，塞琉古王朝打起犹地亚圣殿的主意，把它当作潜在的财源。

但是，安条克四世和犹太人之间的冲突，不止于安条克觊觎耶路撒冷圣殿的财宝。安条克四世渴望用希腊文化统一臣民,此时希腊文化刚在中东各民族中兴起,其组成部分是希腊的语言、时尚、宗教活动,以及包括哲学和体育的教育体系。亚历山大大帝的征服将希腊文化带给犹地亚,让当地人对希腊文化的态度产生分歧。许多贵族,包括祭司阶层(他们在神权政体中属于统治阶级)在个人生活中采用希腊方式。有些人更进一步,渴望把民族宗教和文化现代化,甚至不惜将圣殿仪式希腊化,并将那些按希腊标准衡量就显得怪异和原始的《托拉》律法废除。这些贵族和安条克有着共同利益,但和抵抗这些改变的犹地亚人格格不入。

犹地亚有位祭司,叫约书亚或耶孙①(当时,上层犹地亚人普遍同时拥有希伯来语和希腊语名字,就像今天许多美国犹太人同时拥有希伯来语和英语名字一样),他向安条克四世行贿,要求获得大祭司一职,并许诺将犹地亚希腊化。正统的大祭司遂出逃,但仍遭暗杀;他的儿子逃到埃及,在那里的狮城(Leontopolis)建起一座圣殿,在随后几个世纪,这座圣殿一直是犹太人重要的献祭场所。

耶孙把体育馆引入耶路撒冷。这是典型的希腊设施,里面向异教神祇致敬的各种赛事都需要裸体参加("体育馆"[gymnasium]一词来自希腊语"裸体"一词)。这些赛事带有宗教色彩,大大冒犯了耶和华信徒。此外,体育馆的裸体规定让奉行割礼的传统暴露在众目睽睽之下。为了不显得土气或落后,许多犹地亚人放弃割礼,有的甚至不惜忍受痛苦的手术以恢复割礼前的原状。这样,引进体育馆成了把耶路撒冷变为希腊城市的第一步。

随后,耶孙的大祭司职位由梅涅劳斯接任。耶孙还只是行贿,梅涅劳斯居然卖掉圣殿中的礼器,还助纣为虐,协助安条克四世在公元

37

---

① 约书亚(Joshua)是希伯来语名字,耶孙(Jason)是希腊语名字。——校者注

前 169 年洗劫圣殿,甚至将圣殿外墙上的金叶剥走。至此,民众开始激烈反抗希腊文化的拥护者和塞琉古的统治。为了镇压反抗,安条克四世摧毁部分耶路撒冷,处决一批民众,并把城墙拆除。他在圣殿附近建起一座城堡,名为阿克拉(Akra),里面驻扎着塞琉古卫戍部队,此后 25 年,阿克拉城堡一直是犹地亚人仇视希腊统治的焦点。安条克四世还强制推行希腊化政策。《托拉》一度被波斯皇帝亚达薛西一世定为犹地亚人的法律,如今却被塞琉古国王安条克四世废除。《托拉》经书被毁,割礼、安息日和犹太节日等典型的犹太宗教制度全面遭禁。异教祭坛遍地皆是,民众还被强迫吃猪肉,以此证明他们服从新法律和新膜拜。公元前 167 年 12 月,圣殿本身正式改作异教神祠,猪肉被献上祭坛。安条克四世又下令,让民众把他当成神崇拜。帝王崇拜是亚历山大引进的,近东地区希腊统治者治下的异教徒臣民不以为怪,但在信奉一神教的犹地亚人眼中,这简直是疯了,他们很快把安条克四世的尊号"神显"(Epiphanes)谑称为"疯子"(Epimanes)。

　　安条克的举措标志着犹太史上一个举足轻重的主题——犹太教作为受迫害的宗教这种观念——出现了。犹太人此前所经历的不幸,都还只是纯粹的政治后果,因为他们不过是一个小族,居住地恰好是南面和东面列强的必争之地。他们的宗教虽然和异教徒邻居的宗教大相径庭,但也只是民族文化的一种特色,尚未成为攻击对象。相反,安条克的举措,与其说针对的是他执政初期就已经控制的犹地亚省,不如说是针对犹地亚的宗教和文化。他像许多犹地亚人那样,决意让这种宗教和文化与他王国里的其他宗教和文化相协调。结果,诞生了第一批犹太殉教者,并引发了一场叛乱,他在该地区的控制力逐渐削弱。

　　叛乱由一个保守的乡村祭司家族发起,他们住在莫德因(Modein)村,领导人叫玛他提亚。他和五个儿子开展游击战,袭扰塞琉古部队,

38

捣毁异教祭坛。玛他提亚的三子名为犹大,人称犹大·马卡比("马卡比"为绰号,意为"锤子"),他继承了父亲的遗志。犹大胜仗连连,吸引了越来越多的反抗者,到公元前 164 年 12 月,他攻进耶路撒冷,围住阿克拉城堡中遭人恨的守军,让古老的仪式在遭亵渎的圣殿中重新举行,恢复耶和华崇拜。光明节(Hanukkah)就是为纪念这一事件而设立的节日,整个犹太世界至今仍在庆祝。不过,犹地亚仍是塞琉古王国的一个省。

39

公元前 162 年,安条克的继任者正式废除他的政策,将《托拉》恢复为犹地亚的法律,又任命阿耳基慕(Alcimus)为新的大祭司。此举终结了犹地亚拥护希腊文化的派系,犹大的叛乱本该到此为止。但是,犹大反对对阿耳基慕的任命,认为他在安条克实施迫害期间的行为,已构成宗教上的污点。于是,他再次进军,这次不是针对异教徒,而是针对犹地亚人中阿尔基慕的支持者,其中很多人曾和犹大并肩共同对抗安条克的军队。塞琉古新任国王底米丢(Demetrius)一世派出将领尼迦挪(Nicanor)迎战,但犹大获胜。公元前 161 年,犹大再次获胜,进入耶路撒冷,成为这一地区的主人。塞琉古王国日益衰败,和其他臣服于该王朝的小国首脑一样,犹大也转而投靠罗马,罗马元老院批准犹地亚享有政治自由。自公元前 587 年巴比伦人征服犹大王国以来,犹地亚人第一次获得承认,可以独立。然而,罗马从此也毫不含糊地介入了犹地亚事务。

公元前 160 年,犹大被杀,他的弟弟约拿单成为家族首领。8 年后,塞琉古王国的篡位者任命他为大祭司,以回报他派兵支持这位篡位者对抗底米丢一世。这一任命改变了马卡比家族统治的性质:他们当初发动起义,是为了反抗塞琉古王朝和犹地亚统治阶级的希腊化,然而,约拿单却经由塞琉古王朝的任命而掌权,并像其他希腊化的专制小君主那样行事,即为了自己的政治利益而战斗,并在一众塞琉古王位的觊觎者之间斡旋。他的哥哥兼继承人西缅停止向塞琉古王朝进贡,并攻下阿克拉城堡。公元前140年,西缅在一次全民集会中宣告成为大祭司,兼任族长①,由此创立一个王朝。这个王朝一直延续到公元前37年,史称哈斯摩尼王朝。

只要哈斯摩尼王朝的存在有利于罗马,它就可以在塞琉古王朝的漫长衰落中繁荣。它最辉煌的成就由这几位君主取得:约翰·许尔堪（公元前134—前104年在位)、亚利多布一世(公元前104—前103年在位)和亚历山大·雅拿(公元前103—前76年在位)。许尔堪扩张领土,向北占领加利利地区,摧毁撒玛利亚人的圣殿,向南占领以土买(大致相当于今天的内盖夫地区),强迫当地人犹太化。亚利多布在传统的大祭司头衔之外,又接受了国王的头衔;雅拿则完成对沿海地带的征服,还将领土扩张到外约旦。在此过程中,这个统治家族的性质彻底改变:从祭司出身的致力于推翻希腊化统治阶级的反抗者,演变成一连串希腊化的专制君主。

有些人对这种发展变化做出反应,他们退出主流社会,宣布和圣殿膜拜断绝关系,因为他们认为哈斯摩尼大祭司的行为亵渎了圣殿。此类宗教社群出现在这一地区的好些地方;最有名的是爱色尼派的社群,这个半隐修的组织起源于公元前2世纪,位于死海边的荒野。大部分学者认为,1947年发现的死海古卷就来自这个社群的图书馆。

法利赛派是另一个不时反对哈斯摩尼王朝的团体。他们似乎源自非祭司阶层,渴望恪守仪式的纯洁和宗教的正直,因此有时会和当局起冲突。他们的领导层不像祭司那样负责膜拜,而是精通专门的宗教律法和学问,这类宗教传统是对《托拉》的补充,他们称之为"口传托拉"。他们强调,人人都有义务奉行日益复杂和细碎的宗教实践,而不

40

---

① "族长"(ethnarch)这个头衔来自希腊文。——校者注

能仅仅靠祭司阶层代表民众举行的献祭来间接履行民族的宗教责任。到公元前1世纪,他们当中也包括一些祭司和贵族。约翰·许尔堪和亚历山大·雅拿有时会用暴力手段镇压法利赛派,但是雅拿的遗孀兼继任者撒罗米·亚历山德拉王后(公元前76—前67年在位)似乎受到法利赛派的影响,在她执政期间,他们甚至可能握有相当权力。一些学者认为,今天犹太教的主导形式,即拉比犹太教,就是以法利赛派的教导为核心而最终发展起来的。

41

死海古卷

从1947年开始,死海西面的旷野中发现大量写本和写本残片。其中有些是《圣经》和其他已知古书的残卷;还有一些是前所未知著作的残篇。大多数残片是用希伯来语写在羊皮纸或纸草上的,少数以亚兰语和希腊语写就。它们大部分应该写在和罗马人的战争(公元66—70年)之前。由于没有其他同样古老的希伯来语写本存世,也由于它包含前所未有的材料,死海古卷对于我们了解第二圣殿晚期的犹太教极其重要。

死海西北角的库姆兰地区有些山洞,里面发现的死海古卷为数最多。虽然有些学者持异议,但多数人认为,在犹地亚陷落前一两个世纪,住在这里的某宗教社群的成员将古卷放进库姆兰的山洞,要么是作为档案留存,要么是想在反罗马的战争中妥善保管。许多学者认为,该社群是爱色尼派的一个定居点。该社群的法规和信条在《会规手册》《大马士革法规》《感恩诗篇》《战争卷》等文书中得到阐述。我们由此知道,这个社群的成员不仅把耶路撒冷祭司阶层的领袖视作篡位者,还斥责犹地亚的哈斯摩尼王朝的诸王,但他们尊崇更早的大祭司家族,特别是其中一位神秘的殉教者"公义教师"。他们宣称拥有特别的神启,知晓如何真正解释《托拉》,并拥有自己的宗教历法。他们认为,自己正生活在一场天崩地裂的战争的边缘,作战一方是他们自己即光明之子,另一方是他们的对手即黑暗之子,这场战争将导向世界末日,让他们重获权力。如果他们确实是爱色尼派,那么他们当时生活在与世隔绝的社群中,奉行财产公有,严守关于洁净的律法以致把外来者统统当作不洁,有些人甚至终生未婚。他们的一些教义似乎和早期基督教教义有渊源。

死海古卷支离破碎,再加上相关学者间的学术竞争所引发的问题,致使其出版和解读举步维艰、旷日持久。直到最近,人们还在为这项工作的拖沓而争论不休,但需要看到,从 20 世纪 50 年代开始,已经有大量死海古卷被出版和译成英文,很容易获得。未出版的古卷中,大部分目前也发行了临时性质的版本。

〰〰〰〰〰〰〰〰〰〰〰〰〰〰〰〰〰〰〰〰〰〰〰〰〰〰〰〰

这一时期还有一个团体,名为撒都该派,但我们知之甚少。他们看来主要包括见多识广、属于贵族的祭司阶层,而祭司是前文提到的两个团体反对的对象。

从犹大·马卡比时代开始,罗马人成为犹地亚政局的幕后推手;撒罗米去世后,朝纲混乱,罗马人便直接插手。庞培大举进攻整个近东,占领耶路撒冷,将犹地亚变成罗马的属国,剥夺许尔堪二世(公元前 63—前 40 年在位)的国王头衔(但仍然让他当大祭司,所以他名义上仍是犹太人的领袖),又削减他的领地。公元前 37 年,罗马人干脆废黜哈斯摩尼王朝,转而立希律(公元前 37—前 4 年在位)为犹地亚王。

希律的统治标志着犹地亚历史一个有趣的转折,因为他连犹地亚人后裔都不是。他的祖先是以土买人,本居住在犹地亚以南的土地上,约翰·许尔堪后来征服和同化了以土买。希律的父亲在哈斯摩尼王朝供职,后被尤利乌斯·凯撒任命为犹地亚摄政官。希律有外族血

42

43

统，不能担任大祭司；大多数法利赛派从不承认他是合法统治者，双方关系一直紧张。他渴望赢得臣民的支持，为此摆出尊重犹地亚的文化和宗教的姿态，但实则完全效忠于罗马人的利益，热衷于希腊文化。他能够上位，是因为一批批罗马将军和皇帝都发现，他是冷酷无情的操纵者、才华横溢的外交家和顾全大局的人，这些品质可堪大用。

希律的政治生涯与罗马史上一个重大事件——马克·安东尼和屋大维之间的冲突——有交集。希律支持安东尼。但安东尼的情人是埃及托勒密王朝的女王克利奥帕特拉，她施计离间他和安东尼，企图让巴勒斯坦脱离希律的统治，重新划归她管辖。公元前31年，屋大维通过阿克兴（Actium）战役打败安东尼和克利奥帕特拉，希律反而赢得屋大维的信任，尽管他一度效忠于屋大维的死对头，但他还是设法让屋大维相信，他具有潜在的利用价值。当上奥古斯都皇帝（公元前27—公元14年在位）后，屋大维让希律成为罗马在东方最有权势的诸侯。希律大举扩张，其领地几乎跟约翰·许尔堪和雅拿时期的领地一样大，还包括许多非犹太人口。他随心所欲地重组国家行政体系，削弱犹太教公会（这是犹地亚的最高审议机构）的权力，限制大祭司的任期，并起用一支只效忠于他个人的外籍雇佣军。

希律和他的王国一起飞黄腾达。他采取措施扩大灌溉、镇压匪盗，改善了农民的生活条件。作为统治者，他世故老成、见多识广，把希腊文人和学者迎到犹地亚。他兴建引水渠、剧场和其他公共建筑，用这些令人印象深刻的建筑项目改善国家形象。他还营造新城市，在古代撒玛利亚城原址上新建的塞巴思特（Sebaste）和地中海边上的凯撒利亚尤其受人瞩目；他建造新要塞，如耶路撒冷的安东尼亚要塞（the Antonia）、耶路撒冷南缘的希律堡（Herodion）、建在悬崖上可俯瞰死海的马萨达（Masada）；他还为自己建起富丽堂皇的宫殿。他最著名的工程是重修圣殿，在大规模拓宽原址的基础上，宏伟的宗教建筑群拔地而起,彻底替代之前已历经四百多年的朴素建筑。这种对民族宗教的敬意,就连希律的诋毁者也点头称道。事实上,希律重修圣殿,部分目的恐怕就是要赢得保守的犹太臣民的效忠。今天耶路撒冷的哭墙(也称西墙),正是当年希律圣殿的挡土墙的残留。

不过,这些成就都有代价。出于病态的猜忌,对任何能威胁到他权力的哈斯摩尼家族成员,希律统统赶尽杀绝,包括他的妻子玛利安妮(Mariamne)和三个儿子——在这些公案中,他的怀疑有时完全是合理的。然而,他又对自己犯下的恶行感到愧疚和抑郁。他的宫廷仿佛颓废的中心,聚集着残暴、阴谋和背叛。即便如此,希律仍是整个犹太史上成就最大、最丰富多彩的人物之一,完全配得上他的俗称:希律大帝(Herod the Great)。

这一称号还用来区别那些同名家族成员(故又有"大希律"的意思),他死后,他的王国被罗马人分割成几部分,同名家族成员成为这几部分的统治者。其中一位叫希律·安提帕,又叫分封王希律(Herod the Tetrach,公元前 4—公元 39 年在位),统治着加利利地区和一部分外约旦;他就是杀害施洗约翰的那位希律王,据说是受他妻子希罗底和继女撒罗米①的挑唆。

犹地亚和罗马帝国的关系从此每况愈下,最终引发公元 66 年的犹太人叛乱。首先是在公元 6 年,犹地亚被重组为罗马行省,由多位异域出生的总督(procurators)先后执掌。他们大多腐败无能,从而激化了犹太人民和罗马当局的紧张关系。其中本丢·彼拉多最有名,他在任期内(26—36 年)将耶稣钉上十字架。此事对日后的世界史至关重要,更别提对后来犹太史的影响了,但在当时,它只是众多反映罗马残暴统治犹地亚的事件之一。彼拉多曾下令将象征罗马帝国的鹰徽加在

45

① 此"撒罗米"又常常译作"莎乐美"。——校者注

军团旗帜上,就引发过更大的骚乱。多年来,颐指气使的罗马官员、苛捐杂税、敌对的罗马军队和军队中无处不在的异教仪式,都让犹太人的怨恨日益加深。卡利古拉皇帝在位期间(37—41年),怨恨差点酿成叛乱,卡利古拉要求人们把他当作神崇拜,并下令在耶路撒冷圣殿中竖立他的金像。幸亏疯狂的皇帝很快一命呜呼,动乱才得以平息。

在卡利古拉的继任者克劳狄治下,情况暂时好转,他扶植大希律的孙子希律·阿格里帕,让他担任这一地区北部的统治者,后来又当上犹地亚王(41—44年)。希律·阿格里帕和皇帝私交甚笃,能得到皇帝准许,在这个多事之地便宜行事;与此同时,他比大希律更同情犹地亚人的生活方式和宗教,因此更受臣民信任。法利赛派视他为盟友,不过非犹太人臣民不喜欢他,当时人数还不多的耶稣的追随者尤其厌恶他。

但犹地亚本土仍归罗马总督治理,他们让罗马统治越来越不得人心,形势日趋严峻。匕首党(Sicarii)现身城市街头,用匕首刺杀涉嫌勾结罗马统治的人。在凯撒利亚(总督驻地),犹太人和希腊人爆发冲突,而平民与士兵间的矛盾更是不断。最后一任总督是弗洛鲁斯,他大肆敛财,甚至企图侵吞部分圣殿财宝,酝酿已久的叛乱便无法控制了。公元66年,祭司不再代表罗马献祭,群众起义随即爆发,很快演变成罗马史上著名的"犹太战争"。

战争持续了四年,部分是因为罗马人猝不及防,部分是因为罗马将领韦斯巴芗在公元68年尼禄皇帝死后为了争夺帝位而离开战场。在犹太战争间歇期,犹地亚不同的犹太派别出现内讧,导致最终的溃败。其中,奋锐党人(Zealots)特别棘手,这些人是暴力革命者,会攻击贵族和其他在他们看来不积极作战的团队。公元69年,韦斯巴芗皇位坐稳后,派儿子提图斯(Titus)完成对犹地亚的征服。罗马军队在公元70年攻破耶路撒冷,焚毁大希律建的圣殿。一些要塞多挺了几年;匕首党被围困在马萨达要塞内，为避免落入罗马人手中，他们于公元73或74年集体自杀。

攻占耶路撒冷是韦斯巴芗登基以来的首场军事大捷，他举行盛大的凯旋庆祝。他发行纪念币，又将犹地亚俘虏和劫自圣殿的礼器作为战利品游街示众。罗马广场上竖起一座凯旋拱门，纪念此战；拱门内侧的浮雕上刻画着劫自圣殿的七枝烛台。这座拱门至今矗立在广场遗址上，供游人驻足怀古。

罗马人征服埃及（公元前30年）后，希腊化的埃及犹太人仍然繁衍兴盛。他们享有自治社群的地位，由一位名为"族长"的领袖管理，这一职位后来由长老会取代。但是，他们的待遇不如托勒密王朝时期好，因为罗马人不承认他们是希腊人，而把他们归入埃及臣民。埃及犹太人既要求被承认为自治的社群组织，又要求享有全部公民权利，这在罗马人看来实在太放肆了。

因此，埃及犹太人的地位在罗马人统治时期每况愈下。公元38年，罗马的埃及总督弗拉库斯煽动暴民反对他们。在卡利古拉皇帝将弗拉库斯撤职，并（因为其他原因）处死后，暴乱虽然平息，但犹太人不满意，直到卡利古拉遇刺（公元41年），他们自己又发动了一场暴乱后才罢休。公元66年，他们再度起事。公元115—117年，正值图拉真皇帝统治时期，他们发动最后的暴乱，这也是同时发生在古利奈（Cyrene，位于今利比亚）和塞浦路斯的犹太人起义的一部分。这场叛乱引起对亚历山大城犹太社群的暴力镇压，当地著名的犹太会堂被毁。埃及犹太社群从此一蹶不振，哪怕到了穆斯林征服埃及后很久都没见起色。

巴比伦犹太社群却在帕提亚帝国①的统治下繁荣昌盛，在公元前2

———————————————————
　①　又译作"安息帝国"。——校者注

世纪中叶,帕提亚帝国从塞琉古王国手中夺得对伊朗和美索不达米亚
的控制权。罗马人接管巴勒斯坦以后,随着罗马人在那里的统治越来
越暴虐,东部的犹太人日益忠于帕提亚,它当时足以和罗马分庭抗礼。
作为回报,帕提亚人优待犹太人,像从前的波斯人那样赋予他们自治
权。帕提亚犹太人开始兴旺,逐渐从农业生产生活转向城市商业
生活。

48

公元前500年至公元100年间的犹太流散

　　帕提亚的犹太人自治可能已经由一位叫作"流散领袖"（exilarch）①的官员负责管理，虽然该职位要晚些时候才广为人知。根据传统，只有发端于大卫的犹大王朝的后裔才能担任此职。上文提到，犹大王约雅斤（于公元前597年遭放逐）死于巴比伦。在那里，他起初身陷囹圄，后来获释，享受王室待遇。对于受大卫家族的后裔管理，巴比伦流散社群感到欣慰和自豪。这一职位将历经帕提亚帝国、萨珊帝国和几个世纪的伊斯兰统治，直到公元11世纪才消失。

　　到公元70年，犹太人再也不仅仅是一个中东小国的居民。甚至在公元前6世纪早期，如上文所见，巴比伦和埃及就已经出现重要的流散社群。而到公元70年，重要的犹太社群已遍布中东，罗马城和包括西班牙在内的罗马西部各省中也分布着犹太社群。犹太人仍然自视为古代犹大王国居民的后代，罗马人依然视他们为犹地亚人。他们每年从世界各地向耶路撒冷缴纳半个谢克尔②的圣殿税，而一旦犹地亚的犹太人叛乱，身在流散地的他们也会受到打击报复，不得不忍受反对犹地亚的暴乱。这样，巴勒斯坦在许多方面依然构成犹太身份的核心，但与此同时，犹太教正在重新定义自己，正在变成一种可以带往世界各地的宗教。

49

---

① "流散领袖"的原文是亚兰语 Resh Galutha。——校者注
② 谢克尔（shekel）是古希伯来和现代以色列国的货币单位。——校者注

发现于罗马晚期古城贝特谢安的七枝烛台和其他圣殿物品。照片，版权方为泽夫·拉多万。

第三章　罗马治下的巴勒斯坦和萨珊治下的巴比伦
70—632 年

　　罗马人在公元 70 年摧毁圣殿，但没有彻底毁掉犹地亚，也没有从耶路撒冷驱逐犹太人，不过，他们的手段确实严酷。不少犹太人被捕，另一些人逃离，还有许多人因为土地遭到没收而陷入赤贫。犹地亚正式变成罗马一个行省。犹地亚人被强行征收一项惩罚性的犹太税（*fiscus Judaicus*）：每年必须向罗马城卡皮托林山丘上的朱庇特神庙支付两个德拉克马，以取代以前每年向耶路撒冷圣殿贡奉的半个谢克尔。不过，公元前 587 年那样的大规模驱逐，这次倒没有发生，受罪的主要是贵族阶层。日常生活一如既往。

　　另一方面，民族宗教却因这次灾难而深受影响，永久改变了。随着犹地亚膜拜中心的消失，祭司阶层消亡了，祭司以前不仅是统治者，还是宗教领袖。祭司阶层一旦瓦解，就为新兴的平民宗教领袖施展拳脚腾出空间，后者是第二章提到的非祭司阶层的精研宗教传统和律法的专家，如今叫"拉比"（意为"夫子"或"教师"）。他们肩负起重建这个民族的宗教生活的责任。

年　表

犹太历史	时间	世界历史
埃及犹太人起义	115—117	
	117—138	哈德良皇帝
巴尔·科赫巴起义	132—135	
哈德良迫害犹太人	135—138	
犹太族长犹大编纂《密释纳》	约 200	
犹太人成为罗马公民	212	
拉夫抵达巴比伦	219	
	226	波斯萨珊王朝开始
	306—337	君士坦丁一世
	313	米兰敕令宽容基督教
	354—430	圣奥古斯丁
	360—363	叛教者尤利安试图逆转罗马帝国的基督教化
《巴勒斯坦塔木德》成书	约 380	
犹太族长制遭废除	429	
	476	西罗马帝国灭亡
《巴比伦塔木德》成书	约 499	
查士丁尼皇帝干涉犹太信仰	553	
	590—604	教宗格里高利一世
波斯人短期占领巴勒斯坦	614—617	

有个传说解释了宗教领导权从祭司向拉比的转移这一现象。约哈南·本·扎卡伊是当时最重要的拉比，他对抵抗罗马的战争持反对态度。罗马人围困耶路撒冷时，他佯装死亡，让门徒把他装进棺材抬出城（罗马人允许困在城里的人出城埋葬死者）。然后，他来到韦斯巴

芎面前，后者对他的胆识、智慧和反战态度印象深刻，授权他在亚姆纳（Jamnia，这是希腊语，此地希伯来语叫亚夫内［*Yavne*］）建立一所学院。这位拉比分得清轻重缓急：城市、圣殿膜拜和政治主权皆可有可无，体现在《托拉》和不断增加的宗教律法中的宗教传统则必须保证。约哈南·本·扎卡伊及其同道由此迈出重要一步，开始将犹太教重组为拉比犹太教，这是犹太教传播最广泛的形式，至今不衰。拉比犹太教专注于不断学习《托拉》和与之相关的口述传统，要求信徒一丝不苟地奉行教规，这些教规又被理解为一套律法体系。拉比们将学习《托拉》置于犹太宗教生活的中心，从而在无意中为犹太文化日后专注于各种智力活动奠定了基础。

　　犹太会堂也出现在这一时期，堪称犹太人生活中有特色的机构。"会堂"（synagogue）一词源自希腊语，意思是"集会"；作为集会场所，犹太会堂早在圣殿被毁前就遍布各处，当时可能用于某些宗教仪式（尤其是巴勒斯坦以外地区），如祈祷。但圣殿被毁后，随着集体祈祷仪式开始定期举行，随着诵读和解释《托拉》日益在公共宗教中发挥重要作用，犹太会堂逐渐成为主要的公共宗教机构。圣殿被毁将公共崇拜去中心化，有助于拉比将宗教生活的责任交给每个人。中央宗教机构被毁是创伤性事件，但从创伤中恢复是可能的，因为延续宗教的基础已经找到。

　　第二章曾提及115—117年流散地犹太人的起义，犹地亚人倒没有受此影响，但罗马占领后的暴虐和农民的贫困所引起的紧张情绪在发酵，并在第二次大规模犹地亚人战争中爆发。战争导火索是哈德良皇帝（117—138年在位）重建耶路撒冷的计划。哈德良在帝国全境重建了众多神庙和城市（包括太巴列和塞弗里斯［Sephoris］的神庙），他要把耶路撒冷变为罗马城市，献给朱庇特，城名改成伊利亚·卡皮托林

53

54

(Aelia Capitolina)①。这种亵渎古都的做法让犹太人民忍无可忍。

这场起义于 132 年爆发，要比 66—70 年那次战争更有组织性，而且今非昔比，这次连拉比都支持，比如深受爱戴的阿奇瓦拉比。起义领袖是西蒙·巴尔·科西巴，他当时很可能被当成弥赛亚，因为他自称"以色列的亲王(ha-Nasi)"，还发行带有"以色列救赎元年"之类铭文的钱币。他以巴尔·科赫巴的名字广为人知，这个名字意思是"星之子"(犹太传统赋予这个典出《托拉》的短语以弥赛亚的解释)，他举手投足也一如古代的犹大君王和军事领袖。可是，光靠巴尔·科赫巴颐指气使的个性、他的受人拥戴和著名拉比的支持，还不足以制胜。他于 135 年被杀，手下残兵败将则在贝塔尔(Bethar)和隐基底(Ein Gedi)被罗马军队围剿。

罗马人对第一次起义表现得尚属克制，这一次却把新仇旧恨统统算在这个不幸的行省上。他们迁走犹地亚的所有犹太人口，用非犹太人取而代之。许多犹太人被遣送到北方的加利利，其余的被当作奴隶卖掉；从犹地亚流出大量战俘，多到据说让奴隶的市价跌到和马差不多。耶路撒冷沦为彻头彻尾的异教城市，哈德良的塑像矗立其间，市中心可能还建起朱庇特神庙，甚至不让犹太人进城。割礼被法律禁止，并且传统的观点认为公开传授《托拉》和任命拉比在当时也是非法之举。犹地亚行省的名称改作叙利亚-巴勒斯坦，这样，源自祖先所在的犹大支派的地名，就被源自犹大支派的宿敌非利士人的地名取代，尽管非利士人老早就消失了。至此，罗马人用尽一切手段，将犹地亚人及其宗教从这一地区抹去。

这些措施的后果是灾难性的。许多人纷纷逃离，让叙利亚、小亚细亚和罗马的犹太人口迅速膨胀(他们在罗马的地下墓穴现在仍可参

---

① "伊利亚"来自哈德良的名字；"卡皮托林"表明是献给朱庇特神的，因为此神最有名的神庙坐落在罗马城的卡皮托林山丘上。——校者注

观），甚至连西班牙、高卢和莱茵兰①的小规模犹太人口也得以增长；还有些人干脆离弃整个罗马领土，加入帕提亚帝国控制下的巴比伦地区的犹太社群，这里未受起义影响。对拉比活动的禁令致使一批殉教者出现。有些拉比，比如阿奇瓦，不顾禁令，坚持布道，故而被捕入狱，惨遭处决；犹太传统常常提到哈德良时期的十位殉教者，视之为犹太教历史上最黑暗的一幕。在犹太民间传说中，哈德良是近乎恶魔般的存在，堪与安条克四世和提图斯比肩。

　　行省起义平定以后，各类宗教限制在哈德良的后继者治下逐渐松弛，罗马和巴勒斯坦犹太人在 2 世纪最终达成某种妥协。罗马要求犹太人管好他们中的极端分子，阻止暴力反抗的爆发。作为回报，犹太教被承认为"特许宗教"（permitted religion）②，犹太人还不用参加皇帝崇拜和其他涉及异教仪俗的市民义务。后几任皇帝放宽了割礼禁令，但只对犹太人放宽，仍禁止非犹太人行割礼，这相当于禁止非犹太人皈依犹太教（在 2 世纪后期，皈依被明确定为非法；就是从这时开始，犹太教形成了日后不大愿意接受皈依者的传统）。由于通货膨胀，两个德拉克马的犹太税的负担大大减轻。最重要的是，罗马人允许犹太人创建自治机构。

　　巴尔·科赫巴起义失败后不久，在加利利召开了拉比大会，加利利此时已成为巴勒斯坦犹太人生活的中心，成立了一个有审议权和立法权的中枢机构"犹太教公会"（Sanhedrin），它与圣殿被毁前就有的类似机构同名，由名为"犹太族长"（patriarch）③的官员领导，这一头衔也是圣殿被毁前就有的。犹太族长须是希列的后代，希列是圣殿被毁前

56

①　莱茵兰（Rhineland），德国莱茵河以西地区的通称。——校者注
②　"特许宗教"（religio licita）这种说法来自基督教教父德尔图良（Tertullian，约 160—约 220 年），并不是罗马法中的正式术语。——校者注
③　"犹太族长"的希伯来文是 Nasi。《圣经》时期的部落领袖和国王可用这个词称呼，巴尔·科赫巴曾用这个词自称（上文译作"亲王"）。今天以色列国的总统也叫 Nasi。——校者注

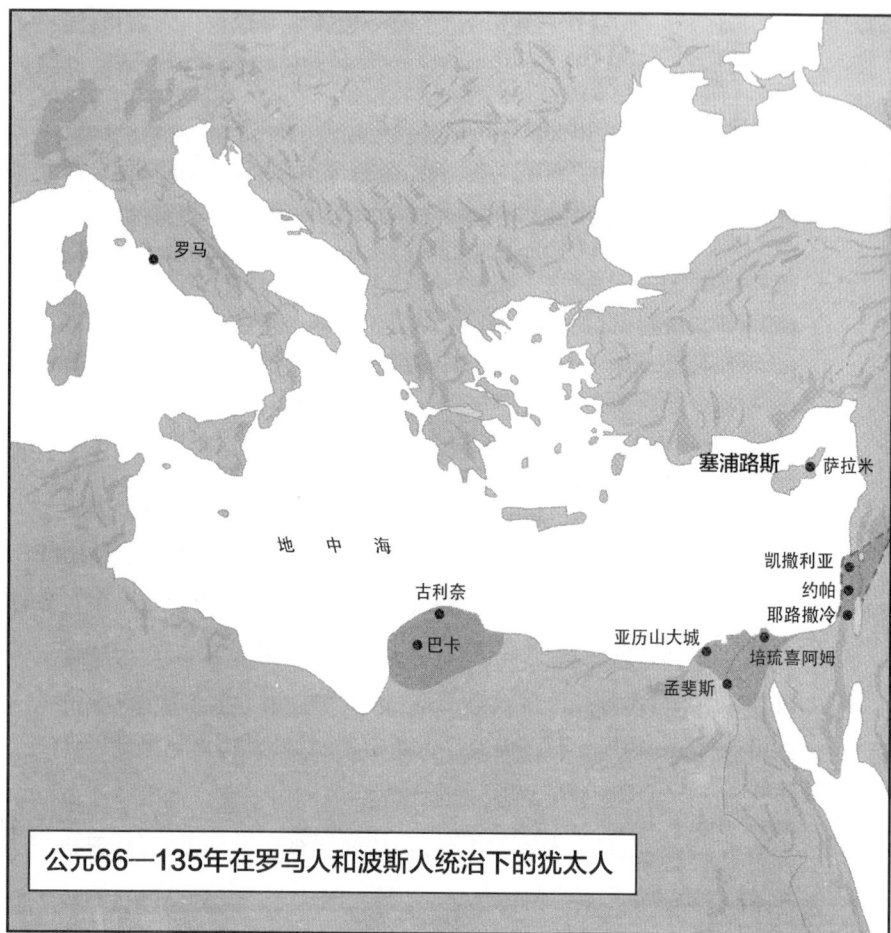

公元66—135年在罗马人和波斯人统治下的犹太人

一个世纪一位有影响的人物,他也像巴比伦的流散领袖一样,据说是大卫王的后裔。希列的后代富有而杰出,早在圣殿被毁前的一代人中就已当权,后来又执掌亚姆纳的学院。在 2 世纪期间,犹太族长制(patriarchate)先赢得犹太人的承认,然后罗马人又承认这是犹太人的中枢政治制度。犹太族长及其管理团队制定法律、征收税赋、任命法官和其他公共官员,并且规范宗教实践尤其是宗教历法。随着犹太族

长制生根成熟，罗马人逐渐允许犹太人享有更多的自治，而拉比也渐渐配合他们原先仇恨的罗马当局。犹太族长一职声誉日隆，到 4 世纪，犹太族长享受罗马元老的待遇，并向罗马帝国全境的犹太人征税。

　　一群拉比组成犹太人生活的中枢组织，获得政府承认，这是有史以来的第一次；拉比犹太教由此向永远成为犹太教的主导形式迈出重要一步。这一进程的里程碑出现在 2 世纪末，犹太族长拉比犹大编定和颁布《密释纳》，此书很快成为拉比犹太教的核心教科书，一直沿用至今。《密释纳》是一部律法集成之作，不仅涵盖当时拉比司法能力所及的每个领域（比如宗教礼法、商业贸易、财产、继承、法律程序和侵权行为），还涉及一些已经失效的领域（比如与圣殿有关的律法）。自从编定以来，《密释纳》就是拉比学术的基础文本和组织原则，尽管在现代，拉比在大部分这些领域中的司法权已经无效。

　　犹太人和罗马人达成妥协。巴勒斯坦犹太人此时受到的待遇，很像这个大帝国里的其他小民族，只不过他们无须遵守异教礼俗。和其他臣民一样，他们于 212 年被卡拉卡拉皇帝赐予罗马公民权。在 3 世纪,巴勒斯坦犹太人经受的种种困苦,倒不是因为犹地亚和罗马以往的相互敌视,而是由于这一时期罗马帝国经济政治的整体衰弱。巴勒斯坦变得一贫如洗,人口持续减少。

另一方面,同一时期的巴比伦犹太人却过得还不错。公元226年,萨珊帝国取代文化多样和政治涣散的帕提亚帝国,巴比伦犹太人遭受些许迫害,失去自治权;新政权在统治伊始采取措施,推广琐罗亚斯德教,抑制其臣民在文化和宗教上的多样性。巴比伦犹太人一度觉得,连罗马人的统治都比波斯人的可取。但到沙普尔一世时期(241—272年),宗教政策放宽,旧的关系得以恢复:波斯统治者允许犹太人在流散领袖的领导下拥有相当的自治权,而巴比伦犹太人在支持萨珊对抗罗马方面也是可信赖的,因为罗马已是萨珊人的宿敌。虽然巴比伦犹太人从未遭到罗马军团的镇压,但他们依然忠于犹地亚犹太人,怀有强烈的历史认同感。

在进入3世纪以前,巴比伦犹太人一直把巴勒斯坦的拉比视为宗教导师,巴勒斯坦的犹太族长被奉为最高宗教权威,甚至在流散领袖控制的地区,情况也一样。犹太族长实施权威的一条途径是控制宗教历法,他每年都会重新制订宗教历法,并通告流散社群。在哈德良迫害时期,许多学者逃离巴勒斯坦,巴比伦学院的地位上升,但巴比伦能够成为宗教研究中心,要归功于两位3世纪的拉比:一位是撒母耳,他是富裕的巴比伦学者,和皇帝沙普尔一世私交甚笃;另一位是拉夫(Rav),他原本是巴勒斯坦的拉比,是犹太族长拉比犹大的门徒,于219年抵达巴比伦。正是拉夫把《密释纳》介绍给巴比伦犹太人。拉夫在苏拉(Sura)创办学院;撒母耳则在尼哈地亚(Nehardea)创办学院,但此镇后来遭毁,学院迁至蓬贝迪塔(Pumbeditha),从此以蓬贝迪塔学院之名著称。这两所学院很快成为衰落中的巴勒斯坦诸学院的竞争对手,两者之间也互相竞争。作为犹太智力和宗教活动的中心,它们一直存在到 11 世纪。

犹太人和罗马帝国在 3 世纪达成的均衡一直持续到君士坦丁一世执政时期(306—337 年),他个人接受基督教,并启动了把它变成罗马帝国国教的进程,从而改变了西方历史的进程,犹太历史的进程也随之改变。作为犹太人的一个教派,或者说作为犹太教内部一场针对犹太人的宗教运动,早期基督教只获得有限的成功,因为拉比们与它不共戴天,而拉比们在罗马人治下拥有管理犹太事务的权威。但是,作为一场向罗马帝国的巴勒斯坦、叙利亚、小亚细亚和其他地方的异教徒传教的运动,基督教却取得了巨大的成功。

在调整自身以迎合非犹地亚的异教徒的过程中,基督教产生了根本变化。直到此时,犹太教仍然只是一个有着特定历史的特定民族的宗教(先后历经过君主统治、巴比伦流放、回归和重建、罗马占领、圣殿被毁),怀有特定的民族抱负(恢复君主统治和重新成为独立的民族)。基督教却建起一个超越民族范畴的社群,关注的是共同的信仰,而非共同的历史和得到律法认可的生活方式。这样,基督教就把借助一位君王重建民族的犹太理念转变成通过一位救世主来实现个人救赎的观念,它还废除了几乎所有成为犹太教最显著特点的宗教仪式和活动。不过,基督教仍保留了犹太一神论的排他性(这种排他性让许多开明的异教徒困惑不已),拒绝承认所有其他宗教的合法性,包括犹太教的合法性,虽说其一神论的源头就出自犹太教。基督教用三个世纪的时间成为西方历史上最伟大帝国的国教,这里面的故事虽然引人入胜,却不是犹太史的一部分,但其结果却至今塑造着犹太史。

从基督教兴起到君士坦丁统治的这段时间中,可以找到日后犹太-基督两教关系的根源。在公元 1 世纪,不再信仰希腊众神和罗马异教的人,在罗马帝国比比皆是,他们转而从东方的外来宗教中寻求启示。这些人没有放弃异教徒身份,但却把外来神祇及其仪式的某些成

60

分吸收进自己的宗教生活,例如波斯的密特拉神、埃及的伊希斯神,或者弗里吉亚的西布莉(Cybele)神。同样,犹太教的传统形式及其基督教变体形式,也在东方各省甚至罗马城一些上流社会的成员中找到追随者。由于加入犹太教需要接受痛苦的割礼,也由于其貌似任性的各项禁令,罗马人很少彻底皈依犹太教,不过许多人采纳了犹太教的部分习俗,比如在安息日点蜡烛、出席犹太会堂的仪式,以及庆祝某些犹太节日,就像他们也会庆祝其他宗教的节日那样。这类人叫"畏神者"(God fearers),有时会遭到世故的罗马人嘲笑。但是,犹太教的传教活动也曾取得一定成功。最显著的例子来自小王国阿狄亚贝尼(Adiabene),它位于上美索不达米亚,公元36—60年统治这里的国王皈依了犹太教,此人还向耶路撒冷的圣殿慷慨解囊。

早在使徒保罗(卒于公元62年)的领导下,基督教就宣布废止犹太教的仪式,从而扫除给皈依造成的巨大障碍,使基督教在和传统犹太教争取皈依者的竞争中占据上风。为了证明这种废止合情合理,保罗宣称,巴勒斯坦和流散地的犹太人并非以色列宗教的真正传人。他宣称,由耶稣信徒组成的精神社群才是"真正的以色列"。这样,保罗既占用了犹太教依靠其悠久历史而拥有的权威,又割裂了犹太教和一段特定民族历史及生活方式的关联。"真正的以色列"不再是宗教仪式独特、民族抱负无望的犹地亚省的人民,而是基督徒所构成的跨民族社群。

基督教运用两种辩护技巧来支持其主张。一种是从基督论的(Christological)角度阐释经文,即用希伯来语《圣经》论证基督教教义真实不虚。这种方法专为和犹太人辩论而制定,但也能吸引已经对犹太教感兴趣的异教徒。另一种技巧是诋毁犹太教,利用并扩大既有的反犹观念,这些观念源自希腊化时代,后来又被信奉异教的罗马人进一步发展。

《塔木德》、米德拉什和皮尤特

在拜占庭和萨珊时期,巴勒斯坦与巴比伦的犹太智力中心的主要文学创作是《塔木德》、米德拉什和皮尤特。

自中世纪以降,《塔木德》就是传统犹太人研习和献身的主要对象。这部巨著汇编了律法辩论、民间故事、奇闻轶事和谚语格言。在现代以前,拉比们不仅负责宗教事务的仲裁,还在商业和社会组织的所有领域扮演法官角色,《塔木德》里的律法讨论是他们做出法律裁决的依据。直到今天,《塔木德》仍然是正统派神学院培训拉比的主要科目,恪守传统的犹太人则对之勤加研习,作为虔信上帝话语的一种仪式性行为。

《塔木德》形式上是对《密释纳》的评注,后者是犹太族长拉比犹大在大约公元 200 年编著的一部法典。实际上存在两部《塔木德》:约公元 380 年编成于太巴列的《巴勒斯坦塔木德》,以及约公元 499 年编成于今伊拉克所在地的《巴比伦塔木德》。《巴比伦塔木德》经过中世纪获得权威性,今天谈起《塔木德》,一般是指《巴比伦塔木德》。它用亚兰语写成,这是穆斯林征服以前伊拉克人使用的语言。这部著作文风简练、引经据典,需要经过长年研习才能掌握。在传统犹太社群里,有本事"学会一页《塔木德》",就能给普通信徒赢得名声。为了方便研究这部头等重要的著作,中世纪出现许多评注,其中最著名的是拉比所罗门·本·以撒(1040—1105 年)的评注,此人又叫拉熹,住在特鲁瓦(今法国)。在现代版本的《塔木德》里,拉熹的评注以窄窄一栏的面貌出现,且总是和《塔木德》原文并排印刷;研习者学习一页时,一手的两指叉开,一指对着原文,一指对着评注,参照阅读。现代印刷版的《塔木德》还附有其他在中世纪和近代编写的评注。

63　　　"米德拉什"（midrash，复数为 midrashim）最初是阐述宗教观念的
一种方式：先引用希伯来语《圣经》的一段经文，再发挥——要么解释
内容，要么引申到一个全新的、出乎意料的方向。作为一种技巧，米德
拉什用来发展宗教思想和解决宗教律法问题。但米德拉什还成为一种
文学体裁的名称，因为特定的米德拉什被汇编成书。这些米德拉什中，
有些按照所对应的《圣经》章节编排，有些是为《摩西五经》和《圣经》中的
其他书籍而编。《塔木德》中的许多律法讨论就在考察作为特定律法来
源的一些米德拉什，以决定哪一条米德拉什在什么情况下具有权威性。
还有些米德拉什与宗教观念和态度有关，常常构成布道的依据。

　　　"皮尤特"（piyyut，复数为 piyyutim）是为犹太会堂宗教仪式创作的
诗歌。许多古代会众习惯使用诗体祈祷文，而非现代传统祈祷书中标
准的散文体祈祷文。会众不仅指望领祷人在仪式中领唱，还期待他为
每个安息日和节日的仪式创作不同的诗歌，以免听到完全重复的仪式
内容。后来，祈祷书的文本逐渐固定不变，皮尤特就随着标准祈祷文
一起朗诵。在整个中世纪，创作皮尤特是犹太人最重要的艺术活动
（在有些中东的犹太社群里一直持续到现代）。虽然皮尤特的创作已
经停止，但直到今天，犹太会堂中仍能听到一些皮尤特。

　　　如前所见，犹太教的某些方面自古广受称赞，但有些方面也引起
敌视。开明的异教徒就无法理解，犹太人为什么不能像他们那样尊重
其他民族的神祇和礼仪；对可以接受众神的异教徒而言，犹太人除自
己的上帝以外拒绝承认任何神，反倒更像是渎神者和无神论者！此
外，犹太人在宗教上反对帝王崇拜，这虽然是严格奉行一神论的必然
结果，但却有不忠于国家的嫌疑，鉴于犹地亚人屡屡叛乱的前科，嫌疑
就更大了。另一个政治原因更醒目。在希腊人的城市中，犹太人喜欢
64　扎堆生活，尽可能结成单独的团体，但同时又索要公民权利。第二章

已显示,这种愿望中暗含的这对矛盾,已引起亚历山大城罗马总督弗拉库斯的敌视,是造成公元38年暴乱的原因之一。最后,异教徒的敌视中包含了十足的宣传成分。安条克四世企图为自己在公元前2世纪袭击耶路撒冷圣殿的行为辩解,办法就是攻击犹太宗教;亚历山大城有位名叫阿皮翁(Apion)的作家,写了一部翔实的反犹宣传作品,为公元38年对犹太人闹事的镇压辩解;连声名卓著的罗马历史学家塔西佗也不例外,在讨论公元70年圣殿被毁时,他延续了抨击犹太教的传统。这样,截至2世纪,已经出现一批反犹文献,可供基督教领袖利用,基督徒还更为情绪化、更有针对性地指控犹太人是弑神者,反犹文献遂与日俱增。

在4世纪早期以前,基督教与罗马磕磕碰碰,产生的问题比犹太教与罗马之间的问题还多。犹太人建国的雄心已被彻底击碎;他们在故土上的人口骤减,根本无法对罗马帝国构成威胁。但是罗马视基督教为威胁,对它积极迫害了两个多世纪。迫害平添怨怒,基督教一旦获得罗马帝国官方宗教的权势,就把怨怒发泄到它的母系宗教上。从此,巴勒斯坦犹太人的境遇急剧恶化。

在4世纪,罗马帝国一分为二,东罗马帝国以拜占庭(君士坦丁堡)为中心,西罗马帝国以罗马为中心。西罗马帝国勉为其难地支撑着,与东罗马帝国分分合合,还经常遭受蛮族入侵,最终在5世纪土崩瓦解;西罗马帝国末代皇帝罗慕路斯·奥古斯图鲁斯于476年遭废黜。与此同时,巴勒斯坦落入说希腊语的基督教拜占庭帝国的控制。

从4世纪到7世纪,拜占庭统治巴勒斯坦。在此期间,许多法律陆续颁布,限制犹太人从事宗教和商业活动,禁止犹太人和基督徒通婚,还禁止犹太人担任公职或新建犹太会堂。犹太族长希列二世向流散地犹太人宣布节期日历的权威遭到剥夺。(他不得不将制定宗教历法的原理对外公布,流散地犹太社群从此在一个重要领域内摆脱了巴勒斯坦的控制。)犹太人还被禁止拥有基督徒奴隶,从而在经济上受到沉重打击。尽管我们今天对奴隶制深恶痛绝,但它却是罗马帝国农业生产的基础;因为这条禁令,犹太人不可能再和基督徒奴隶主竞争,他们耕田种地,只能安于自给自足,无法再做其他打算。这一限制虽然可能只对少数大地主有直接影响,但却是令犹太人离开土地的第一步,犹太人在这条路上越走越远,最终在中世纪几乎完全成为城市居民。

　　一些基督教教会领导人要求全面禁止犹太教,主张像 3 世纪罗马人对待基督徒那样对待犹太人,让他们在改宗和死刑之间二选一。在西班牙,这真成了政策,西哥特国王西塞巴特(Sisebut,612—621 年在位)逼迫犹太人在改宗、死刑和流亡之间选择。但在多个世纪里,教会对待犹太人的权威态度是由圣奥古斯丁(354—430 年)阐发,并经教宗格里高利一世(590—604 年在位)确立为教会政策的。该政策虽说相对温和,但仍然不够宽容:犹太人顽固不化,拒不承认耶稣是他们的弥赛亚,所以完全应该被镇压和羞辱,但还不能彻底消灭,而是要让他们生活在丢脸的贫困中,为社会所排斥,以此既惩罚他们顽固地拒绝承认耶稣是弥赛亚这条包含在他们自己经典中的信息(基督徒已把犹太人的经典称为"旧"约,认为其中暗藏的信息能证明基督教这个新宗教真实不虚),又作为基督教之优越和非基督徒之厄运的永久见证。为了让如此对待犹太人的建议显得有理有据,奥古斯丁引用经文:"不要杀他们,恐怕我的民忘记。"①此话本是古代一位犹大国王对其子民的敌人下的诅咒,现在却被奥古斯丁用在犹太人自己身上。奥古斯丁的原则很苛刻,但在中世纪得到教宗的一再确认,有时还成了犹太人的救命稻草。

　　在 4 世纪,犹太人两次试图摆脱拜占庭的压迫。波斯皇帝沙普尔二世在美索不达米亚威胁罗马帝国,一些巴勒斯坦犹太人想趁机翻身,于 351 年在帕特里修斯(Patricius)的领导下起义,很快遭到镇压。

---

　　① 见《诗篇》59:11。——校者注

在尤利安皇帝（又叫叛教者尤利安）执政期间（360—363年），出现了更好的机会。尤利安试图逆转帝国的基督教化进程，将一种开明的异教信仰恢复为官方宗教。他不但废除反犹法规，还承诺重建圣殿，允许犹太人重回耶路撒冷定居。然而，他英年早逝，这些计划全部落空，而他的继任者都是基督徒，他们对待犹太人的手段比尤利安的前任更加严厉：限制生计，下降地位，逼迫他们皈依基督教。犹太族长制成了犹太自治权的最后残存，连这也在429年遭废除。差不多与此同时，基督徒成为巴勒斯坦的主要人口。在查士丁尼一世执政时期（527—565年），罗马的控制最终侵入犹太人的内部生活，除了更严格地执行以往的反犹社会法规，查士丁尼还干涉关于如何奉行仪轨的争论。他借机制定条例，规定如何举行犹太会堂的宗教仪式，甚至公然禁止拉比在仪式上讲解经文。

67

　　然而，巴勒斯坦的拉比学院不为所动，继续活跃，并于4世纪取得一项标志性成就，即编纂出《巴勒斯坦塔木德》（有时误称为《耶路撒冷塔木德》）。这部大作汇编了拉比们对《密释纳》的讨论和评注，包含许多古代的律法和宗教传统。这一时期还编辑了米德拉什，这是对一些缩写的布道文和布道时的经文讲解的汇编。这一时期另一文学活动密集的领域是仪轨诗歌皮尤特的创作，这在整个中世纪都是犹太人主要的艺术活动。巴比伦的拉比也很活跃，他们在5世纪集体编写了《巴比伦塔木德》。和《巴勒斯坦塔木德》一样，它也是一部围绕《密释纳》的拉比学说汇编；与《巴勒斯坦塔木德》不同，它将在中世纪渐渐为全世界犹太人所接受，成为拉比犹太教的权威原典。《巴比伦塔木德》至今仍是正统派犹太人训练拉比和虔诚研习的主要焦点。（第四章将讨论《巴比伦塔木德》是怎样获得权威地位的。）这样，尽管生活在压迫之下，拜占庭时期巴勒斯坦的犹太人仍创作出一定数量的文献，它们和《巴比伦塔木德》一起，至今仍是拉比犹太教的基础文献。

到这一时期末,结束罗马和波斯绵延数个世纪恩怨的最后一场战争爆发,正是在此期间,巴勒斯坦犹太人差点就能摆脱拜占庭统治的黑暗时代。波斯皇帝库思老二世(Chosroes Ⅱ)于603年开始进攻罗马东部各省,到614年已经征服耶路撒冷,这要部分归功于犹太人的协助,他们长久以来一直视波斯为潜在的解放者。库思老杀死并迁走大量基督徒,然后把耶路撒冷交给犹太人,在被官方禁止涉足此地将近300年之后,犹太人终于再次成为它的主人。不过好景不长,波斯人很快看清,犹太人积贫积弱,人口也不够多,保不住波斯在巴勒斯坦的这个据点。617年,库思老改变决定,恢复基督徒对耶路撒冷的支配权。几年后,罗马皇帝希拉克略开始反攻,于629年攻进耶路撒冷,正式恢复拜占庭对它的控制。

希腊和罗马的反犹主义

亚历山大大帝的征服把希腊的语言和文学带到亚洲广大地区。希腊的扩张使希腊学者和文人接触到新的、具有异域风情的亚洲文化,其中就包括犹太人的文化。早期希腊作家用赞赏的口吻把犹太人描述为哲学家民族,就像印度的婆罗门那样。这很可能是因为犹太人的饮食限制让他们想起毕达哥拉斯派的苦行苦修,也可能因为《托拉》中的律法在他们眼中是创建政治和宗教乌托邦的尝试。后来,一位罗马作家赞扬犹太人的耶和华崇拜,认为耶和华和罗马的朱庇特是同一位神灵,他还赞扬犹太人禁止偶像的行为。1、2世纪的许多罗马人被犹太教吸引,有的(甚至包括图密善皇帝的一位堂兄弟)还皈依了犹太教。不过,就连研究人种的希腊学者也会语气厌恶地提到割礼等犹太习俗,并嘲笑犹太人拒食猪肉。

诽谤犹太人的始作俑者是政治宣传家。早在公元前200年,一位亲以土买（因此是反犹派）的希腊作家就写道，犹太人在耶路撒冷的圣殿中崇拜金驴头。（在后来作家的笔下，想象中的这头供奉在耶路撒冷圣殿里的驴被换成猪。）埃及作家在描述埃及紧张局势的同时，传播了诸多对犹太史的曲解和污蔑。他们宣称，犹太人最早作为外来征服者入侵埃及，他们在埃及城镇中纵火，摧毁当地神庙，虐待百姓，直到被赶出埃及。还有人声称，法老时代来到埃及的犹太人之所以遭驱逐，是因为法老决定清除埃及的麻风病人和其他不洁者。法老役使他们去采石场做工，后来又把他们安置在阿瓦里斯。在那里，他们的头领摩西下令禁止崇拜埃及众神，不准食用埃及人崇敬的动物，而且严禁与外人交往。在安条克四世亵渎耶路撒冷的圣殿后，也传出政治动机类似的指责，说安条克在圣殿中发现一个希腊人，正在被养肥，是预备给每年举办的人牲的。

在 1、2 世纪罗马作家的笔下，反犹宣传是个常见主题。他们厌恶犹太人，既因为犹地亚反抗罗马的暴动，也由于犹太人在罗马上层阶级中的传教活动颇为成功，这在罗马保守人士看来不啻是异邦人和异邦习俗的入侵。罗马作家尤其喜欢嘲笑犹太人不吃猪肉的禁令（猪在罗马人眼中特别宝贵，既是美味又是祭品），他们还把割礼说成自残，把守安息日当作懒惰。著名罗马历史学家塔西佗是罗马保守人士的代言者，他指责犹太教是"异邦迷信"。不过，与此同时，许多重要的罗马作家，尤其是哲学家，继承了赏识犹太人的早期希腊传统。他们特别推崇摩西，将他描述为哲学家和立法者。

希拉克略的胜利令犹太人痛苦失望，但他们不久就感到宽慰。没过几年，罗马和波斯之间旷日持久的对抗终于落下帷幕，拜占庭失去对巴勒斯坦和埃及的控制，而波斯帝国干脆消失了。此时，这一地区和西方世界的历史进程将由 7 世纪出现的一股新势力决定，那就是伊斯兰。

迈蒙尼德的亲笔信，用犹太-阿拉伯语写成，发现于开罗的戈尼萨。最后一行是迈蒙尼德的签名。信件翻拍，版权方为苏珊·考夫曼。美国犹太神学院图书馆提供。

第四章　伊斯兰世界的犹太人

632—1500 年

　　到公元 7 世纪,拜占庭帝国、萨珊帝国及其臣民都已经被几个世纪的战争耗得筋疲力尽。一股在阿拉伯半岛兴起的新势力乘虚而入。

　　阿拉伯半岛的居民既有沙漠中的游牧民,又有城镇定居者。他们在两大帝国的边界上生活了几个世纪,与两个帝国做生意,充当它们的雇佣兵,抢劫它们的商队,有时还成立一些小王国投靠其中一方,故而对罗马和波斯两个世界都相当熟悉。他们大部分是异教徒,但也不乏基督徒和犹太教信徒。似乎正是通过与后者的对话,一位麦加的商人穆罕默德(约 570—632 年)开始相信一神论原则:神只有一位,祂没有形体,只通过神圣经典向世人显现,并将在最后的审判日出现,审判全人类。他曾体验到种种异象,神在其中委托他在他的人民中用阿拉伯语传播这一信息。

年　表

犹太历史	时间	世界历史
	622	伊斯兰教纪元元年:穆罕默德进入麦地那(Hijra)

续表

犹太历史	时间	世界历史
	638	阿拉伯人征服耶路撒冷
	642	阿拉伯人征服埃及
西班牙宣布犹太教非法	694	
	711	阿拉伯人征服西班牙
	762	巴格达兴建
阿南发起卡拉派运动	约 765	
萨阿迪亚高昂	882—942	
亚伦·本·亚瑟在太巴列确立希伯来语《圣经》的权威文本	930	
哈斯达伊·伊本·沙普鲁特成为西班牙穆斯林统治者的朝臣	940	
	969	紧邻福斯塔特的开罗兴建
哈扎尔王国灭亡	11 世纪初	
最后一位有影响力的高昂哈伊逝世	1038	
撒母耳纳吉德逝世	1055 或 1056	
格拉纳达大屠杀	1066	
	1071	塞尔柱突厥人征服耶路撒冷
	1099	十字军征服耶路撒冷
犹大·哈列维逝世	1141	
	约 1146	西班牙的穆瓦希德王朝
	1171	萨拉丁控制埃及
	1187	萨拉丁从十字军手中夺取耶路撒冷
迈蒙尼德逝世	1204	

犹太历史	时间	世界历史
	1248	基督教征服除格拉纳达以外的西班牙全境
	1258	蒙古人征服巴格达
纳赫马尼德在巴勒斯坦	1267—1270	
	1269	马林王朝控制摩洛哥
	1291	阿卡陷落标志着十字军对巴勒斯坦的统治结束

622年，穆罕默德领着信徒迁徙到麦地那，在那里以他的宗教即伊斯兰教的原则为基础，建立一个社群，它很快发展为成功的小国。穆罕默德死后，他的众多启示被汇编成书，这就是伊斯兰教神圣的经典《古兰经》。他的追随者袭击并征服邻近地区，将新宗教传播开来。在短短几十年里，他们从拜占庭帝国手中夺取巴勒斯坦和埃及，又从波斯帝国夺取伊拉克和波斯。到8世纪中期，居鲁士在1200多年前建立的波斯帝国（见第二章）消失无踪，而拜占庭帝国被压缩到巴尔干半岛、小亚细亚和意大利南部的部分地区。

当时世界上的大部分犹太人便成了整个伊斯兰帝国的居民，这个帝国东起印度河，西至大西洋，西班牙也包括在内。由于这个变化，巴勒斯坦、埃及和西班牙的犹太人，几乎立刻摆脱了在怀有敌意的基督徒统治下所忍受的迫害、骚扰和羞辱。这也是从流散开始后，他们首次被纳入一个统一的文化、经济和政治体系。这两个因素促使他们欣欣向荣，发展出近代以前最成功的流散地犹太社群。

阿拉伯人刚开始征战四方时并没打算让全世界皈依伊斯兰教。虽然存在个别宗教强迫现象，但总的来说，人们改宗伊斯兰教，是因为伊斯兰统治下的状况更有利于穆斯林；同理，他们改用阿拉伯语，只是因为它是政府管理和公共生活所用的语言。和基督教及犹太教一样，伊斯兰教也与异教水火不容，但它尊重基督教和犹太教，视它们为一神论姊妹，因为它们也拥有一部神启之书。因此，只要犹太人和基督徒能够遵守特定的条件，穆斯林就允许他们保留祖先的宗教。

在伊斯兰统治下生活的犹太人和基督徒被当作"迪米"（dhimmis），即"受保护的臣民"。他们的身份地位由一套名为《欧麦尔条约》的法规规范。根据这些法规，迪米的生命和财产受到保障，宗教实践受到宽容；作为交换，他们要缴纳特别的税款，行为举止也要与臣民的身份相配。他们不得新建教堂或犹太会堂，也不得维修旧场馆，不得公开举行宗教游行或传教。他们也不得袭击穆斯林、携带武器或骑马，而且必须穿有别于穆斯林的服装。后来又增加了其他限制：他们的住宅不得高过穆斯林的住宅，不准使用阿拉伯语名字，不准学习《古兰经》，不准售卖发酵饮料，也不能担任公职。

忍受这些有辱人格的规定，还要付钱才能享受这些待遇，对于落入伊斯兰统治的基督徒和琐罗亚斯德教徒来说，是可耻的负担，故《欧麦尔条约》刺激他们改信伊斯兰教。但对于曾经生活在基督教国家的犹太人来说，《欧麦尔条约》的内容虽然听起来严苛，实际上却带来解脱，因为这意味着伊斯兰宗教和国家承认他们的地位，并且保障他们有权利生活和维持信仰——这次并非在圣奥古斯丁那种羞辱性的逻辑下苟延残喘，而是在先知穆罕默德本人的责令下自在过活。虽然穆罕默德在晚年谴责了犹太人，还在麦地那迫害过犹太人，但伊斯兰教没有像基督教那样与犹太教直接竞争，而且也没有什么敌视它的历史原因。于是，在伊斯兰统治的最初几个世纪里，《欧麦尔条约》中的歧视性规定经常被无视或通融。总的说来，只要伊斯兰教处在强盛时期，比如从它兴起一直到约 10 世纪以及 15 和 16 世纪的奥斯曼帝国时期（将在第六章探讨），犹太人就建造华丽的住宅，起阿拉伯语名字，有些还学习《古兰经》；基督徒则开酒馆，售卖发酵饮料（甚至经常卖给穆斯林）；没有人介意穿着区别身份的服装，反正对此早就习以为常。

另一个原因也使早期穆斯林统治对犹太人影响不大。和基督教统治时的情况不同，犹太人不再是唯一遭歧视的宗教团体，更不是这些团体中人数最多的。轮到基督徒尝尝最受歧视的滋味了，他们在伊斯兰治下的宗教地位要比犹太人的更成问题。虽然《古兰经》把基督徒和犹太人同归为"圣书之民"，但是三位一体的教义使恪守一神论的穆斯林在神学上怀疑基督宗教，而十字架和圣像在基督教崇拜中占据的显赫位置，也让严禁崇拜任何造像的穆斯林把基督徒看作偶像崇拜者。犹太人数量少得多，且恪守一神论，在反对造像方面几乎同穆斯林一样坚决，故在这一时期引起的关注和怀疑要少得多。最后一点是，与基督徒不同，犹太人没有政治身份，他们的独立国家消失已久；而和伊斯兰世界隔地中海相望的（并且在西亚部分地区接壤）是拜占庭帝国，这个基督教神权政体与伊斯兰世界战事不断，伊斯兰领地上的基督徒迪米自然被怀疑通敌，或者至少心系外敌。由于这些原因，为数众多的基督徒起初不如犹太人受待见。

随着伊斯兰帝国的建立，西方历史的重点开始从说希腊语和拉丁语的世界转向说阿拉伯语的帝国，而它的范围比前两者中任何一个在鼎盛时期的都大。20世纪的欧美读者必须努力消化这个事实，因为作为欧洲的文化后裔，我们自然容易认为，历史的主流就是欧洲历史。但是从7世纪到13世纪，欧洲远远未入流。自5世纪蛮族入侵以后，西罗马帝国在政治、经济和技术上都已衰败，欧洲文明进入衰落期（经常被称为黑暗时代），过了几个世纪才恢复。在东方继承罗马的拜占庭帝国，领土已大大缩小，在抵御伊斯兰帝国时只能采取守势。但是伊斯兰帝国辽阔、强势、繁荣，它用阿拉伯语和伊斯兰教来团结内部，其领土除了取自波斯帝国等地，还有许多原来属于罗马和拜占庭帝国。幅员辽阔带来巨大的财富和伟大的文化，被征服民族的技艺和学

75

识都融入新兴的跨民族的伊斯兰文化。因此,欧洲的黑暗时代正值伊斯兰的黄金时代,而全世界犹太人中的大部分成了这个伟大帝国的居民,是其伟大的受益者。

巴勒斯坦犹太社群在伊斯兰统治下有所恢复,但没有恢复到它在罗马帝国基督教化以前所拥有的领导地位。638年,阿拉伯人从拜占庭帝国手里夺下耶路撒冷,废除从哈德良时期正式生效的犹太人不得在城中定居的禁令。不过,阿拔斯王朝①于750年掌权,将巴格达建为首都(762年),巴勒斯坦恢复了连接美索不达米亚和埃及的通道的历史地位。而巴格达则成了世界性大都会,在这座涌现过哈伦·拉希德(Harun al-Rashid)等伟大哈里发的都市中,伊拉克的犹太社群(仍然称为巴比伦社群,尽管巴比伦帝国早已不复存在)兴旺繁荣,成为最显赫的流散社群。穆斯林允许犹太人维持在波斯统治时期就享有的半自治身份。作为犹太人的首领,流散领袖至少在理论上成为朝臣,不仅领导当地流散社群,还领导哈里发治下的所有犹太社群,负责收税,并为帝国全境的犹太法庭任命法官。据说,每逢他上朝觐见哈里发,街上会有传令官跑在前面,用阿拉伯语高呼:"我们的大师、大卫之子在此,闲人回避!"因为流散领袖仍自称是犹大国王约雅斤(见上文)的后裔,享受一定程度的王室待遇。

伊斯兰的统治状况有利于城市生活和贸易,犹太人受到普遍趋势的影响,变得越来越城市化,脱离农业而转向商业。到8世纪末,在伊斯兰世界,住在城镇中当工匠或商人的犹太人要比犹太农民多得多。地中海和红海在政治、文化与语言领域的统一促进了国际贸易,随着个人财富的积累,一些犹太人开始在地中海和印度(公元1000年左右

① 阿拔斯王朝(750—1258年),阿拉伯帝国第二个世袭王朝,中国史籍中称之为黑衣大食。于750年取代倭马亚王朝,后被蒙古人所灭。在该王朝统治时期,中世纪的伊斯兰世界达于极盛。——校者注

在柯钦[Cochin]附近出现第一个犹太社群)之间积极开展贸易活动。

无论对于穆斯林主体民族还是犹太少数民族,繁荣都带来文化发展。穆斯林在巴格达的中央集权也将世界性的权威赋予伊拉克的犹太机构。苏拉和蓬贝迪塔的犹太学院搬到巴格达,从整个伊斯兰世界筹集资金和招募学员,院长被视作犹太宗教传统的主要诠释者以及宗教律法与实践的最高权威。他们顶着"高昂"(gaon,复数为 geonim)的头衔;术语"高昂"源自意为"荣耀"的希伯来语单词,同时也是"雅各的荣耀学院院长"①这一华丽头衔的简称。

在伊斯兰世界的大部分地区,犹太人享有一定的自治;拉比不仅仅是礼仪和家庭律法方面的专家,更充当法官和社群权威。遍布伊斯兰世界的地方拉比将疑难案件提交给高昂仲裁,案件内容涉及社群组织、商业、继承,以及离婚(当时也和现在一样,更多牵涉财产分割,而非单纯宗教事务)。高昂的回答叫"答复"(responsa,相当于伊斯兰教的"法特瓦"[fatwa])。

伊拉克犹太学院里教授的主要科目是宗教律法。首要的教科书自然就是《巴比伦塔木德》,它是高昂们的先驱——萨珊时期苏拉和蓬贝迪塔学院的院长(见第三章)——所汇编的关于犹太宗教传统的巨著。正是巴比伦高昂们的世界性权威赋予《巴比伦塔木德》高于《巴勒斯坦塔木德》的地位,让前者在犹太世界受到更广泛的传播和学习,至今亦然。同样,由高昂编纂的祈祷书也成了全世界犹太人的标准读物,以致旧的巴勒斯坦祈祷仪式全都被彻底废弃。高昂给犹太宗教生活的许多方面留下永恒印记;7—11 世纪的这段时期号称犹太史上的高昂时代,这是恰如其分的。

最精力充沛、最有影响力的一位高昂是苏拉的萨阿迪亚·本·约

78

————————

①"雅各的荣耀"这个术语取自《诗篇》47:5,"他为我们选择产业,就是他所爱之雅各的荣耀"(基督教《圣经》则为《诗篇》47:4)。——校者注

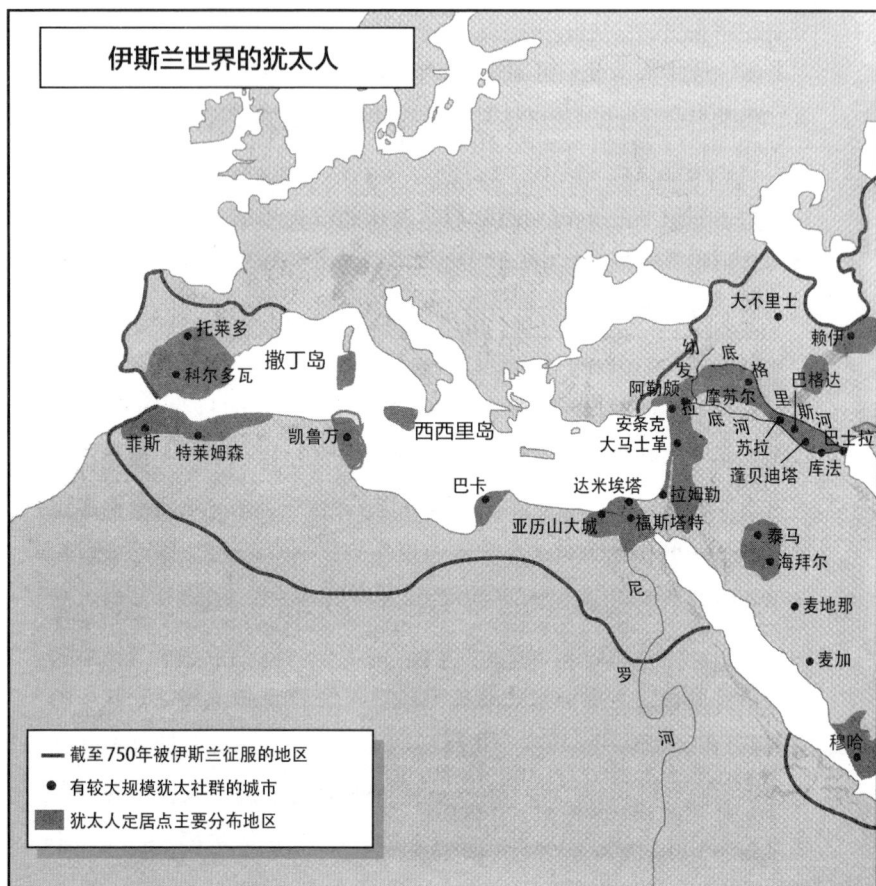

伊斯兰世界的犹太人

托莱多
科尔多瓦
撒丁岛
大不里士
赖伊
幼发拉底河
阿勒颇
巴格达
摩苏尔
底格里斯河
菲斯　特莱姆森
凯鲁万
西西里岛
苏拉
巴士拉
库法
安条克
大马士革
蓬贝迪塔
巴卡
达米埃塔
拉姆勒
泰马
海拜尔
亚历山大城
福斯塔特
麦地那
尼
麦加
罗
河
穆哈

—— 截至750年被伊斯兰征服的地区
● 有较大规模犹太社群的城市
■ 犹太人定居点主要分布地区

瑟(882—942 年),他的事业堪称犹太智力生活的里程碑。萨阿迪亚是

79第一位用阿拉伯语编写犹太律法和宗教书籍的重要的拉比权威,光是这一语言学上的事实就显示出他给犹太智力生活带来了多大变革。萨阿迪亚实际上是一类新型拉比的代表,他不仅发展了犹太律法及布道传统,还探究了当时犹太传统以外的更广泛的智力关切。

犹太人通常说所在地的语言,穆斯林征服伊拉克后,犹太人和当地其他居民一样,渐渐不说亚兰语而改说阿拉伯语。在伊斯兰扩张时

期,阿拉伯语从一个边缘部落的语言转变成一个伟大的世界性文化的语言。阿拉伯学者接触到印度、波斯、希腊的古老文明,汲取外来智慧,将之融入阿拉伯半岛本土的文学传统;他们把用古代语言特别是希腊语写作的书籍翻译成阿拉伯语,勤加钻研,并用新的方法发挥书中的理念,尝试将它们与伊斯兰教和阿拉伯语文学传统相协调。这种智力酝酿过程造就出见多识广的学者阶层,它主要由穆斯林组成,但也包括基督教徒、琐罗亚斯德教徒和犹太人,他们拥有共同的哲学和科学传承,这为相互理解奠定广泛基础,使来自不同的、有时甚至相互敌视的教派和社群的成员可以和衷共济。广义说来,他们共同的知识基础是希腊科学和哲学,而共同的语言是阿拉伯语。

萨阿迪亚精通阿拉伯语言和文学,有机会接触这种新的广阔多元的智力生活的潮流,他是第一位尝试用这种视野系统地重新思考犹太传统的重要拉比权威。这方面他只有一位先驱,即亚历山大城的斐洛,此人在1世纪就尝试用希腊哲学重新思考犹太传统。与斐洛(他用希腊语写作)一样,萨阿迪亚也用所在地的语言写作;与斐洛不同,在萨阿迪亚生活的时代,拉比犹太教久已成为犹太教的主流形式,而萨阿迪亚本人就是一位伟大的拉比。部分由于他的权威,部分由于当时的文化氛围,他的作品对整个伊斯兰世界内部及其外部的犹太社群都产生了广泛影响。

作为第一个大量使用阿拉伯语写作的重要拉比,萨阿迪亚堪称犹太-阿拉伯语文学的奠基人。书写与犹太律法相关的著述,是拉比权威分内之事。除此之外,他还将《圣经》翻译成阿拉伯语,并撰有一本大部头的阿拉伯语《圣经》评注。鉴于《圣经》在他那个时代的拉比教育中只占据次要地位,逊于《塔木德》,这部《圣经》评注就显得非同寻常。与同类著作相比,他的《圣经》评注是第一部由一位深受哲学影响的拉比写的,而他的《信仰和意见之书》是有史以来第一部系统的犹太神学论著。正是通过萨阿迪亚的这些作品,对犹太传统的哲学分析才获得正式地位。萨阿迪亚还积极与那些观点和他相左的拉比以及宗派主义者论辩,同时用阿拉伯语和希伯来语写下一些论辩著作。当时犹太会堂举办宗教仪式只用希伯来语,所以他用希伯来语为犹太会堂创作诗歌,但在指导诗人们创作仪轨诗歌时,他选择阿拉伯语作为他的教科书的语言。因此,萨阿迪亚可谓将拉比犹太教阿拉伯化了:他不仅选用阿拉伯语,而且调整拉比传统以适应当时智力生活的精髓。

81 　　萨阿迪亚终生致力于融合犹太传统与通过阿拉伯语习得的希腊哲学和科学思想,这标志着一种智力潮流正在兴起,它将成为伊斯兰世界犹太人的特质,而伊斯兰此时正处于西方文明的前沿。只要伊斯兰世界保持领先地位,用阿拉伯语写作的拉比就会延续萨阿迪亚所开创的努力。正如穆斯林此时是西方世界智力生活的先锋一样,伊斯兰世界的犹太人也是当时犹太世界智力生活的先锋。

在宗教论辩中,萨阿迪亚捍卫《圣经》,反驳理性主义批评家的攻击,后者曾指出经文中的自相矛盾和逻辑谬误。他和卡拉派之间的论辩更重要,卡拉派是犹太教内部一个宗教运动,其名称意为"经书之民"。这一运动由阿南·本·大卫创立于8世纪晚期的伊拉克,他宣称拉比犹太教的整个历史都是对犹太宗教原则的欺骗性歪曲,并试图推翻高昂们的权威。阿南想要恢复《圣经》作为唯一宗教权威的地位,让人人能自由独立地诠释它,只有卡拉派社群自己积累的传统才能对此有所限制。对于不受高昂权威牢牢控制的犹太社群,比如远在波斯的犹太社群,这种方法很有吸引力,但其本质却导致分裂。阿南在9世纪和10世纪的传人,如便雅悯·纳哈文地(Benjamin al-Nahawendi)和但以理·库米西(Daniel al-Qumisi,他将这一运动带到巴勒斯坦)等人,对他的学说有所修改,并发展出自己的《圣经》诠释传统,汇编出自己的教仪传统和法典,其中大部分使用的是阿拉伯语。

　　卡拉派信徒热衷研究《圣经》,不仅积极创作《圣经》评注,还成为研究希伯来语语法和《圣经》写本传统的先驱。正是在10世纪,《圣经》的希伯来语文本被权威性地固定下来,这即使不是卡拉派所为,起码也是在他们影响的推动下取得的成果。

82

　　卡拉派反叛拉比犹太教,并非为了弱化拉比律法的复杂和严格;它从一开始就是一种相当严格乃至奉行苦修的犹太教。尽管如此,它还是从伊斯兰统治的全境吸引到追随者,其中包括许多富人,其传播之广使它可以和拉比犹太教分庭抗礼,以致推崇《塔木德》的犹太人获得与众不同的称号"拉比派"(Rabbanite)。虽然两个群体互相指责对方是异端,但双方信徒这一时期仍然通婚。不过鉴于拉比派的悠久历史以及流散领袖和学院等制度的威望,伊斯兰政府通常只承认拉比派为犹太教的权威代言人,这样,拉比派最终压制了卡拉派,但并未彻底消灭他们。卡拉派运动于12世纪在穆斯林东方衰落,但仍活跃于埃及,并持续至今。它在西班牙只是昙花一现。它在巴勒斯坦和拜占庭有一个重要社群,集中在君士坦丁堡周围;在17和18世纪,卡拉派从那里扩散到克里米亚和立陶宛,一直存续至现代。一些小的卡拉派社群在以色列和土耳其等地至今存在。

在萨阿迪亚身后,随着伊斯兰帝国分裂成一个个地区性的伊斯兰政权,随着伊拉克失去伊斯兰世界内部的统领地位,伊拉克犹太社群相对于其他犹太流散社群的重要性渐渐衰减。10世纪的高昂们向其他流散社群发出呼吁,要求各地提供捐助,以维持他们的机构,但到1038年,最后一位享有国际权威的高昂,即蓬贝迪塔的哈伊(Hai)也去世了。

正当伊拉克衰落之际,别的伊斯兰地区渐渐繁荣,其中就有8世纪被穆斯林征服的西班牙。这次征服把当地规模很小的犹太社群从一个特别苛待他们的政权下拯救出来(见第三章)。在伊斯兰的仁政下,当地犹太人与西班牙共同繁荣,很快摆脱拜占庭帝国的掌控。到10世纪,当地统治者僭取"哈里发"头衔,正式宣布独立,抛弃了腐朽不堪的拜占庭帝国。首都科尔多瓦(Córdoba)变成宏伟的都市,一度跻身于伊斯兰世界的伟大城市之列,不仅招徕财富,而且吸引了艺术家和学者。经济繁盛、越来越强的独特的地域身份意识和自豪感也令犹太人受益匪浅,一些犹太人就通过贸易和纺织品制造业发家致富。

10世纪中期,一位名叫哈斯达伊·伊本·沙普鲁特的犹太人平步青云,成为科尔多瓦哈里发的朝臣。他是首位"朝臣-拉比",这是伊斯兰西班牙一种典型的领导人:既担任公共生活中有权有势的职位,又负责犹太社群事务。他们中的许多人深谙犹太宗教传统,有些还亲自参与伊斯兰西班牙极其活跃的文学和智力生活。哈斯达伊运用手中权力,维护伊斯兰西班牙犹太社群的利益。由于他的财富和影响力,科尔多瓦出现一个犹太作家和学者圈子。他特别鼓励希伯来语诗歌创作,赞助过两位诗人,他们的创作标志着中世纪希伯来语文学黄金时期的肇始。

用希伯来语创作的诗歌一直是犹太仪轨的重要组成部分,创作新的仪轨诗歌已成为经久不绝的传统(上文已提到萨阿迪亚这方面的努力),但此前没有将希伯来语用于非仪轨用途的传统。随着犹太人采纳穆斯林的礼仪和习俗,他们发现,在任何说阿拉伯语和研习阿拉伯语的地方,阿拉伯语诗歌都广受欢迎,于是他们也开始欣赏起这些诗歌来。在阿拉伯语世界,诗歌不仅用于娱乐,还作为宣传和推广的载体在公共生活中扮演着重要角色。受哈斯达伊赞助的诗人发挥了诗歌的这种功能,但他们使用希伯来语而不是阿拉伯语,因为他们是为有文化的犹太贵族小众内部使用而创作的。这种对阿拉伯语文学风尚的借鉴延续了从萨阿迪亚开始的一种趋势,也就是将犹太传统和伊斯兰世界的智力与文学潮流结合起来。不久,诗人们就用希伯来语写下阿拉伯语中大部分时髦的话题:爱情、饮酒(虽然伊斯兰教禁止饮酒,但饮酒是阿拉伯语诗歌最受青睐的主题)、友谊、个人与公共事务。虽然创作希伯来语世俗诗歌的潮流蔓延到阿拉伯语世界的其他地方,但最伟大的作品出自穆斯林西班牙的希伯来语诗人之手。

其中最有权势也最有趣的朝臣-拉比是撒母耳纳吉德①(993—1055 或 1056 年),他在 11 世纪的格拉纳达登上高位,当时伊斯兰西班牙已经分裂成许多小王国。据传,撒母耳之所以引起宫廷注意,是因为他能在外交信函中熟练使用华丽的阿拉伯语文风。通过个人魅力和娴熟的政治手腕,他成了格拉纳达亲王不可或缺的谋臣,并一度成为这个小国家事实上的统治者。他还肩负一些军事责任,因为他写过许多希伯来语诗歌,其中描述了他目睹的格拉纳达军队同塞维利亚和阿尔梅里亚(Almería)等邻国军队作战的场面。除了宫廷职责,他积极从事文学事业,撰写宗教律法和希伯来语语法的书籍,并创作了大量题材广泛的诗歌。在当地犹太社群中,他的多才多艺、温文尔雅、博闻

① 纳吉德(Nagid)像"拉比""高昂"一样是头衔,领导人之意。——校者注

广识和对社群的忠诚，让他逐渐被奉为楷模。穆斯林也尊重他的能力，但对他虽身为迪米却拥有控制穆斯林的权力而愤愤不平。撒母耳有能力约束这些不满，但继承他宫廷职位的儿子约瑟却没这本事。1066年，约瑟在一次针对格拉纳达犹太人的大暴动中被杀。在伊斯兰西班牙的历史上，乃至当时的整个伊斯兰世界，这场暴动属于孤立事件，因为犹太人的地位总体上相当安全。不过它也提醒人们，虽然伊斯兰教能够宽容对待犹太人，但他们终究是异类。

然而，格拉纳达大屠杀预示下个世纪将有更严重的麻烦。从1146年开始，摩洛哥的一支极端伊斯兰教派，即狂热的穆瓦希德派①，抵达并逐渐控制西班牙，将其领地上的犹太教和基督教都宣布为非法。这仅是伊斯兰教历史上第二例由政府组织的反迪米运动（第一例出现在哈基姆时期，马上就会讲到），它给犹太人带来破坏和精神创伤。虽然穆瓦希德派最终放宽了相关规定，但犹太人生活受到的破坏却是永久性的，因为最成功和最有创造力的犹太社群之一从此告终。许多犹太人离开伊斯兰西班牙，逃往普罗旺斯，带去他们独特的犹太-阿拉伯传统，大大丰富了当地原本较封闭的犹太社群的智力生活（见第五章）。

许多犹太人至少能够留在伊比利亚半岛，因为在穆瓦希德派开始迫害前，穆斯林从未彻底征服的几个北方基督教王国已经开始向穆斯林领地扩张。卡斯提尔国王就于1085年占领托莱多。新的基督教领地欢迎犹太人，许多犹太人逃去那里避难，以至于在一段时间里，基督教统治反倒显得比伊斯兰教统治对犹太人更仁慈，这与一般模式相反。可惜好景不长，下一章将揭示后续发展。

在逃离穆瓦希德派迫害的科尔多瓦犹太人中，有位名叫迈蒙的法

---

① 属于北非柏柏尔人，在北非及西班牙南部建立伊斯兰王朝（1121—1269年），西班牙语称阿尔摩哈德（Almohads）王朝，后被马林王朝取代。——校者注

官,他的儿子今天人称迈蒙尼德(1138—1204年),此人将成为伊斯兰时代最著名的犹太人。迈蒙尼德10岁左右时,他一家人离开西班牙,先去了摩洛哥,又去了巴勒斯坦。他成年后定居埃及,在那里功成名就。

埃及早已是犹太人生活的重要中心。法蒂玛王朝①于公元10世纪控制埃及,建造开罗城作为首都。这个王朝的缔造者,也像西班牙的阿布德·拉赫曼(Abd al-Rahman)那样,自封为"哈里发",宣告独立;他主要的一位谋臣是皈依伊斯兰教的犹太人。法蒂玛王朝除埃及以外还控制巴勒斯坦,它授予治下的犹太人相当的社群自治权,犹太人因其温和统治而兴旺。在将近一个世纪中,该政权承认巴勒斯坦的拉姆勒(Ramle)拉比学院为其统治地域内最高的犹太事务权威;1071年,巴勒斯坦省被入侵的突厥人占领,一位号称"犹太人首领"的官员成了犹太人的主要权威。在喜怒无常的法蒂玛王朝统治者哈基姆(1007—1021年在位)治下,犹太社群经历了最困难的时期,哈基姆采取一系列措施羞辱基督教和犹太教的子民,但他很快又撤回这些规定,故并未造成任何长久的精神创伤。1171年,即在迈蒙尼德抵达埃及之后几年,埃及落入阿尤布王朝②之手,该王朝的领袖就是著名的萨拉丁,他在统治的大部分时期内善待犹太人。在法蒂玛和阿尤布两个王朝的治下,都有少数犹太人在宫廷中担任要职。

在所有中世纪犹太社群中,迈蒙尼德时代的埃及犹太社群留下的文献最多,因为埃及一座犹太会堂中的戈尼萨(*geniza*)幸存至今。戈尼萨是存放废弃书籍和书面材料的储藏室。犹太人认为销毁任何写有上帝名字的文件都是亵渎神明之举,因此有必要使用这样的储藏

86

---

① 法蒂玛王朝(909—1171年),北非伊斯兰王朝,中国史籍称之为绿衣大食。——校者注
② 阿尤布王朝(1171—约1259年),统治埃及、叙利亚、也门的伊斯兰王朝,由库尔德人建立。——校者注

室,以防上帝名字本身遭到损毁。即使在不直接涉及宗教事务的著作中也会经常提到上帝,因此,保存旧著述而不销毁的惯例就被用于任何用希伯来语字母写的东西,最终造成一种舍不得丢弃任何书面材料的倾向。不再需要的书籍或文件要么埋入墓地,要么无限期存入戈尼萨。福斯塔特(Fustat)老城最初位于开罗城南面,如今已并入开罗城,那里是著名的本·以斯拉犹太会堂的所在地,会堂里面就有一间持续用到19世纪末的戈尼萨。在19世纪,这间储藏室引起欧洲藏书家注意。1897年,它被打开并被系统发掘整理,人们发现里面藏有各种文学作品的写本:《圣经》与《塔木德》的评注、答问集、诗歌、祈祷书、哲学和科学作品。它们自中世纪起就存放在那里,前所未有地拓宽了人们关于中世纪犹太人智力生活的视野。但更值得注意的是,这间戈尼萨还藏有数量和种类空前的文书资料:私人及商务信件、商业合同、销售清单及提货账单、婚约、写作练习、书单、库存清单和护身符。这一发现意外地使人们能够看到10—13世纪的中世纪埃及的日常生活,不仅包括犹太人的日常生活,而且也包括穆斯林的日常生活,许多细节甚至未见于伊斯兰世界的资料。这些材料数量巨大、零碎驳杂、难以辨认,由于分散在欧美各图书馆也难以获取,在被发现一个世纪后,对它们的研究仍远未完成。近期翻修的本·以斯拉犹太会堂可在开罗参观。

迈蒙尼德于1165年到达开罗,作为外来者,他必须克服当地犹太社群领袖的反对,才能在社群里获得权威地位。最终,他成为埃及的首席拉比权威,尽管还不能确定他是否拥有"犹太人首领"的头衔。但他确实享有国际声望,整个地中海世界甚至包括基督教欧洲的犹太社群都在寻求他的意见;这种威望使他与伊拉克末代高昂们产生冲突,他们认为他篡夺了他们本已被削弱的权威。他的名声不仅建立在精通宗教律法上,还因为他拥有哲学、科学和医学方面的专业知识。他是萨拉丁一位宰相的私人医生,每日往返于福斯塔特和开罗,照料宰相的妻妾和子女。

迈蒙尼德是萨阿迪亚所开创的那类拉比的最高典范:既是宗教律法专家,又完全参与同时代的智力生活,他的著作涵盖犹太传统和各门科学。他经久不衰的名望和权威主要来自两部大作:一部是犹太律法法典,用希伯来语写成,并按照原创的逻辑体系编排而成;另一部是用阿拉伯语创作的哲学专著《迷途指津》,旨在让研究哲学的犹太人确信犹太传统在哲学上是合理的。后者成为中世纪犹太哲学最著名的书籍,但它用的方法对于不说阿拉伯语因而没有接触过希腊-阿拉伯哲学思想的犹太社群来说太超前。在这两部大作以外,迈蒙尼德还写有多部医学专著和一部逻辑学专著,这些都是既为非犹太人又为犹太人写的纯粹哲学著作。

阿尤布王朝从十字军手里夺回巴勒斯坦,巴勒斯坦犹太社群再次受埃及统治,并在这一时期一直处于相对次要的地位。它有自己的拉比学院,起初在太巴列,后来在拉姆勒,该学院曾试图和伊拉克众学院争夺权威地位。在9世纪早期,该学院的院长打算通过为流散地犹太人制订历法来恢复犹太族长的特权,但萨阿迪亚阻止了这一企图。对犹太人和穆斯林来说,巴勒斯坦仍然有点偏离主流。

对穆斯林而言,随着1099年十字军的到来,情况改变了。在将近两个世纪中,巴勒斯坦被穆斯林和基督徒反复争夺,因为基督徒想要恢复基督教对圣地的控制。基督徒成功建立起一个耶路撒冷王国,从1099年持续到1187年,他们直到1291年才被完全驱逐出巴勒斯坦。犹太人被禁止在耶路撒冷城中居住,但获许造访,在巴勒斯坦的其他十字军领土上,他们也没有受到迫害(1096年穿越欧洲的十字军却迫害过犹太人,见第五章)。他们的地位大致和十字军所占领土上的穆斯林居民一样。因此,十字军对中东犹太人没有造成直接影响。

但是,十字军开启了伊斯兰世界漫长的衰落进程,最终对伊斯兰世界犹太人的地位产生不利影响。7世纪对波斯和拜占庭的迅速征服、伊斯兰领土的辽阔和富饶、拥有无数清真寺和学校的众多伟大城市、伊斯兰学者的盛名以及他们智力成果的辉煌——所有这些成就都赋予伊斯兰世界足够的自信,可以宽容臣民,让迪米安定生活。虽然这个帝国早在9世纪就开始政治分裂,但随后出现的独立和准独立国家仍长期保持强势和自信。可是现在,伊斯兰力量开始衰弱。早在十字军东征开始前,西西里岛已被诺曼人征服(1091年)。十字军入侵东方时,伊斯兰最重要的珍宝之一——西班牙逐渐落入西方的基督教征服者手中(这一过程实际上从1085年持续到1248年)。十字军还为威尼斯、比萨和热那亚等意大利城邦控制东地中海贸易开辟道路。到13世纪末,穆斯林被赶出欧洲,北非海岸不断遭到欧洲人袭击,而蒙古人开启了穿越亚洲的长征。1258年,巴格达落入蒙古人之手,哈里发统治结束,任何对伊斯兰帝国残存的妄想一并湮灭。权势和财富的天平正倒向基督教欧洲。

对此,伊斯兰教的部分回应是转而针对它的非穆斯林臣民,基督徒和犹太人都在其列。过去普遍被忽视的《欧麦尔条约》中的歧视性法令现在得到严格执行:犹太人和基督徒不得不穿上有特征的服装,他们甚至不能在城市中骑驴,教堂和犹太会堂被肆意破坏,犹太医生丧失治疗穆斯林病人的权利。犹太人和基督徒面临前所未有的骚扰和羞辱,并遭到暴民的鄙视和暴力袭击。14和15世纪,伊斯兰世界经济实力逐渐衰退,迪米的生活状况随之恶化,许多人干脆皈依伊斯兰教。这些压力带来的后果反映在这个事实中:亚历山大城曾经是世界上最重要的犹太人生活中心之一,但到1481年,城里只剩下60户犹太家庭。

伊斯兰法律仍然保护迪米的性命，没有发生大屠杀。蒙古人征服巴格达甚至短暂改善过迪米的状况，因为蒙古人还不是穆斯林，他们废除了"迪米"这个法律范畴。蒙古人不但对犹太人和基督徒没有宗教偏见，而且需要他们的支持。一位早期的蒙古统治者甚至任命一位犹太医生兼学者为宰相。但是，犹太人的发迹有时会在穆斯林人口中引发骚乱，而当蒙古人于1295年皈依伊斯兰教后，他们以皈依者的热情恢复《欧麦尔条约》的歧视性规定。鉴于不宽容气氛普遍存在和经济萧条，伊斯兰全盛时期特有的文学和智力创造力难以为继。伊斯兰核心地区的犹太教陷入停滞。

在埃及，突厥人和切尔克斯人的马穆鲁克①统治者（1250—1517年）不仅歧视迪米，还歧视其他非统治阶级的穆斯林。这种情形加剧了非统治阶级穆斯林对迪米的憎恨，迪米在社会等级上本就低他们一等。将犹太人和基督徒区别于穆斯林，并将他们排除在公共生活之外的规定被不断更新和巧妙扩大，导致一种敌视"非信士"的氛围出现，这在伊斯兰扩张时期是不可思议的。

黄金时代的诗歌

91

穆斯林西班牙的犹太贵族与同时代阿拉伯贵族的生活作风非常相似。他们的宅邸有花园，用来举办户外夜间酒会，招待其他贵族。人们在聚会上背诵阿拉伯语和希伯来语的诗歌，有时伴着乐器吟唱。并非所有犹太人都认为这么做是恰当的。一位参与者的矛盾心态在杜纳什·本·拉布拉特的一首诗中表现得淋漓尽致，此诗热情洋溢地

---

① 马穆鲁克（Mamluk）本意为"奴隶"，原先是服务于阿尤布王朝的奴隶兵，后逐渐成为强大的军事统治集团。切尔克斯人（Circassian）祖居北高加索一带，来到埃及，主要是阿尤布王朝的统治者为抵抗十字军从高加索和中亚买来的奴隶。——校者注

描述了10世纪在科尔多瓦举办的一次聚会,但也表达出诗人列席时的
歉疚。

传来一声呼唤:"醒醒!
破晓时请将美酒痛饮。
在玫瑰和香樟中铺排
一场终生难忘的宴请。

在石榴树丛
和低矮的银莲花丛中,
藤蔓舒展叶片
棕榈树向天高耸。

那里歌者悦耳地哼唱
应和鼓声的激荡,
那里六弦琴乐音如诉
应和喷泉飞溅的沙响。

在每棵高高的树冠
果实垂吊得沉甸甸。
所有的鸟儿都欣喜
欢歌在树荫之间。

92　白鸽咕咕的声音
听着像爱的歌吟。
她的伴侣在上空鸣叫——

那些唧啾婉转的灵禽。

我们要躺进花园一醉方酣
头戴玫瑰花环。
赶走愁楚和恐惧
我们要作乐与寻欢。

我们要将美食欣飨，
我们要狂饮佳酿，
就像巨灵大快朵颐，
淋漓酣畅。

等到第一缕曙光照耀
我将拿起屠刀
宰杀牝牛的幼犊；将
牡羊、小牛、奶牛变作佳肴。

氤氲着馥郁的芬芳，
在那些熏香烟柱的中央，
让我们等候末日，
欢度时光。”

我对他斥责：“住口！
你怎能兀自饱喝美酒
当锡安山正落入
未受割礼者之手。

93 你的言语像个笨蛋！
懒散已是你的习惯。
上帝最后将来审判
你必受罚，因你愚顽。

《托拉》是上帝的喜悦
在你眼中却轻描淡写，
而锡安高山已颓圮，
任狐狸肆虐。

我们岂能置若罔闻
或者欢举酒樽，
当所有人正唾弃
并鄙视我们？”

杜纳什·本·拉布拉特作，雷蒙德·谢德林译，摘自《葡萄酒、女人和死亡：中世纪希伯来语诗歌论美好生活》（费城：犹太出版社，1986年），第41—42页。

犹太人生活的恶化在非洲西北部并不明显。穆瓦希德王朝的狂热在12世纪一平息，歧视性法令的执行就不再严格。当时分布在今天突尼斯和阿尔及利亚的犹太社群安享平定，从1391年开始，犹太人从邻近的基督教西班牙逃来避难（见第五章），人口涌入带来活力。难民中不少是学者和拉比，他们复兴了该地区的智力生活。这股移民潮也对摩洛哥的犹太人生活产生有利影响。在这里，从1286—1465年统治菲斯(Fez)的马林王朝①比穆斯林臣民更宽容迪米,甚至让犹太人当朝臣。但普通民众难以容忍迪米,这在当时的伊斯兰世界已经司空见惯。大约在1438年,鉴于多起针对菲斯犹太人的骚乱引发很大社会动荡,为了保护犹太人,一个名为"犹太区"(mellah)的有围墙的区域被专门划分出来。这种模式在摩洛哥各地反复出现,犹太人和广大民众逐渐隔离。设立犹太区,初衷是提供保护,但最终将犹太人孤立。犹太区也不总是能提供有效的保护。1465年,一位犹太人被任命为宰相,整个王国发生一系列屠杀事件,这是研究执政者和民众对犹太人态度迥异的绝佳案例。

犹太-阿拉伯语言和文学

除了拉迪诺语和意第绪语两个重要的例外,流散地犹太人一般讲所处环境的语言。因此,在穆斯林征服之后,当世界上大多数犹太人处于伊斯兰统治之下时,他们的行为举止变得和非犹太人邻居完全一样,并逐渐把传统语言——亚兰语、希腊语、柏柏尔语和拉丁语——换成阿拉伯语。不久,他们开始用阿拉伯语写作,到10世纪,诞生了犹太-阿拉伯语文学。

犹太人写阿拉伯语时,通常使用希伯来文字母,而非阿拉伯文字母。原因可能是他们运用起希伯来文字母表最自如。在早先的时代,教育总是始于宗教教育。对犹太人来说,这意味着首先要学会阅读希伯来文,因此很多犹太人具有希伯来文读写能力。他们往往通晓阿拉伯文的字母,可以用它为非犹太读者写作,但如果与犹太同胞交流,就没有理由再费力使用阿拉伯文。

---

① 马林王朝(1244—1465年),北非柏柏尔人建立的伊斯兰王朝,取代了穆瓦希德王朝。——校者注

犹太-阿拉伯语文学包括神学、哲学、希伯来语语法著作,《圣经》各卷的评注,对宗教律法的拉比裁决。另外也有关于医学和天文学等科学主题的犹太-阿拉伯语书籍。甚至有一本犹太-阿拉伯语的书专门讲如何创作希伯来语诗歌。

然而,大量犹太-阿拉伯语著述不属于文学范畴。戈尼萨(见正文)保存的材料中包含许多信件、货单和其他日常书写,这些都以日常事务中使用的阿拉伯语方言写就。这些文书弥足珍贵,让我们一窥中世纪地中海世界普通百姓的生活,想象中世纪人的音容笑貌。

中世纪以后,许多伊斯兰国家的犹太人受到越来越多的限制,常常被迫生活在封闭的社群中,犹太-阿拉伯语才真正发展成专门的犹太方言。流行的宗教书籍都用这种方言写就,此外还有关于《圣经》人物生平的诗歌,以及供婚礼和其他公共活动使用的宗教歌曲。

到15世纪下半叶,始自十字军东征的中东及犹太史上的变革进程结束。这一地区出现一股新势力,把衰败的旧政权扫地出门,代之以一个新兴的、生机勃勃的伊斯兰国家。这股新势力就是奥斯曼土耳其人,这是包括蒙古人在内的一系列中亚入侵者中最后也是最重要的一个。在横扫小亚细亚后,奥斯曼帝国于1453年占领君士坦丁堡,这是伊斯兰教从7世纪起就觊觎的珍宝。他们继而在1517年占领巴勒斯坦和埃及,随后夺取伊拉克和北非海岸的大部分地区。这些征服结束了拜占庭1000多年的历史。至此,犹太人已经被驱逐出西班牙和西欧大部分地区;1502年,什叶派萨非(Safavid)王朝①在波斯出现,使那里原先重要的犹太社群被边缘化。但是,奥斯曼帝国的发迹将为犹太人在新崛起的伊斯兰世界中重新繁荣提供机会。

---

① 萨非王朝,1501—1736年统治伊朗的王朝,我国明朝称之为巴喇西。——校者注

沃尔姆斯的犹太会堂,俗称拉熹会堂,建于 11 世纪。毁于"碎玻璃之夜"(1938 年 11 月 9 日至 10 日的夜间),后于 1961 年重建。照片,版权方为弗兰克·达姆施泰特。纽约犹太博物馆提供。

第五章　中世纪基督教欧洲的犹太人

9世纪至1500年

阿什肯纳兹犹太人的起源

古代罗马有过一个重要的犹太社群,犹太人第一次进入西欧其他地区看来是在公元1世纪,他们当时追随罗马人的定居路线。因此,从公元第一个千年的早期开始,西班牙(本章将单列一节讨论)、普罗旺斯和高卢各地就出现犹太人的踪迹。但是,在罗马时代,犹太人似乎没有在这些地方建立持续的定居点,可能只有西班牙除外。我们遇到的第一个重要的西欧犹太社群位于西西里岛和意大利南部,在1091年前,这个区域一直受拜占庭帝国统治。从9世纪开始,这个犹太社群就足够重要,它在巴里(Bari)、奥里亚(Oria)和奥特兰托(Otranto)开办学院,研究拉比律法,还培养出仪轨诗作家,他们的一些作品至今在阿什肯纳兹犹太人中传诵。这些诗人的作品保留了拜占庭皇帝巴西尔一世(Basil Ⅰ)在874年和罗曼努斯一世勒卡佩努斯(Romanus Ⅰ Lecapenus)在943年迫害犹太人的记忆。

年　表

犹太历史	时间	世界历史
哈扎尔人皈依犹太教	约 740	
	768	法兰克人查理大帝
巴西尔一世迫害拜占庭犹太人	874	
基辅罗斯攻灭哈扎尔人	965	
卡隆尼姆斯家族迁往美因茨	约 1000	
犹太人开始在英格兰定居	1066	"征服者"威廉
十字军在莱茵兰屠杀犹太人	1096	第一次十字军东征开始
拉熹逝世	1105	
诺里奇血祭诽谤	1144	
十字军再次在莱茵兰 屠杀犹太人	1147	
	1152	神圣罗马帝国皇帝 腓特烈一世"红胡子"
布洛瓦犹太社群被毁	1171	
	1179	第三次拉特兰会议
	1189	第三次十字军东征
犹太人在约克遭屠杀	1190	
	1198	英诺森三世成为教宗
	1209	阿尔比派十字军
	1215	第四次拉特兰会议； 《大宪章》
迈蒙尼德的著作在 蒙彼利埃遭焚烧	1232	
法国西部发生迫害犹太人事件	1236	
《塔木德》在巴黎遭焚烧	1242	

犹太历史	时间	世界历史
	1243—1254	教宗英诺森四世
	1252—1284	西班牙"智者"阿方索
林肯发生血祭诽谤	1255	
巴塞罗那大辩论	1263	
特鲁瓦犹太人受火刑	1288	
英格兰驱逐犹太人	1290	
《佐哈尔》作者摩西·德·莱昂逝世	1305	
法国驱逐犹太人	1306	
	1309—1377	教宗迁居阿维尼翁
法国召回犹太人	1315	
犹太人第二次遭法国驱逐	1322	
	1348—1351	黑死病
法国召回犹太人	1359	
西班牙发生多起屠杀及大规模改宗	1391	
犹太人最后一次遭法国驱逐	1394	
托尔托萨大辩论	1413—1414	
教宗下令审查《塔木德》	1415	
	1431	圣女贞德遭受火刑
	1453	君士坦丁堡被土耳其人攻占
	1457	古腾堡印制出现存的第一本印刷书
	1469	斐迪南和伊莎贝拉联姻，促成卡斯提尔和阿拉贡的联合

99

续表

犹太历史	时间	世界历史
意大利特伦托发生血祭诽谤	1475	
	1480	西班牙建立宗教裁判所
西班牙驱逐犹太人	1492	征服格拉纳达 发现美洲
葡萄牙大批犹太人被强制改宗	1497	

　　法兰克的君主,特别是查理大帝(768—814 年在位)、他的儿子虔诚者路易及其继任者,都鼓励意大利犹太人移居普罗旺斯和莱茵兰。他们渴望自己的领地上也有商人社群,这样便能在一个经济完全依赖农业的地区发展贸易。这一时期,在莱茵河沿岸的一些城镇,比如科隆、美因茨、沃尔姆斯和施派尔(Speyer),犹太社群建立并兴盛,成为西欧和中欧永久犹太人定居点的核心。这一地区在希伯来语里叫阿什肯纳兹,此地犹太人叫阿什肯纳兹犹太人。(我们将在第七章看到阿什肯纳兹犹太文化是如何传播到东欧和美洲的,它如今已是这些地方的犹太教主导形式。)

　　早在阿什肯纳兹犹太人的起源时期,我们就可以观察到一种特质,它日后将对他们与非犹太世界的关系产生不利影响。统治者将犹太人作为门客引入西欧,是因为他们拥有商业和贸易的技能。他们既非地主,又非农民,不是封建等级制度的一部分,其法律地位直接依赖于国王、男爵或主教。这使他们在封建的欧洲成了异类,因为在当时的欧洲,一个人的地位由土地决定。犹太人有时被授予封地,如在狮心王理查统治时期的法国南部和英格兰,但总的说来,凡是在封建等级盛行的地方,犹太人要么从未拥有过土地,要么早晚被赶出土地。

　　这种特殊地位为犹太人和欧洲民众之间持久的社会与经济差异

奠定基础;再经过宗教差异的强化,它使犹太人即使在太平日子也会遭人反感,而在困苦时期更成为憎恨的对象。这种地位赋予犹太人一些特权,但也使犹太人成为贵族、神职人员和暴民之间权力更迭的棋子。领主就算光明磊落,也未必能长久保护他们;贪财的领主会利用犹太人对他的依赖来敲诈勒索;而贫困的领主会为了侵占财产而干脆将他们驱逐。

犹太人脱离土地的进一步后果是,他们集中在城镇,主要从事商业和手工业。这似乎有利,因为他们获得了农民所没有的经济机会。但是,随着中世纪城市的发展,他们逐渐被文化和数量上占支配地位的基督徒逐出这些领域,先是被排除在手工业之外,接着被排挤出最体面的商业活动。

然而,犹太人特殊地位造成的后果,在整个西欧和中欧只是逐渐地、不均衡地出现。在查理大帝和虔诚者路易的时代,犹太人虽然在社会、政治和宗教上不同于邻人,但还没有受到抨击。他们兴旺繁荣,在地理上向东扩散至中欧,向西扩散至法国和英格兰。在公元1000年左右,一个名为卡隆尼姆斯(Kalonymus)的拉比家族从意大利的卢卡(Lucca)迁至美因茨,美因茨便有了拉比学院。与见多识广的说阿拉伯语的犹太世界相比,阿什肯纳兹犹太世界的学术更局限于《塔木德》和犹太律法;这里的智力氛围不像培养出萨阿迪亚的伊拉克那样有利于跨文化的融合。但是,阿什肯纳兹犹太人专心致志地研究《塔木德》,自有其成效卓著的独到之处。这里出现的最著名的作品是所罗门·以撒(俗称拉熹,1040—1105年)撰写的《塔木德》评注,阿拉伯语世界的犹太人写不出这种作品,它至今仍是《塔木德》研究必不可少的工具。

这一时期的《塔木德》研究还不是现代《塔木德》研究那样的纯学术活动。犹太人在伊斯兰世界和基督教世界都拥有半自治地位,这意味着犹太法庭对犹太人的商业活动有完全的仲裁权，因此，作为律法权威的拉比是商业生活中至关重要的角色。所有犹太社群都有统一的法律制度，再加上一种共同书面语言即希伯来文的存在，就大大简化了他们之间的交易程序，使他们在国际贸易中具有优势。

犹太人与基督徒的关系相对稳定，一直保持到将近 11 世纪末才出现危机，基督徒这时计划发动十字军东征，要从穆斯林手里拯救巴勒斯坦的基督教圣迹，尤其是圣墓。这股针对遥远异教徒的宗教狂热也被引向犹太人，因为正如一些基督徒所说："我们在这里要向圣地的异教徒开战，然而我们中间就有异教徒。"第一次十字军东征的暴徒于 1096 年春开始向东横扫欧洲，他们最早的受害者中就有莱茵兰社群的犹太人。地方领主和教会当局基本上还是努力履行保护犹太门客的法律义务，但面对暴徒猛烈的袭击，他们力不从心，结果出现大规模屠杀和强迫受洗。为避免落入基督教暴徒之手，许多犹太人自杀，男人们先杀死妻儿再自裁。这是阿什肯纳兹犹太人第一次遭受重创，但还有许多苦难在等着他们。第二次和第三次十字军东征各有其恐怖之处。在英格兰，约克的犹太人于 1190 年集体自杀，以免落入第三次十字军士兵之手。

敌视犹太人此时成为欧洲平民的普遍态度。这种敌视部分出于惧怕。在迷信又不识字的中世纪欧洲一般农民眼中，犹太人有着奇特的习俗、异常的宗教实践和神秘的希伯来语祷文，他们不仅是社会和经济上的局外人，还是用巫术加害人类和上帝的古怪术士，甚至可能是魔鬼的代理人。这种态度在血祭诽谤中表达得最充分。血祭诽谤是一种广泛流传的信念，认为犹太人定期杀害非犹太人，特别是儿童，把他们的鲜血用于巫术或宗教仪式，尤其会在逾越节这样做。血祭诽谤早在希腊化时代已出现，当时异教徒用它针对基督徒和犹太人，但它在中世纪基督教欧洲发展出最充分、最具破坏性的形式。对于基督

中世纪犹太商路

大保加利亚

布尔疆

土胡兹胡尔突厥

伊铁尔

喀什噶尔

哈扎尔

亚琛

巴尔赫

拜占庭

安条克

朱巴

波斯

克尔曼

丹吉尔

大马士革

巴格达

法尔斯

凯鲁万

武步拉

远苏斯

凡莱玛(培琉喜阿姆)

库尔朱姆(苏伊士)

亚历山大城

伽尔

阿曼

吉达

● 主要贸易城市

- - 拉唐人可能的商路,这些人是将
法兰克王国与亚洲联系起来的犹
太商人

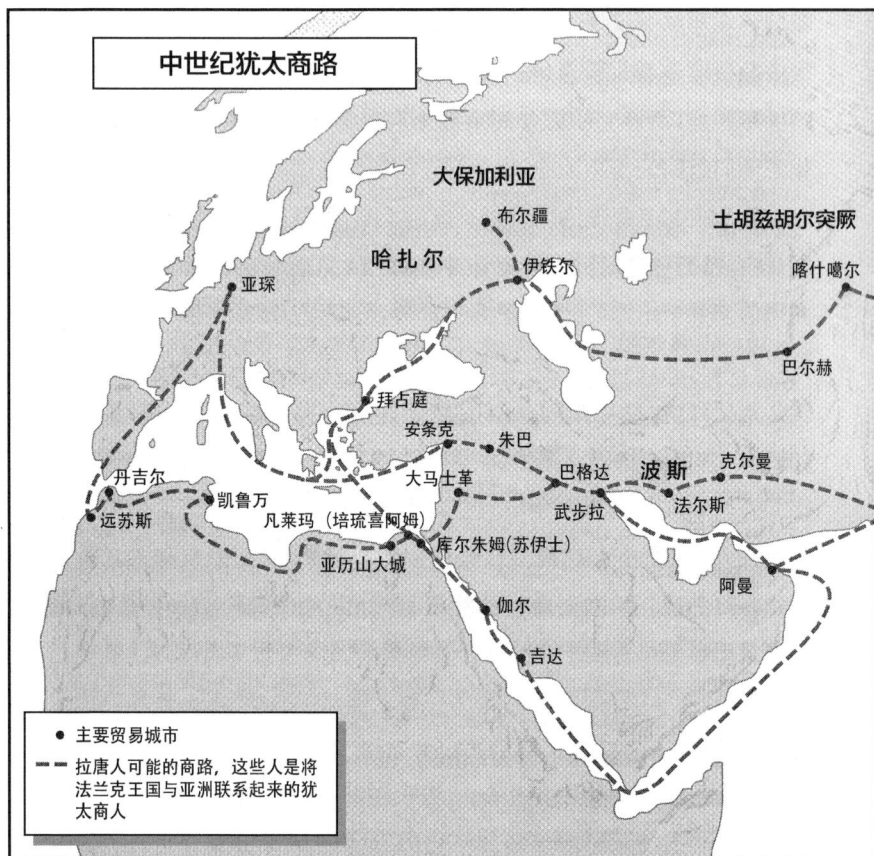

徒来说,弥撒是主要的宗教仪式,在弥撒中,他们被告知,酒和面包变成基督的血和身体。牧师经常教导,犹太人用邪恶的行为让救世主流血。有这些印象作背景,盲目轻信的群众自然会想象:犹太人举办邪恶的涉及血液的宗教仪式,来反制弥撒。同样有谣传说,犹太人盗取圣餐仪式用的圣饼①,把针插在上面,并用其他方法玷污它们,借此折

---

① 圣餐用的圣饼象征耶稣基督的身体。——校者注

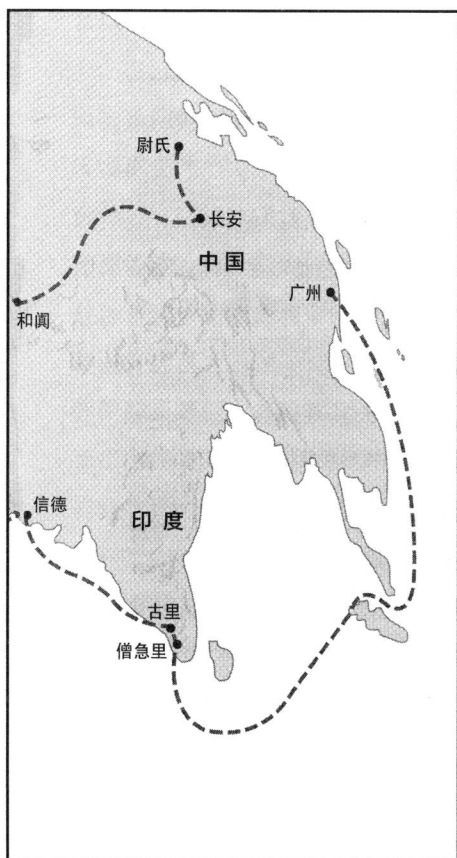

磨耶稣。有时，犹太人受到指控，说他们利用圣饼举行邪恶的巫术仪式。

第一次完整的血祭指控是在 1144 年对英格兰诺里奇的犹太人提出的。犹太人被指控在复活节前抓获一名叫威廉的基督教儿童，在耶稣受难日将他绞死，这是对耶稣被折磨和钉上十字架的重演。据说，他们举行这种仪式，是要履行全世界犹太人之间所谓的一个约定，即每年杀害一名基督教儿童。因此，诺里奇的犹太人遭到屠杀。此后，欧洲各地的犹太人也受到类似指控。这种指控后来又发生特别阴险的转变，人们开始普遍相信犹太人用被害基督教儿童的血来制作逾越节的无酵饼

（ *matzot* ，在逾越节 8 天节期中代替面包的薄饼）。这些指控细节各异，结果却相似：整户犹太家庭有时是整个犹太社群都遭杀害，而且常常是被活活烧死。最有名的案例发生在格洛斯特（Gloucester，1168年）、布洛瓦（Blois，1171 年）、维也纳（1181 年）、萨拉戈萨（Saragossa，1182 年）、富尔达（Fulda，1235 年）、林肯（Lincoln，1255 年，乔叟的《坎特伯雷故事》中有一篇虚构的血祭诽谤故事，其中提到林肯的血祭诽谤）、慕尼黑（1286 年）、特伦托（Trent，1475 年）以及阿维拉（Avila，

1491年)。最后这个案例以"拉瓜迪亚的圣童事件"闻名,它是西班牙那些为驱逐犹太人而发起运动的人捏造的,政治后果极端严重。

中世纪的基督教知识分子不相信血祭诽谤,而在这一时期见多识广的伊斯兰世界,血祭诽谤和犹太人作为魔鬼盟友的形象还闻所未闻。基督教君主和高层神职人员都尽其所能,保护犹太人免受这种奇怪的指控。在1235年富尔达的血祭诽谤之后,神圣罗马帝国皇帝腓特烈二世成立委员会,调查此事;委员们正确指出,指控犹太人为宗教仪式或其他目的而喝人血实属荒唐,因为犹太宗教律法甚至禁止食用带血点的鸡蛋。1249年,教宗英诺森四世谴责血祭诽谤。但教区牧师和布道的修士不断煽动听众,让他们相信犹太人要为耶稣被钉上十字架负责,并相信犹太人仍然伺机重演此事。因此,血祭诽谤无法消除,并继续出现,甚至到近现代都有。(我们将在第六章看到它是如何于1840年在伊斯兰世界出现的,并在第七章看到它是如何在晚至1913年的沙皇俄国死灰复燃的。)

若干历史进程导致12和13世纪西欧与中欧的犹太人状况进一步恶化。在十字军东征时期,威尼斯等意大利共和国垄断了地中海贸易,削弱了欧洲犹太人的利用价值。在许多城市中,制造业、手工业和商业已由行会势力控制。行会是各行业的专业组织,不仅管理行业行为和成员的职业生活,而且管控他们的社会和宗教生活,因此通常将犹太人排除在外。意大利北部各邦国犹太人的经济地位相对好些。但在这一时期,教宗权力增强,以致教会对犹太人的控制不断收紧,并不断立法限制他们与世俗君主、教会和基督徒个人的关系。

在教宗控制的领土上,教宗的犹太人政策的宗旨是沿袭旧原则,即应该允许犹太人生活在贫穷和羞辱中,但他们的性命和财产要受到保护。教宗登基时都会颁布教令,重申这些保证,但条款会有所不同。例如,英诺森三世在1199年重申犹太人特权时便补充了一项条款:如果基督徒债务人加入十字军东征,犹太人债主不得讨要贷款。这一时期强势的教宗会利用偶尔召开的大公会议来颁布影响犹太人的法令。1179年召开的第三次拉特兰会议是重要的里程碑,它恢复了一些长期忽视的针对犹太人的限制,其中有些被用来促成犹太人和基督徒的社会分离:犹太人不得雇用基督徒仆人和员工;基督徒不得住在犹太人街区;如果基督徒和犹太人同时作证,那么接受基督徒的证词,而不接受犹太人的证词。1215年召开的第四次拉特兰会议在隔离犹太人方面迈出决定性一步,发明了令人厌恶的犹太人标记,给每个犹太人贴上丢脸的弃儿标签。它还禁止犹太人担任公职,禁止他们在复活节和其他特定的圣日公开露面。

这两次大公会议都颁布了商业法规,导致犹太人在经济生活中的地位下降。第三次拉特兰会议的裁决尤其具有决定性意义,它禁止基督徒之间收取贷款利息。这项禁令不适用于借钱给基督徒的犹太人,整个放债行业实际上被抛给犹太人,而此刻正值犹太人被排挤在其他经济机会之外的过程接近完成之时。禁止收取利息并没有消除贷款需求,贷款不但是穷人的生命线,对于经济增长和发动战争更是必不可少。正是这种净化基督徒高利贷行为的尝试,将犹太人变成中世纪欧洲令人憎恶的典当商。第四次拉特兰会议限制犹太人贷款的利息数额,还规定如果基督徒债务人的财产被犹太债权人罚没,后者必须继续向教会缴纳这项财产的什一税。所有这些立法的最终结果是,到13世纪末,犹太人陷入贫困,他们变为一个由小摊贩、旧货商和典当商组成的阶层。

教宗英诺森三世决心强化教会的统治地位,遂向朗格多克(Languedoc)和普罗旺斯的异端教派清洁派(Catharites)与瓦勒度派(Waldensians)发动战争。为了帮助铲除这些异端,他创办宗教裁判所,从15世纪下半叶起,它将在西班牙和葡萄牙发挥极其重要的作用。

英诺森三世还授权创建方济各会和多明我会①；多明我会被赋予的特别职责是起诉异端，向非正统教众传播正统基督教。在未来几个世纪，这两个修会都会与犹太人作斗争，煽动基督徒反对犹太人。

13世纪还有人试图破坏作为一个宗教体系的犹太教的努力。一些有学问的犹太人在皈依基督教后，提请基督教学者留意《塔木德》。《塔木德》被认为冒犯了基督教，因为《塔木德》在耶稣死后很久才被汇编成书，这样，在基督徒看来，它的存在就暗示：犹太人在犹太教早就被基督教取代后仍在宣布犹太教是正确的。《塔木德》还包含一些贬损耶稣和基督教的段落。1233年，教宗格列高利四世正式谴责《塔木德》。1242年，在犹太教叛教者尼古拉斯·多宁（Nicolas Donin）的煽动下，《塔木德》遭到公开审判，所有能找到的《塔木德》都被焚毁。1263年，阿拉贡国王组织公开辩论，旨在让犹太人相信，他们基于《塔木德》和相关拉比文献的宗教是虚假的（见下文）。

1232年，多明我会在蒙彼利埃焚烧迈蒙尼德的著作。这一事件部分起因于普罗旺斯犹太社群内部的文化冲突。不到一个世纪以前，说阿拉伯语的犹太难民逃出穆瓦希德派控制的西班牙，将其世俗作风和渊博的哲学训练引入普罗旺斯。这些新思想让许多普罗旺斯犹太人着迷，但其他人则捍卫自己眼中的老传统。迈蒙尼德那些哲学观念超前的作品引发争议（并持续到下个世纪，还牵扯进西班牙）；传统派向多明我会告发这些作品，虽然多明我会是负责铲除基督教异端的，但这些犹太人觉得大概也能指望他们来辨识犹太教异端。

108　　将犹太人渐渐逐出整个西欧的缓慢而痛苦的进程从此开始。

在英格兰，爱德华一世于1275年宣布，欠犹太人的所有债务无效，并禁止犹太人放贷，从而剥夺了他们剩下的寥寥无几的谋生来源之

---

① 这两个修会又常常译作"方济会"和"道明会"。——校者注

一。他囚禁犹太社群领袖,索要巨额赎金;一旦赎金到手,他就在1290年把犹太人驱逐出英格兰。四个世纪后,英国才会重新接受犹太人。

在法国,"美男子"腓力于1306年效仿爱德华的先例,没收犹太人的财产,再将他们驱逐出境。下任君主允许他们返回,但在1320年,一场名为"牧羊人十字军东征"的自发群众运动将一些犹太社群摧毁。次年,5000名犹太人被活活烧死,据说是因为他们向井中投毒。到1322年,整个法国的犹太人所剩无几。犹太人最终于1394年被驱逐出法国。

被逐出法国后,许多犹太人来到普罗旺斯,此地当时还不属于法国。12世纪从西班牙来的难民已让普罗旺斯成为犹太智力生活的重要中心,在这里,阿什肯纳兹式的《塔木德》研究与犹太-阿拉伯式的哲学研究及文学活动相结合。在12和13世纪,它孕育出卡巴拉,这种神秘主义将成为犹太智力生活中的一股主要力量,它首先传到西班牙,最后传到世界各地。但在1481年,普罗旺斯归属法国,当地犹太社群逐渐被迫流亡。

令人惊讶的是,许多普罗旺斯犹太人在自己国土的一块飞地里找到避难所。普罗旺斯的维奈辛(Venaissin)郡和阿维尼翁城自13世纪初以来一直是教宗的财产,1309—1377年,好几位教宗就住在阿维尼翁。作为教会法律的首要权威,这一时期的教宗严格执行教会政策,保护犹太人的最低生存权。普罗旺斯犹太社群于是被塞到阿维尼翁及邻近几个城镇,并在那里经过几个世纪形成自己的特征和传统,一直延续到19世纪末。

1348—1351年,黑死病让欧洲遍布恐惧和毁灭,欧洲三分之一人口死去,不分犹太人还是基督徒。惊慌失措的民众陷入极端宗教狂热,以此减轻对黑死病的恐惧。在歇斯底里的气氛中,谣言四起,说犹太人向水井投毒导致瘟疫。犹太社群,尤其是中欧的那些,一个接一个地被包围、摧毁或驱逐。就像前任教宗在血祭诽谤中所做的那样，教宗克雷芒四世一再试图破除犹太人是罪魁祸首的荒谬指控，因为他们和基督徒一样染病身亡，但大众执迷不悟，一心想要犹太人的命。犹太人虽然又逐渐回来，但生活受到限制，充满痛苦和动荡。在 15 世纪，他们被逐出中欧的日耳曼诸国。规模最大、最令人震惊的驱逐事件发生在 15 世纪末的西班牙（稍后讨论）。

与此同时，在欧洲东南端，拜占庭中心地带——巴尔干半岛和小亚细亚——的犹太人继续忍受着残酷的、反犹的基督教政权，他们已不同于巴勒斯坦和埃及的犹太同胞，因为基督教政权加在后者身上的枷锁已经随着穆斯林征服而去除。这个社群幸存下来，后来被称为罗马尼奥特（Romaniot）犹太社群。查士丁尼二世于 692 年颁布法令，进一步限制他们与基督徒交往。最成功的拜占庭犹太社群不在东方，而在西西里岛和意大利南部，本章开头已经描述过。大约从 726—843 年，一场破坏圣像的争论震动拜占庭帝国，引发大众的反犹情绪；帝国中一些人试图把圣像从基督教崇拜中消除，他们的对手就指控他们受犹太人操纵，因为犹太信仰不容忍任何偶像，这一指控让犹太人遭到暴力袭击。

〰〰〰〰〰〰〰〰〰〰〰〰〰〰〰〰〰〰〰〰〰〰〰〰〰

110　　这首诗节选自美因茨的以利亚撒写的一首诗，此人是中世纪日耳曼一位伟大的拉比，他的妻子和儿女在第三次十字军东征之后遭杀害。

　　……让我说说我的大女儿贝蕾特。

　　她年方十三，像新娘般羞涩；

　　她跟着妈妈学会所有祷文和圣歌——

虔诚、可爱、聪慧又温和。

这漂亮的姑娘把母亲奉为楷模，

晚上为我铺床，还帮我把鞋脱。

手脚麻利，为人诚实，我的贝蕾特；

敬奉上帝，纺纱，缝纫又做绣活。

虔诚、无瑕，还总是善意满心窝——

她会安安静静，坐着倾听，当我把《托拉》解说……

在基色娄月①二十日晚上，她和妈妈、妹妹一起罹祸。

我当时正在餐桌前安坐——

两头魔鬼来到，在我面前把她们宰割——

又伤了我的门徒、我儿和我。

再让我说说我的小女儿。

她已经每晚能念施玛②——只会开头几行。

六岁的她已经纺纱、缝纫，

还刺绣，用她的歌声逗我开心。

呜呼我的妻子，呜呼我的女儿们！

我呜咽，我悲痛——我的罪孽让我把恶果吞！

我的儿女们——全都丧身！

哀哉我那虔诚的爱人！

哀哉我儿，我女，我哀悼他们……

但是您，上帝，是公正的，而我羞愧难禁。

上帝是正义的，我是有罪的人。

111

---

① 基色娄月（Kislev）是希伯来历法三月，大致相当于西历的 11—12 月。——校者注

② 施玛（shema），犹太教的主要祈祷文，得名于其核心祷文"以色列啊，你要听（shema）！耶和华我们神是独一的主"（《申命记》6:4）。——校者注

无论您施予我什么，我都感激您，

把我的赞歌唱给您，

屈我的膝盖，向您顶礼躬身。

~~~~~~

上文已提到拜占庭皇帝巴西尔一世和更残酷的罗曼努斯一世的迫害，这迫使许多拜占庭犹太人逃到哈扎尔[①]。这个好战的小王国是在 7 世纪由一支名为哈扎尔人的异教突厥人建立的，位于里海和黑海以北地区，首都在伏尔加河上的伊铁尔（Atil）。不寻常的是，这个王国的统治者和整个统治阶级在 740 年左右皈依犹太教。拜占庭统治者尽最大努力想要摧毁哈扎尔王国，但又担心王国内的少数基督徒遭到报复，不敢用力过猛。哈扎尔王国的存在给全世界犹太人带来莫大的慰藉；这意味着，虽然他们失去巴勒斯坦的故土，虽然他们作为少数民族在伊斯兰世界只是被容忍，而在基督教世界则受尽迫害，但上帝没有遗忘他们，还给了他们一块地方，让他们当家做主。哈扎尔王国的消息在 10 世纪传到西班牙，当地犹太社群的领袖哈斯达伊·伊本·沙普鲁特（见第四章）开始和当时的哈扎尔国王约瑟通信。正是在这一时期，哈扎尔王国的影响力达到巅峰，但在 965 年，它遭到崛起的基辅罗斯的沉重打击。它在 12 世纪仍然存在，此后遂销声匿迹。

基督教西班牙的犹太人

我们已经探讨过犹太社群在伊斯兰西班牙的非凡成功，还看到 12 世纪 40 年代穆瓦希德派的到来如何终结了他们最繁荣昌盛的时代。穆斯林从未控制整个伊比利亚半岛；基督教始终控制着一些地区，特别是东北部的巴塞罗那周围地区和西北部的阿斯图里亚斯地区。到

---

① 又译作"可萨汗国"（Khazaria）。——校者注

11 世纪后期,这些基督教小王国开始向南扩张;1085 年,托莱多被卡斯提尔的阿方索六世征服,这是西班牙基督教化漫长进程中的第一件大事。到 1248 年,这一进程实际上已完成,整个伊比利亚半岛落入基督教手中,只有格拉纳达及其领地除外。直到 1492 年,这里一直是一个独立的穆斯林王国。

基督教统治在西班牙的扩张给犹太人带来机会。他们了解这里的风土民情,会讲这里的语言——阿拉伯语,他们中的许多人熟悉行政管理,在税务和财政领域经验丰富。新的基督教统治者急需熟练的行政人员,来帮助他们管控伺机推翻他们统治的当地人口。穆斯林可能会向邻近的伊斯兰国家求援,以恢复穆斯林控制;而犹太人除了统

基督教收复失地运动之后伊比利亚半岛上的主要犹太社群

治者,没有可以求援的对象。于是,基督教世界其他地方犹太人的生活模式也在基督教西班牙确立：犹太人是统治者的门客,可以指望统治者保护他们在一定程度上免受民众伤害。在很长一段时间里,这种

113 安排对西班牙犹太人奏效了,基督教王国仿佛一片乐土。此外,面对教宗的要求,西班牙的基督教统治者的反应往往相当独立,他们经常拒不执行罗马关于犹太人待遇的规定。

在基督教的西班牙,犹太人还是一种宝贵的文化资源。阿拉伯语仍然是高雅文化的语言,是了解希腊科学和哲学的钥匙,因为古人的书籍只有通过阿拉伯语或希伯来语译本才能了解。犹太学者和基督教学者的共存,使西班牙成为研究古代作品的中心和翻译相关书籍的中心。犹太人与说拉丁语的教士合作翻译。犹太学者一边大声朗读

114 希腊著作的阿拉伯语译本,一边翻译成卡斯提尔语,而基督教学者会将这位犹太人口述的卡斯提尔语译文用拉丁语写下来。或者,犹太人在翻译时用希伯来语译本作为底本,而这个希伯来语译本又是根据希腊著作的阿拉伯语本翻译的。作为文艺复兴的先声,此类活动是将希腊著作传入西方说拉丁语的修道院和大学的重要途径。卡斯提尔的阿方索十世(史称"智者"阿方索,1252—1284 年在位)尤其鼓励开展这类活动,赞助过许多文化和科学项目。阿方索的谋士中就有犹太人朝臣,他的门客中还有犹太天文学家。

基督教西班牙的另一个重要国家是阿拉贡,当地犹太社群比较保守,处境也不太有利。拥有重要犹太社群的巴塞罗那从未阿拉伯化,所在的加泰罗尼亚地区一直和法国南部维持重要联系,因而更像其他基督教欧洲地区,当地犹太人的外貌也更接近阿什肯纳兹犹太人。该地区此时充当沟通阿什肯纳兹和西班牙犹太人的桥梁,学者们在位于"普罗旺斯"(就犹太文化而言,这不仅包括普罗旺斯本身,还包括法国的整个地中海地区)的纳博讷(Narbonne)或吕内勒(Lunel)和巴塞罗那

以北的赫罗纳(Gerona)之间来来往往。赫罗纳在 13 世纪有一所重要的宗教学院,其《塔木德》研究以阿什肯纳兹方式进行,而发源于普罗旺斯的卡巴拉(见上文)就是经由这里传播到西班牙其他地方的。该学院有一位领袖,名为摩西·本·纳赫曼拉比(又称作纳赫马尼德,1194—1270 年),他是著名的《塔木德》学者兼神秘主义者。在 13 世纪的普罗旺斯和西班牙,曾几次爆发关于迈蒙尼德作品以及是否允许哲学研究的争论,纳赫马尼德本人虽然反对迈蒙尼德的一些哲学见解,但他在这些争论中试图充当和事佬。他的弟子兼继任者所罗门·阿德列特(约 1235—1310 年)则几乎禁绝了哲学研究。

在阿拉贡的詹姆斯一世的统治下,当地犹太人开始面临改宗的压力。在多明我会修士和巴勃罗·克里斯蒂亚尼(Pablo Christiani)这位犹太教叛教者的诱导下,詹姆斯一世在 1263 年亲自主持两个宗教之间的辩论,纳赫马尼德拉比代表犹太教辩论。对他来说,这件差事很危险,因为他反驳基督教教义的任何话都能被解读为侮辱基督教。虽然事后连国王都承认纳赫马尼德表现得体,但这位拉比还是被迫逃亡,最终在耶路撒冷逝世。耶路撒冷那座据说是他建造的犹太会堂至今屹立不倒。

在卡斯提尔,犹太智力生活保留了与卓越的阿拉伯传统的联系,但也自然而然地从基督教环境吸收养分。在这里,卡巴拉成为宗教和智力生活的重要领域,成就了经典作品《佐哈尔》,这是汇编神秘主义论述的巨著,包括卡斯提尔学者摩西·德·莱昂(约 1240—1305 年)撰写的神秘主义的《托拉》评注;《佐哈尔》直到 16 世纪才真正获得广泛传播。

就连开明国王阿方索十世也在他的法典《七编法》(*Siete Partidas*)中列入第四次拉特兰会议制定的严苛的反犹条款,他在执政末期与犹太谋臣翻脸,囚禁和杀害了一些人,又用苛捐杂税几乎毁掉托莱多的犹太社群。在他身后,卡斯提尔犹太人的地位逐渐恶化,尽管他们的生活在

14 世纪上半叶大体还算稳定。犹太人仍然接到皇家任命,尤其在财政和税收领域;这一时期最著名的例子是撒母耳·哈列维,他和佩德罗一世(号称"残暴者")关系密切;他在托莱多建造美丽的犹太会堂,这是西班牙屈指可数的几座留存至今的中世纪犹太会堂之一。

〰〰

116

《佐哈尔》

虽然《佐哈尔》是最有影响力的犹太神秘主义经典著作,但它只代表犹太教几千年来所采取的几种不同神秘主义形式中的一种。它实际上不是一本书,而是一整套丛书,包括神秘主义的《圣经》评注和主要写于 13 世纪最后三十几年的神秘主义著述。这些书的内容相互交织,有时一本书的内容突然中断,换成另一本书的内容,然后再回到这本书上;有时两本不同的书的一部分以分栏的形式并列出现,或者一本书的内容作为插页出现在另一本书上。

《佐哈尔》的主要作者是摩西·德·莱昂,他用亚兰语写作,这是《塔木德》和其他一些犹太古籍所用的语言,但犹太人早在几个世纪前就已停止使用。如此匠心独运,是因为摩西·德·莱昂不想让此书看上去是他个人的创作,而像是由他发现的古籍。他宣称作者是西缅·巴尔·约海(Simeon bar Yohai),一位公元 2 世纪擅长行奇迹的拉比,这一说法虽饱受质疑,但一直盛行到 20 世纪。尽管如此,《佐哈尔》中蕴含的一些传统可能要远远早于 13 世纪。

《佐哈尔》用一种非系统化但一以贯之的方式详尽阐述了一种理念:《托拉》的每个词都指向上帝在宇宙中显现的许许多多的方面之一。上帝本尊隐而不显、不可触及,但是祂内在存在的不同方面采取了显现的形式,这些显现叫"塞菲洛"(sefirot)。这些塞菲洛如同人的四肢,相互关联,因此上帝将自己显现在此世的时候,就仿佛某种神人。但这些塞菲洛的自身特性和相互联系一直在转换和变化,这些变化决定宇宙进程。《托拉》中的词的真正含义是指塞菲洛的各种方面;因此《托拉》不仅仅是故事和律法的汇编,更是一种神性的蓝图,或者甚至是神的一个神秘的名字。塞菲洛的交互作用决定世上生命的进程,但反过来,人类的行为也会影响塞菲洛,并因此影响上帝。引发创世的一次原生灾变扰乱了上帝的完美,而人类的目的是要通过正确履行仪式和过圣洁的生活来恢复上帝的完美。因此,人类和上帝以某种互相依赖的方式共存。

117

不过,在整个 14 世纪,多明我会的修道士在西班牙一直活跃,他们的布道大大败坏了民众眼中的犹太人形象。1348 年,西班牙也像欧洲其他地区那样遭到黑死病袭击,犹太人成为暴民歇斯底里的发泄对象,多明我会的修道士推波助澜。1391 年,多明我会一个修道士慷慨激昂的反犹布道引发针对塞维利亚犹太社群的暴力袭击;暴力活动很快蔓延到西班牙各地,导致数千名犹太人遇害(既是出于宗教狂热又是为了谋财害命)或被迫改宗。许多人从城市逃往乡下,或干脆逃出国,跑到北非,进而丰富了北非既有犹太社群的文化生活。但歇斯底里的气氛产生了最突出、最不寻常的一个结果,即犹太人在 1391 年大规模皈依基督教,这在犹太史上前所未有。

西班牙犹太人本已漫长而痛苦的没落由此加速,最终在一个世纪后灭绝。由于逼迫改宗的压力持续不断,除了占多数的基督徒和占少数的犹太人外,还出现第三种社群,它由新基督徒或曰改宗者(conversos)组成。这个团体持续扩大,许多人变成虔诚的基督徒,一两代人后,他们的后代可能对自身犹太血统只剩模糊的记忆。还有些人虽已完全基督教化,但仍和他们未改宗的家族保持某种联系,或继续遵守一些犹太习俗,可能仅仅是出于习惯、迷信或者对自身过去仍有一丝念想。

改宗为许多犹太人打开生路。有些人甚至成为杰出的教士。所罗门·哈列维(Solomon Halevi)拉比以"圣母玛利亚的保罗"(Pablo de Santa María)之名当上布尔戈斯(Burgos)主教。洛尔卡的约书亚(Joshua of Lorca)以"神圣信仰的哲罗姆"(Gerónimo de Santa Fé)之名向僭称教宗(antipope)本笃十三世进言,说服他在托尔托萨(Tortosa)举行一场辩论。阿拉贡的詹姆士一世发起的巴塞罗那辩论尚有学术气氛,相形之下,这次辩论却是一场长达一年的羞辱人的高声训斥。1413—1414年,一大批修道士向阿拉贡的拉比和犹太社群领袖发表演说,称弥赛亚已经降临,且已被犹太教文本证实,而犹太教代表答辩时受到严格限制,因此几乎无能为力,只能听任局面一边倒。这场闹剧的结果是,不少参与辩论的犹太人干脆放弃并改宗,犹太社群士气低迷,而这正是辩论组织者期待的。

在西班牙犹太人的最后一个世纪里,犹太社群的数量和财富都在减少,在西班牙社会中不再引人注目。另一方面,新基督徒却无所不在,在宫廷和教会中占据着以前没机会获得的位置。原先对犹太人的反感,现在转到这些人身上。民众开始指责他们,说他们改宗完全是为了实现个人野心和控制整个国家,说那些保留部分犹太教习俗的人是在虚情假意地信仰基督教,说那些和其犹太家庭保持关系的人是在倒退回犹太教。整个改宗者阶层被视为潜在敌人,想要推翻基督教;只有老基督徒才是真正的基督徒,而新基督徒不过是伪装的犹太人。这种思想随着"血统纯正"这一概念的出现而染上种族色彩,民众开始把这个概念用作社会接受的标准。到15世纪末,紧张气氛再度高涨,但这次更多是针对改宗者而不是犹太人。

正是改宗者问题促使斐迪南和伊莎贝拉把宗教裁判所引进西班牙。1469年,这两人的联姻促成卡斯提尔和阿拉贡联合,西班牙王国由此诞生。两人决心把统治拓展到格拉纳达,这里是伊斯兰统治地区的前哨,尚未被基督教征服,征服格拉纳达就能从宗教上统一整个伊比利亚半岛。宗教裁判所是教会侦察和起诉异端的调查机构,而教会从未宣布犹太教本身非法,因此犹太人并非宗教裁判所关注的对象,但新基督徒会因为基督教信仰不真诚、退回犹太教或其他离经叛道之举的嫌疑,而被告发给宗教裁判所。

宗教裁判所于 1480 年引入西班牙。(它直到 1547 年才在葡萄牙完全建立。)它最终扩展到新大陆的西班牙领地;难以置信的是,它在葡萄牙一直持续到 1821 年,而在西班牙直到 1834 年才被完全废除。基督徒被告发给宗教裁判所,要么是因为奉行犹太习俗,要么是因为行为举止不够虔诚。一旦抓获,被告往往受到严刑拷问;如果认罪,就要求他们告发亲友。被告极少能够获释,即使有,通常也落得身体垮掉和一文不名的下场。被判有罪和拒绝忏悔的人将被活活烧死;悔罪者被处以羞辱的赎罪苦行,常常沦落得穷困潦倒。被判有罪的异端分子如果能在最后时刻忏悔,可以免受火刑,而改用绞刑。

这一体制本来就腐败不堪。教会有很大动力起诉嫌疑人,因为一旦定罪,便要罚没财产。对想要清除异己的任何有地位的人来说,宗教裁判所也是有用的工具,只要在宗教审判官耳边嘀咕一句,就能把人抓走、搞垮或害死。为了迎合自己的道德标准,教会小心谨慎,避免亲手执行死刑,而是将被判有罪的异端分子交给政府官员处决。政府官员通常会举办公开火刑(auto-da-fé①),其精心安排、激动人心的盛大场面令平民和贵族都趋之若鹜。

因此,宗教裁判所官方并不关心犹太人。但是,在将犹太人驱逐出西班牙,尤其是从葡萄牙驱逐以后,它起诉的许多新基督徒实际上是

120

---

① 字面意思为"信仰之举"。——校者注

秘密犹太人,这些人接受洗礼是为了能够留下,但他们继续秘密奉行犹太教习俗。这些秘密犹太人叫"马拉诺"(Marranos,据说来源于西班牙语单词,意思是"猪")。

即使在宗教裁判所建立后,斐迪南和伊莎贝拉的宫廷里仍有两位犹太人顾问兼财政家,即以撒·阿巴伯内尔先生和亚伯拉罕·希奈尔(Abraham Seneor)先生。1492 年,就在征服格拉纳达后不久,斐迪南和伊莎贝拉决定驱逐犹太人,两人竭力劝阻;尽管如此,驱逐令还是于 3 月 31 日签发,到 8 月 1 日,犹太人踏上西班牙领土即被视为非法。有些犹太人成了秘密犹太人,许多人逃亡海外,还有许多人越过边境逃到纳瓦拉(Navarre)或葡萄牙。在葡萄牙,犹太教直到 1496 年才被宣布为非法,但葡萄牙的驱逐不如西班牙决绝。当犹太人试图离开葡萄牙时,国王出面阻止,于 1497 年 3 月 19 日强制他们全体接受洗礼。但是,宗教裁判所在葡萄牙建立得很慢,获得全权的速度更慢,所以在葡萄牙做秘密犹太人比在西班牙更安全、更容易,因此葡萄牙的新基督徒和马拉诺与犹太教的联系保持得更长久。在接下来两章中,我们会发现,许多葡萄牙的马拉诺在其他地方重新加入犹太人的行列。

就这样,中世纪所有犹太社群中最伟大的一个风流云散。西班牙犹太人继承了一种长期延续的文化,它在许多方面有别于中世纪欧洲
其他地区犹太人的文化。在基督教征服之前,他们具有独特的阿拉伯色彩,随着西班牙文化和身份意识在中世纪晚期逐渐成形,他们和基督徒一起变成西班牙人。出于对自身独特性的自觉和自豪,他们自称为塞法迪犹太人,这出自西班牙的希伯来语名称塞法拉(Sepharad)①;他们在特定的流散社群中保留了自己的独特性,这些社群的命运我们将在下一章探讨。

————————

① 见《俄巴底亚书》1:20 。"阿什肯纳兹"在《圣经》中出自《创世记》10:3。——校者注

犹太商人。一位居住在奥斯曼土耳其的波斯裔犹太绅士素描像；他的希伯来语名为末底改（Mordecai），土耳其语名为穆拉德（Murad）。素描照片，版权方为苏珊·考夫曼。美国犹太神学院图书馆提供。

第六章　奥斯曼帝国和中东的犹太人

1453—1948 年

从西班牙和葡萄牙驱逐出境对犹太人生活影响深远,远远不止改变了 1492 年后被迫离开伊比利亚半岛的犹太家庭的命运。渐渐地,犹太人不仅被逐出伊比利亚,而且被逐出西班牙的其他领地,包括西西里岛、撒丁岛和意大利部分地区。在 16 世纪,某个地方有时会接纳这些难民,但最终还是将他们再次赶走。出于对宗教裁判所的恐惧,留在伊比利亚特别是葡萄牙的马拉诺,在整个 16 和 17 世纪不断离开伊比利亚半岛。这是人口不断流动的一个时期,马拉诺的流动引出一系列问题:挽救一些人的财富,接济另一些穷人,为他们找到新家,帮他们融入既有犹太社群,解决他们因当过基督徒而造成的宗教问题,等等。简言之,马拉诺问题主宰了地中海世界的犹太人生活,稍后又在尼德兰成为长期存在的问题(见第七章)。

年　表

犹太历史	时间	世界历史
	1453	奥斯曼土耳其夺下君士坦丁堡
西班牙犹太人开始大批迁往土耳其	1492	

续表

犹太历史	时间	世界历史
	1498	瓦斯科·达·伽马发现通往印度的航线
奥斯曼土耳其占领巴勒斯坦	1516	
	1517	奥斯曼土耳其征服埃及
	1520—1566	土耳其苏丹苏莱曼大帝在位
苏莱曼大帝修建的耶路撒冷城墙竣工，至今仍屹立不倒	1542	
宗教裁判所在葡萄牙全面运作	1547	
约瑟·纳西成为纳克索斯公爵	1566	塞里姆二世成为土耳其苏丹
以撒·卢里亚驻采法特	1569—1572	
波斯犹太人被迫皈依伊斯兰教	1622	
	1639	奥斯曼土耳其从波斯夺取伊拉克
沙巴塔·泽维宣称自己是弥赛亚	1665	
	1683	奥斯曼土耳其围困维也纳
	1798—1801	拿破仑占领埃及，攻占巴勒斯坦未果
	1821	希腊独立战争
	1830	法国征服阿尔及尔和摩洛哥
埃及的穆罕默德·阿里占领巴勒斯坦	1831	
奥斯曼帝国设立大拉比职位	1836	
犹太人被授予土耳其公民身份	1839	土耳其西化改革
大马士革血祭诽谤	1840	
土耳其人在耶路撒冷任命第一位大拉比	1841	

续表

犹太历史	时间	世界历史
	1854—1856	俄罗斯、土耳其、法国、英国之间的克里米亚战争
突尼斯宪法授予犹太人完全公民权	1857	
世界犹太人联盟在巴黎建立	1860	
摩西·蒙蒂菲奥里访问摩洛哥	1863	
阿尔及利亚犹太人成为法国公民	1870	
	1908	青年土耳其党革命
	1914—1918	第一次世界大战
萨洛尼卡大火	1917	
	1923	奥斯曼帝国变成现代土耳其
	1932	伊拉克独立
	1945	阿拉伯联盟成立
中东各地爆发反犹暴力活动	1947	

　　尽管西班牙犹太人正在经历艰难的最后一个世纪,但东地中海地区正经历的变化将使他们能够作为流亡社群重新组织起来,再度繁荣昌盛。奥斯曼土耳其人在一个半世纪前出现在中亚,征服了巴尔干半岛和匈牙利,于1453年占领君士坦丁堡,终结了拜占庭帝国;他们很快又控制叙利亚、巴勒斯坦和埃及,接下来是伊拉克和北非大部分地区。奥斯曼帝国为萧条分裂的中东注入新活力,成为基督教欧洲有力的竞争者和对手,而欧洲的近代国家此时才刚刚诞生。随着奥斯曼帝国的扩张,它首先接管旧拜占庭帝国说希腊语的犹太人和中东大部分说阿拉伯语的犹太社群;当西班牙犹太人大祸临头时,它欣然欢迎这些说西班牙语的流亡者。苏丹认为犹太流亡者是他们不断扩张的国家的经济资产,这个国家虽然军事和农业技艺发达,但缺乏商业经验、国际

联系和语言技能,而所有这些恰好是西班牙流亡者可以提供的。据说,苏丹巴耶济德二世(Bayazid Ⅱ)曾对斐迪南被誉为精明的统治者而大惑不解,因为他逐出犹太人,令自己国家陷入贫困,却肥了敌人。

只要奥斯曼帝国在一系列英明统治者的领导下蓬勃发展,它就给予臣民相当大的宗教自由。在伊斯兰中东漫长的衰落时期,用来羞辱迪米的歧视性规定这时遭到忽视,犹太人只要缴纳特别的迪米税,就享有自治。地方当局偶尔虐待犹太人,但总的说来,奥斯曼统治在 16 世纪中期如日中天,西班牙犹太人进入一个新的黄金时代。

西班牙犹太人流亡者很快就控制了奥斯曼帝国既有的犹太社群。并非所有的新来者都是塞法迪犹太人,奥斯曼帝国也吸引到阿什肯纳兹犹太人。但是倚仗数量优势和对西班牙传统的自豪,塞法迪犹太人控制了奥斯曼帝国的犹太人,并赋予它独特的西班牙色彩。这些变化伴随着社群间的冲突而出现。重要的塞法迪社群雨后春笋般出现在君士坦丁堡、萨洛尼卡、埃迪尔内(Edirne)、士麦那和其他许多城市;在其中一些城市,尤其是萨洛尼卡,塞法迪犹太人不仅统治着当地犹太社群,而且左右着整个城市生活。原有的塞法迪犹太难民由于有西班牙和葡萄牙犹太难民加入,人口不断增加。而后,意大利犹太难民又加入进来,因为驱逐范围在不断扩大,先是扩大到意大利的西班牙属地,1569 年又波及意大利的大部分教宗领地。

奥斯曼犹太人有个特征非常显著,即西班牙语在犹太社群的事务中占据支配地位。在西班牙,犹太人没有专用语言;他们和邻居讲基本相同的方言,但谈话一旦涉及犹太习俗和使用一些犹太的表达方式,他们就会夹杂希伯来语术语。在奥斯曼帝国,他们加入一个多元化的社会,亚美尼亚人和希腊人等许多宗教与语言群体相对和谐地在一些大城市中共同生活,就像在君士坦丁堡那样。这里没有压力改说某种通用语言。犹太人自然就在新的定居点继续讲西班牙语,奥斯曼

126

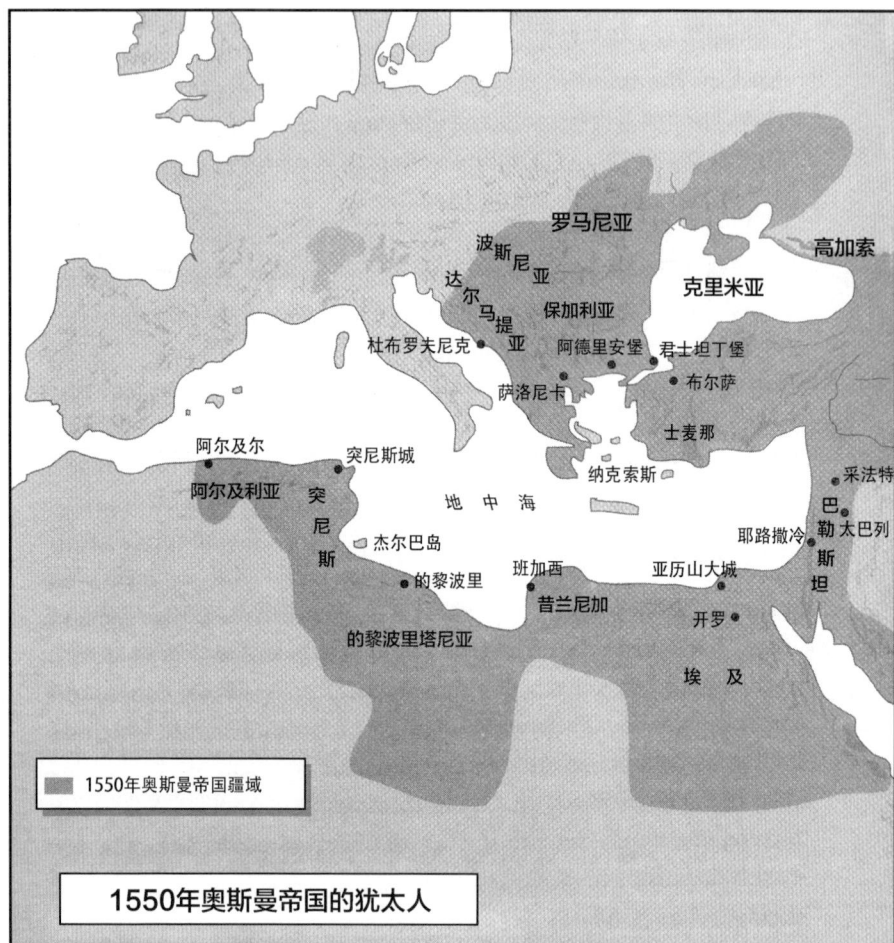

1550年奥斯曼帝国的犹太人

犹太人就被当作说西班牙语的社群。塞法迪犹太人还把他们的语言带到奥斯曼帝国征服的阿拉伯语领土上，比如巴勒斯坦、埃及和伊拉克，但在这些语言较单一的地区，许多犹太人继续讲阿拉伯语。后来，奥斯曼帝国犹太人的西班牙语发展出自己的特点，和故乡日新月异的西班牙语相比，它显得有点古旧，并且夹杂着一些源自土耳其语和希腊语的词汇，最终演化成一种独特的犹太语言，名为"犹代默语"

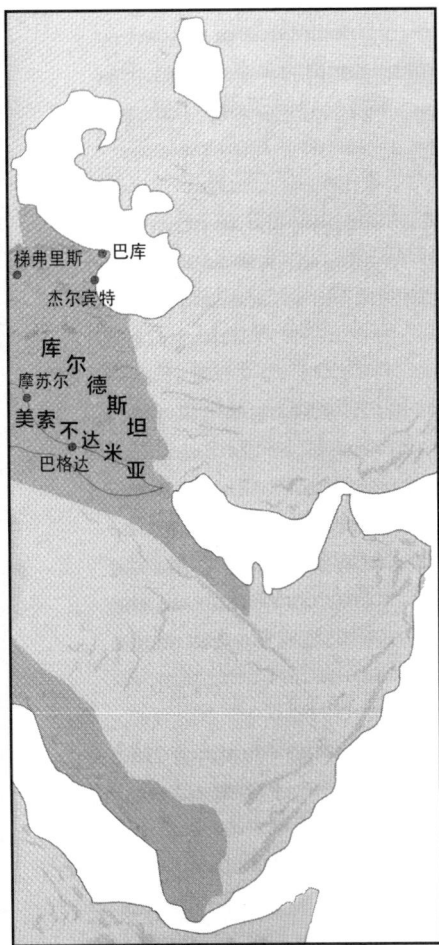

（Judezmo，意为"犹太的"）或"拉迪诺语"（Ladino，意为"拉丁的"）。这种语言至今仍有人使用，不过会说的人越来越少，主要是在以色列。塞法迪犹太人对西班牙文化的珍视和自豪，反映在他们继续追踪西班牙的文学发展上，西班牙文学本身在 16 世纪进入黄金时期。当时的西班牙语作品开始在东方出现希伯来语译本，就证实了这种关联。

127

和君士坦丁堡一样，萨洛尼卡也是塞法迪犹太人生活和文化的大都会；直到第二次世界大战以前，萨洛尼卡一直是主要的犹太中心，但它最繁荣的时期是在 16 世纪。就像在奥斯曼帝国的许多城市一样，萨洛尼卡的犹太社群实际上由许多不同的小社群组成。巴伐利亚的阿什肯纳兹犹太人在 15 世纪加入最初的罗马尼奥特犹太人社群，接踵而来的是被逐出西班牙、葡萄牙、意大利、法国和北非的犹太人。每个团体都建有社群，以原籍所在地——西西里岛、卡拉布里亚（Calabria）、马略卡岛（Mallorca）、里斯本等——命名，都有各自的犹太会堂，并为成员提供一整套社群服务。必要时，这些社群协同工作，共同发布法令。各社群的拉比有时也发布联合裁决，比如在 1514 年他们宣布，在涉及离婚和嫁娶的律法中,马拉诺应该被视为完全的犹太人。萨洛尼卡犹太人从事国际贸易、珠宝制作、纺织,以及羊毛与丝绸的染色工作。萨洛尼卡犹太人开办奥斯曼帝国第一家印刷社,当地学者创作了大量拉比答问集、诗歌、科学作品和卡巴拉著述,甚至还有一本希伯来语、卡斯提尔语、犹太-希腊语的三语对照版《圣经》。除了名为叶施瓦(yeshivas)的普通经学院,他们还建了一所歌唱学校,以及一所讲授医学、自然科学、天文学等学科的学校,将全面培养学者的文艺复兴理想吸收进培养有学问的拉比的传统理想中去。这种渊博的智力趣味迥异于阿什肯纳兹犹太人对《塔木德》的心无旁骛,是塞法迪犹太人在其巅峰期的典型追求,也与他们的祖先即伊斯兰西班牙说阿拉伯语的犹太人如出一辙。

128　　　奥斯曼帝国统治下的环境既有利于犹太人个人,也有利于社群。塞法迪犹太人富有且国际化,他们的关系网络遍布整个地中海地区,他们可能在西班牙、葡萄牙、意大利、尼德兰甚至法国都有马拉诺亲属,可以顺利开展商业和外交活动。犹太人对政府特别有用,部分是
129　因为人脉和语言技能,还有一个传统的原因,即他们忠实可靠:就连最雄心勃勃的犹太贵族也不会攫取权力,也不存在一个犹太国家可以让他们出卖奥斯曼帝国的利益。在与帝国的主要竞争对手西班牙打交道时,犹太人特别有用,尽管他们对西班牙及其语言非常熟悉,但他们丝毫不可能对一个残暴对待过他们的政权保持忠心。到16世纪中叶,许多犹太人已经身居高位,获得影响力,当上医生、金融家、外交官和政治家。塞法迪犹太权贵阶层重新出现在奥斯曼帝国,而且规模更大,这种模式在西班牙的伊斯兰和基督教两个时期都出现过,这些富庶的、有国际视野的犹太人在公众生活中占据显赫地位,同时还深入参与犹太社群事务。

　　这个时代最有权势的塞法迪犹太权贵是格拉西娅·纳西夫人(约

1510—1569 年)和她的侄子约瑟·纳西先生(1524—1579 年)。格拉西娅夫人生于葡萄牙的一个西班牙犹太家庭,祖上可能是在 1492 年逃到葡萄牙的,并和其他难民一起被强制改宗(见第五章),然后成了马拉诺。她嫁给一个在安特卫普有人脉的马拉诺商人。丈夫死后,她和家人离开葡萄牙,先后去了英格兰、低地诸国①和意大利,她在意大利公开恢复犹太教信仰。在此期间,她从事大量商业活动,向神圣罗马帝国皇帝查理五世和法国国王弗朗索瓦一世提供贷款。同时,她还为想要逃离葡萄牙的马拉诺提供援助。在威尼斯,她被亲妹妹告发到宗教裁判所,不得不逃往伊斯坦布尔,1553 年,她和她的资本在那里受到苏丹苏莱曼大帝的欢迎。

她的马拉诺侄子若奥(João)和她一起离开葡萄牙,他是皇家医官的儿子。离开葡萄牙后,他继续在鲁汶求学,后来接手安特卫普的家族生意。他年轻时就引起当时一些最有权势的人的注意,包括查理五世、弗朗索瓦一世和未来的皇帝马克西米利安。他能够动用奥斯曼宫廷中的人脉,确保苏丹支持格拉西娅夫人从威尼斯获释。次年,他在伊斯坦布尔与她会合,也重新信奉犹太教,更名为约瑟·纳西。

在伊斯坦布尔,格拉西娅夫人继续帮助马拉诺,并试图推翻宗教裁判所,还资助犹太学者,建立犹太宗教机构。她代表犹太人民做的最雄心勃勃的一件事,是在 1556 年试图组织奥斯曼帝国全体犹太人来抵制安科纳(Ancona)城,以惩罚此城在准许 24 位马拉诺回归犹太教之后又背信弃义,将他们烧死。如果抵制成功,将对该城造成毁灭性打击,但犹太人因利益冲突无法团结一致,终究落败。

约瑟在塞里姆皇子与他的兄弟巴耶济德争夺皇位的斗争中支持塞里姆,这位皇子即位当上塞里姆二世后,约瑟就成了他最亲近的谋

---

① 低地诸国指西欧的荷兰、比利时、卢森堡三国。——校者注

士之一。虽然约瑟作为犹太人不能担任任何正式的宫廷职务,但塞里姆却赐予约瑟崇高的头衔和广泛的权力,封他为纳克索斯岛(Naxos)及周边群岛的公爵,后又加封为安德罗斯岛(Andros)伯爵。此前,苏丹曾把在太巴列的一些权利让予格拉西娅夫人,而约瑟已经获得这份权利转让的延长期,因此他实际上也是太巴列及其周围地区的领主。约瑟试图把太巴列变成羊毛和丝绸生产中心,希望以此助益当地和帝国的经济。他从意大利各教宗国引进桑树和犹太难民来种植和培养,令该地区短暂繁荣。但是约瑟本人从未到访此地,这个经济发展计划无疾而终。

约瑟为太巴列所作的规划可能是一项更大规划的核心部分,即在巴勒斯坦建立避难所,解决马拉诺问题。他曾协助格拉西娅夫人保护马拉诺,试图诱使威尼斯城将一个岛屿作为马拉诺的避难所。后来,土耳其人因为塞浦路斯岛同威尼斯开战,约瑟得到承诺,一旦土耳其获胜,就让他成为该岛的国王。他可能有过利用该岛实施马拉诺问题的政治解决方案的想法。但是,1571 年,土耳其人在勒班陀(Lepanto)战败,他的事业便风光不再。

太巴列的短暂繁荣只是 1517 年奥斯曼帝国征服埃及后,巴勒斯坦和埃及犹太社群经历的普遍复兴中的一个例子。这些贫穷萧条的社群,就像马穆鲁克统治下的所有犹太社群一样(见第四章),由于西班牙犹太难民的涌入而突然生机焕发。加沙、希伯仑和阿卡(Acre)复兴了,耶路撒冷也是如此,至今环绕耶路撒冷老城的巨大城墙就始建于 1537 年,还有我们刚刚提过的太巴列的短暂繁荣。但在复兴的巴勒斯坦犹太社群中,采法特最为重要,它位于上加利利,以前从来不是犹太人生活的主要中心,这时却变为犹太世界最有影响力的宗教中心之一。

1492 年的动荡既有政治后果,又有宗教后果,因为它促使许多犹太人深入反思犹太人处境的意义，并导致神秘主义宗教思想的强化。许多虔诚的犹太人被吸引到采法特的各个学院，那里的核心人物是以撒·卢里亚拉比（人称"狮子"［Ari］①）。他创造了研读西班牙伟大的神秘主义经典《佐哈尔》的一种新方法，试图把犹太人所受的苦难解释为与神的本性密切相关的宇宙事件，把犹太教的仪式解释为救赎的上帝本人和实现弥赛亚时代的一种手段。他的门徒把他的思想传播到奥斯曼帝国各地，以及意大利和欧洲的其他地方。采法特的卡巴拉仪式和祈祷文也随着卢里亚的思想传播到犹太世界的其他地方，融入当地的犹太仪轨，甚至为非神秘主义者接受；这些仪式中的一些沿用至今，在常见的祈祷书里仍能找到。主流犹太教对这些创新的接纳程度可从以下例子判断：约瑟·卡罗拉比（1488—1575 年）是卢里亚的同事，是权威犹太法典的作者，连他都相信神灵显现。

在驱逐浪潮之后，与这类末世论冥想如影随形的是弥赛亚运动。在 16 世纪 20 年代，一个名叫大卫·卢本尼的江湖骗子出现在意大利和葡萄牙。他自称是消失的古以色列支派的王子，说这些支派如今生活在埃塞俄比亚，自己受上帝委派，前来从土耳其人手里解放圣地。在葡萄牙，他赢得众多马拉诺信徒，包括所罗门·莫尔科。他们一起前往意大利，设法见到教宗克雷芒七世，试图说服他组建一支马拉诺军队；莫尔科险些被烧死在火刑柱上。后来，他们又在雷根斯堡（Regensburg）见到查理五世，显然想敦促他号召犹太人与土耳其人作战。这一次，莫尔科没能逃脱；他在曼图亚（Mantua）被宗教裁判所烧死在火刑柱上，而卢本尼则被送回西班牙，很可能于 1538 年死于那里举行的一场公开火刑。

17 世纪以沙巴塔·泽维为核心的弥赛亚运动是迄今为止影响最

---

① "Ari"还是"神圣的拉比以撒"一语的首字母缩写词。——校者注

大的一场。泽维是卡巴拉主义者，1626 年生于士麦那。当时流言四起，说弥赛亚将于 1648 年降临；在这类预言破产和乌克兰发生赫梅利尼茨基迫害之祸（见第七章）后，泽维开始相信自己就是众所期待的弥赛亚。在赢得一些追随者后，他举行了一些奇怪的仪式，当众念出禁止言说的上帝之名，于是被革除教籍。他云游四方，足迹踏遍君士坦丁堡、萨洛尼卡、开罗和耶路撒冷，聚起信众，其中包括神秘兮兮的加沙的拿单，此人把沙巴塔主义打造成一场大众运动。1665 年，泽维在士麦那宣布 1666 年将是弥赛亚降临之年。整个奥斯曼帝国甚至基督教欧洲的犹太人都向他欢呼；重要的拉比和称职的社群领袖，无论是阿什肯纳兹犹太人还是塞法迪犹太人，都把他当回事。他动身前往君士坦丁堡，想要废黜苏丹，开启弥赛亚时代，但不出所料，才到加利波利（Gallipoli），他就被捕入狱。犹太人蜂拥而至，向他致敬，并等待他发出向圣地进发的信号。但苏丹决定终止他的妄自尊大，给出两条路任他选，要么改宗，要么死亡。沙巴塔·泽维皈依了伊斯兰教。

沙巴塔·泽维的叛教打击了整个奥斯曼帝国和基督教欧洲的犹太社群的士气。加沙的拿单试图挽救这种局面，宣称这只是泽维的弥赛亚计划的一部分，他必须下降到黑暗世界，才能在那里战胜邪恶力量；许多犹太人把这种拯救承诺当成救命稻草，告诉自己泽维的叛教只是一种策略。即使沙巴塔·泽维在 1676 年死后，加沙的拿单仍试图保持这场运动的活力，坚称沙巴塔·泽维被吸入"天光"，隐遁于更高领域。这种说法使这运动得以续命，特别是在土耳其、意大利和波兰。沙巴塔在土耳其的许多信徒追随他改宗，一边等待他的回归，一边公开信奉伊斯兰教而暗地信仰犹太教；这一团体叫转信派（Dönmeh），在现代土耳其仍然存在。在 18 世纪，一位名叫雅各·弗兰克的波兰犹太人复兴了这场运动，他自称是沙巴塔·泽维转世，并在皈依伊斯兰教以前布道，宣讲一种混合《佐哈尔》、基督教和穆斯林思想的奇谈怪论，而且反对犹太律法。但总的说来,沙巴塔运动的垮台造成士气低落,犹太社群陷入长期分裂,或支持或反对沙巴塔派。

奥斯曼帝国犹太人低落的士气,与这个帝国经济和文化的全面衰退相伴相生。早在16世纪末,中央政府对各省的控制就开始削弱。从15世纪中叶到16世纪中叶,苏丹对犹太人表现出诚意,但这种诚意从穆拉德三世执政时期(1574—1595年)开始减少,他是第一位对犹太人执行歧视性规定的奥斯曼帝国苏丹;他向犹太社群勒索钱财,威胁要将他们统统杀掉,然后取消这道命令,换取贿赂。

随着17世纪的发展,这些消极趋势进一步恶化。经济萧条使大多数人穷困潦倒;中央政府控制不力,地方当局则肆无忌惮地掠夺,所有少数民族都饱受欺凌,毫无安全可言。奥斯曼帝国在1683年未能征服维也纳,随后相继失去匈牙利和巴尔干半岛的大部分地区,导致士气低迷。伊斯兰社会向内发展,失去早先引以为豪的世界主义,宗教上则变得更加保守。在阿拉伯国家,执政的土耳其人鄙视阿拉伯人,而阿拉伯人的回应是把自己受到的鄙视发泄在迪米身上,宗教紧张情绪随之高涨。在许多地方,犹太人实际上失去了法律保护。限制犹太会堂修建和数量的法规重新生效,奥斯曼帝国的犹太人只得改在私人住宅举行宗教仪式。恶劣的社会环境一直持续到19世纪。

~~~~~~

采法特

采法特是以色列上加利利山区一座风景如画的小镇,现在的居民为艺术家和极端虔诚的信徒,前者可能倾心于这片风景和小镇的古雅,而后者则为当地密集的著名神秘主义者的坟墓所吸引。

在1492年西班牙驱逐犹太人之前,采法特的犹太人人口很少。1492年以后,特别是在奥斯曼土耳其从马穆鲁克手里夺得巴勒斯坦以后，难民开始涌入。当时，耶路撒冷的条件对这些人不太有利，但加利利的城镇却比较宜居，在16世纪，不少学者和神秘主义者来此安家办学。其中有一位名叫约瑟·卡罗的西班牙拉比，来采法特之前，他在萨洛尼卡度过大半生。他编撰的宗教法典《备好的餐桌》至今被正统派犹太人奉为圭臬。但除此以外，他还是神秘主义者，他有一本日记，记录《密释纳》在夜间向他显灵，监督和指导他的精神生活。另一位迁居采法特的学者兼神秘主义者是所罗门·阿卡贝兹，他写了一首颂歌，把安息日比作新娘，至今每逢周五晚上仍在世界各地犹太会堂里唱诵。卡罗在采法特的门徒是摩西·高杜维洛，他娶阿卡贝兹的妹妹为妻。他为采法特虔信者所组织的神秘主义修会制订生活规则，要求成员每天结对会面，讨论他们的精神生活，每周五也要会面，讨论前一周的行为举止；他们需要在每顿饭前忏悔自己的罪；彼此交流时要说希伯来语。在这些人的影响下，采法特变为一块世外桃源，支配这里的是学术、祈祷，以及非传统的极端苦修行为，如午夜守夜和延长禁食。

许多故事讲述了神秘主义者虔诚的英勇之举。有一则说的是约瑟·德拉雷纳，他用神秘主义学识引诱撒旦进入他设下的圈套。正当他即将摧毁撒旦并开启弥赛亚纪元之际，他失手让敌人逃脱，世界从此一直处于堕落的状态。

在这些神秘主义人物中，最浪漫的是以撒·卢里亚拉比，人称狮子，他是采法特为数寥寥的具有阿什肯纳兹血统的神秘主义者。他在开罗度过青年时代，据说他在那里的老师是先知以利亚本人。移居采法特后，他广纳门徒，成了一系列民间传说的主人公。据说他是超人，面庞像太阳一样闪闪发光，他精通所有科学知识，听得懂树木、鸟类和天使的语言。据说，他通过观察就能说出一个人的灵魂在来到此世以前经历了什么轮回，以及他此世的使命又是什么，能说出牲畜、昆虫、鸟类和石头里寄居着过往时代的什么恶灵。他知晓过去与未来,还指导人们怎样为前世的罪孽赎罪。卢里亚死于 1572 年,卡罗死于 1575年,阿卡贝兹死于 1584 年;此后,采法特作为犹太人宗教生活中心的重要性开始落后于耶路撒冷。但它从未失去神秘的光环。

～～～～～～～～～～～～～～～～～～～～～～～～～～～～

奥斯曼帝国犹太人由盛转衰还有一个原因:16 世纪以后,从伊比利亚逃来的难民减少,荷兰和意大利这时成为他们更理想的目标。难民减少使帝国的犹太人失去能够恢复元气的新鲜血液,还削弱了他们和西欧的联系,而西欧正在迅速扩张和现代化。奥斯曼帝国的犹太人在贸易领域的优势逐渐输给希腊人,在银行业的优势又逐渐输给亚美尼亚人。到 18 世纪末,大部分生活在奥斯曼帝国和毗邻的伊斯兰领土上的犹太人已陷入贫穷与落后。

尽管条件如此不利,一些犹太人仍然能够发迹,这多亏了"协议"(capitulations)制度。"协议"是指一些条约,其目的是允许建立便于国际贸易的商业殖民地;这些条约是与在奥斯曼帝国有商业利益的外国谈判达成的,允许这些国家在帝国对自己的国民拥有治外法权。犹太人和基督徒在这些殖民地业务中是不可或缺的中间人,获得外国保护和某些税收豁免,一些犹太人因而取得与欧洲国家建立联系的优势。但从长远来看,这一制度更有利于受俄国保护的希腊正教徒和亚美尼亚商人,以及受法国保护的法国天主教徒,因为欧洲大国倾向于把生意交给自己的教友。

137

1798 年拿破仑入侵埃及,既标志着欧洲基督教国家开始大大加强干预,又标志着奥斯曼帝国转变成现代中东的漫长进程的开启。这一进程将对该地区的犹太人产生深远影响。

一些欧洲大国觉察到奥斯曼帝国的衰弱,担心它一旦崩溃,会打乱欧洲均势,于是向帝国施压,要求它改革。这些改革旨在加强中央政府的控制,确保国内各民族的权利;其中一些改革对犹太人的地位产生广泛影响。1839 年,帝国将公民平等权扩展到非穆斯林。1856年,帝国颁布法令,不能再在官方文件中恶言谩骂非穆斯林。最后,在1876 年,它将完整的公民权授予奥斯曼帝国全体臣民。这是对过去的重大突破,因为在伊斯兰领地上,一个人的地位总是由宗教和宗教社群的成员资格决定的。但源自西方的公民权是个新概念,无法立即在整个帝国生效,尤其是在帝国的各阿拉伯省份里。

138 　　加强中央控制力的措施也影响到犹太人。犹太社群的权力有所下降,因为既然犹太人正式成为帝国公民,拉比法庭的仲裁权就会削弱。另一方面,中央拉比权威机构大拉比司(希伯来语为 *hakham bashi*,这一机构曾短暂存于 16 世纪)成立了,而宗教社群被安排进所谓的米勒特(millet)制,即每个非穆斯林宗教社群都成为官方承认的自治体,由指定的社群领袖代表自治体成员向国家负责。这些制度旨在加强中央政府的控制,但实际效果是将政治法律上的平等和官方承认部分给予非穆斯林宗教社群。迪米缴纳的特别税也遭废除,非穆斯林进入地方顾问委员会。

　　北非有大量犹太社群,随着奥斯曼帝国对北非的控制松动,当地犹太人的法律地位也相应发生改变,但他们所处的环境完全不同。1830 年,法国占领阿尔及利亚,随后在突尼斯和摩洛哥建立保护国。法国很快将阿尔及利亚同化,在发布一系列偏袒当地犹太人的措施后,于 1870 年授予他们法国公民的权利。突尼斯的穆斯林统治者有点西化,法国还没有在突尼斯建立保护国之前,他们就已经对犹太人实行较自由的官方政策;但由于穆斯林人口反对,犹太人只能继续作为宗教社群成员而不是作为公民生活。大多数突尼斯犹太人更希望得到法国公民身份而不是突尼斯公民身份,但这直到第一次世界大战以后才成为可能。

不过在摩洛哥,对犹太人的极端虐待引起西欧的关注。在欧洲代表团的施压下,摩洛哥苏丹做出含糊的改善承诺,但代表团一离开,他便撤回承诺。这里刚宣布成立法国保护国,菲斯就发生屠杀犹太人事件。摩洛哥犹太人从未获得法国公民身份,但在保护国的统治下,他们的生存条件有所改善。

埃及在官方名义上是奥斯曼帝国的自治省,但在19世纪几任埃及帕夏(pashas)的统治下,它表现得相当独立。犹太人的人身安全和物质生活随着国家发展而改善,埃及的现代化比邻国更迅速。但只是在英国占领埃及后,当地犹太人才在1882年实现完全的公民平等。

在叙利亚,宗教社群之间的紧张情绪始终高涨,但在紧张局势中首当其冲的,却是人数更多、更显眼的基督徒。另一方面,叙利亚基督徒和穆斯林一样憎恨犹太人,正是他们把欧洲特有的反犹主义引入这一地区。中东的穆斯林蔑视非穆斯林,无礼地对待他们,但直到19世纪,他们才听说中世纪基督教欧洲制造的将犹太人妖魔化的神话。1840年,第一起严重的血祭诽谤出现在中东,这就是大马士革事件。一名犹太理发师受到指控,说他杀害了一位基督教修士,将鲜血用于逾越节。为此,犹太儿童和大马士革犹太社群的领导人被监禁,一些人受不了酷刑,屈打成招。罗得岛、贝鲁特和士麦那发生骚乱,穆斯林加入基督徒袭击犹太人的行列。法国领事支持这一指控,叙利亚犹太人呼吁国外犹太社群提供援助,这一事件很快升级为国际事件,与西欧列强在中东的利益相交织。英国代表犹太人出面干涉,派摩西·蒙蒂菲奥里前往这一地区,他是极其富有的英国塞法迪犹太人慈善家。经过棘手的谈判,他设法从苏丹那里得到一份谴责血祭诽谤的声明。

也门犹太人的处境和摩洛哥犹太人一样悲惨,但在19世纪没有得到丝毫改善,当时也门法治崩溃,所有非穆斯林都容易受到剥削、敲诈和袭击。他们一直处在水深火热中,完全受歧视,以色列国一建立,整个社群就彻底移居以色列。在伊拉克,犹太人的处境非常糟糕,以致沙逊等巴格达富裕家族都逃到了印度或澳大利亚。①

在伊朗,什叶派伊斯兰教于16世纪成为国教,这对犹太人尤其不利,因为神职人员几乎拥有无限权力,所有非穆斯林被定义为仪式上不洁净。直到19世纪末,在西方思想的影响和西方机构的压力下,他们的地位才略有改善。

在19世纪,中东犹太人逐渐变得更加西方化和城市化。犹太人被吸引到开罗和亚历山大等大城市,从中世纪传承下来的传统生活模式开始瓦解。随着年轻人接受欧洲服饰和文化模式,代沟出现,女性开始离家和参与文化生活。世界犹太人联盟为中东犹太人的现代化推波助澜,它于1860年在巴黎成立,致力于全世界犹太人的解放、福利和进步,尤其是在中东的法国领土上。为此,它建立了遍布奥斯曼帝国和北非的学校系统,宗教和世俗教育并重,用希伯来语和法语教学,还在巴勒斯坦建立了一所农业学校。联盟的学校讲授世俗和宗教科目,让修习的犹太人获得文化优势,这与基督徒在西方基督教教派建立的教会学校中获得的文化优势是相同的。虽然许多犹太人继续把孩子送进传统宗教学校,但联盟的学校还是打造出了一批西方化的、富裕的中东犹太人。

141   在这个世纪里,犹太人的法律地位、经济状况和教育水平都在缓慢提高,但他们和穆斯林大众的关系却没有起色。在某种程度上,这是因为犹太人欢迎西方化,视之为摆脱压迫、贫穷和落后的通道,而穆斯林视之为殖民主义和剥削。几个世纪以来,穆斯林拒绝犹太人保有最低限度的尊严,待以诋毁和蔑视的态度,现在他们认为犹太人对西方利益的欢迎是背信弃义。穆斯林一直身陷贫困的泥潭,痛恨犹太人和基督徒的成功。因此,中东犹太人的法律和经济地位的改善实际上

① 可参看张仲礼、陈曾年:《沙逊集团在旧中国》,人民出版社,1985年。——校者注

有损于他们的社会地位和人身安全。

从 1821 年希腊起义开始，巴尔干各地不同教派的基督徒为摆脱奥斯曼帝国而斗争，引发巨大民族冲突（到 20 世纪末，这仍是该地区一个灾难性问题）。希腊人、罗马尼亚人、保加利亚人和塞尔维亚人相继起义，每次都会杀害犹太人，而一旦他们实现独立，即使西方施压也无法保证犹太人的安全。1912—1913 年的巴尔干战争期间，对犹太人的迫害愈演愈烈。1917 年，萨洛尼卡城的犹太人区被烧毁后，希腊政府拒绝犹太人重新入住他们的老区，并出台其他针对他们的歧视性法令。但值得注意的是，即使在这个动荡萧条的时期，塞法迪文化仍然生机勃勃，法语、土耳其语和拉迪诺语的犹太报纸出现在巴尔干半岛与奥斯曼帝国的所有主要城市，拉迪诺文化欣欣向荣，尤其在小说、民间诗歌和音乐领域蓬勃发展。

在第一次世界大战中，身为法国公民的阿尔及利亚犹太人为法国英勇作战，但不是法国公民的突尼斯犹太人就不愿战斗，更何况突尼斯的法国官僚中还有反犹主义。在英国当局不情愿的支持下，巴勒斯坦和英国的犹太人组织起犹太人军团，帮助英国对抗土耳其人。

第一次世界大战瓦解了奥斯曼帝国的残余势力，1923 年，它变成土耳其，领土以安纳托利亚为主体。作为一个政教严格分离的现代政权，土耳其给予包括犹太人在内的所有公民平等权利和宗教自由。中东其他国家的犹太人远没有这么幸运。尽管这些国家大多为欧洲列强所控制，但战前影响犹太人生活的模式和潮流影响依旧，只因国家不同而各有差异。恰在战前成为法国保护国的摩洛哥，是少数几个犹太人状况有所改善的国家之一，但该国官方仍将他们归类为迪米。在其他地方，形势恶化了，因为甚嚣尘上的阿拉伯民族主义让中东犹太人的处境日益艰难。

阿拉伯民族主义想要建立不受欧洲影响的阿拉伯国家，其公民资

142

格将以阿拉伯身份和伊斯兰宗教为基础。这场运动具有显著的伊斯兰教和阿拉伯特征，犹太人普遍视之为威胁。在一些国家，非犹太复国主义的犹太人试图把自己定位成"阿拉伯犹太人"，但收效甚微。英国在第一次世界大战中占领伊拉克后，犹太人和基督徒都恳求这位救星不要恢复阿拉伯政府，或至少给予他们英国公民身份。在英国委任统治伊拉克期间，犹太人和基督徒可以担任公职，有位犹太人甚至当上内阁部长；但 1932 年伊拉克独立以后，非穆斯林就不可能再担任政府职务。在阿尔及利亚，阿拉伯民族主义者和亲法派势力造成社会分化，犹太人坚定地站在后者一边，在个人生活方面倾向于彻底的同化。埃及比大部分中东国家更西方化和国际化，受泛阿拉伯民族情绪的影响也较轻，因此，埃及犹太人能参与公众生活，一些人还加入民族主义政党，甚至在议会中任职。但总的说来，犹太人认为他们的利益更依赖西方列强而非阿拉伯国家。

对有些中东犹太人来说，民族身份问题的出路是西方化。这一路径受到无处不在的世界犹太人联盟的鼓励，它的方案是通过吸收法国文化来实现自我完善。彻底的西方化最自然地出现在阿尔及利亚犹太人身上，他们拥有法国公民的法律地位，可以自视为法国人并追求同化，这一路径也受许多法国本土犹太人的青睐。和法国本土主张同化的犹太人一样，他们并不总是能被非犹太人接受为法国人，还不得不面对在阿尔及利亚的法国殖民者的特别敌意。似非而是的是，他们对这种敌意的反应是更加热切地拥抱法国身份。

许多中东犹太人在犹太复国主义中找到出路。作为一场运动，犹太复国主义的目标是将犹太人重组为一个民族国家，并在巴勒斯坦建国。这场运动于 19 世纪末在阿什肯纳兹犹太人中兴起（详见第十章），但犹太复国主义思想对许多中东犹太人有着天然的感召力。与阿什肯纳兹犹太人相比，中东犹太人与以色列地一直有着更紧密的联系，部分是因为他们中的许多人生活在离以色列地更近的地方，部分是因为在奥斯曼帝国统治的几个世纪里，大部分中东犹太人和巴勒斯坦处于同一政治与文化领域。19世纪早期，塞法迪犹太人开始在巴勒斯坦定居，成为工匠、企业家和农业殖民地开发者。19世纪后期，来自也门和布哈拉等地的非塞法迪中东犹太人加入进来。这些移民活动独立于犹太复国主义运动，因为后者直到19世纪末才在阿什肯纳兹犹太人中初起。

埃及犹太人成立了许多犹太复国主义组织，第一次世界大战以后，巴勒斯坦犹太难民来到邻近的埃及，引发更激烈的犹太复国主义活动。摩洛哥犹太人较少西化，宗教上也更传统，他们虽然热情拥护犹太复国主义思想，但颇具影响力的世界犹太人联盟反对犹太复国主义，而欧洲犹太复国主义者对中东犹太人的状况又一知半解，这些都使犹太复国主义在摩洛哥不能有效地组织起来。阿尔及利亚犹太人自然不接受犹太复国主义，因为他们普遍倾向于同化进法国人身份。犹太复国主义在突尼斯比较成功。叙利亚和黎巴嫩的犹太复国主义一开始势头强劲，尤其是在巴勒斯坦犹太难民于第一次世界大战期间抵达那里以后。犹太复国主义在伊拉克的组织结构发展缓慢，伊拉克各种势力盘根错节，既有得势而保守的犹太商人阶层、英国委任统治当局、世界犹太人联盟，又有正在崛起的阿拉伯民族主义，这样，犹太复国主义思想的追随者不得不保持低调。到20世纪20年代后期，阿拉伯民族主义首先在叙利亚、黎巴嫩和伊拉克接着在其他国家兴起，再加上世界犹太复国主义组织本身的欧洲取向，导致犹太复国主义活动在中东地区渐渐偃旗息鼓。

从1929年起，犹太复国主义引起的紧张局势变得严峻，耶路撒冷当年发生暴乱，巴勒斯坦民族运动引起阿拉伯国家的注意，导致对巴勒斯坦犹太人提出激烈而广泛的指控。阿拉伯民族主义与犹太建国意愿的冲突日益加剧。中东人民与西方殖民列强的紧张关系由此升级，导致中东基督徒和犹太人的处境进一步恶化。阿拉伯民族主义开始效仿欧洲法西斯主义，发生险恶转向。纳粹德国在阿拉伯民族主义者看来是有吸引力的典范，既因为它敌视英国和法国这两个活跃于中东的首要殖民大国，还因为它提供了极端民族主义的典范。欧洲法西斯主义带有恶毒的反犹主义基因，它基于基督教妖魔化犹太人的传统，酝酿出一则神话，说犹太人有国际阴谋，企图控制世界。到 20 世纪 30 年代后期，反犹经典《锡安长老会纪要》和希特勒的《我的奋斗》（不含它的反阿拉伯段落）的阿拉伯语译本已经开始流通（前一书见第八章，后一书见第九章）。到 30 年代末，蓄意毁坏犹太人财产已经司空见惯，犹太人在中东许多国家的地位岌岌可危。为了让关系正常化，犹太社群领袖否定犹太复国主义；埃及犹太人领袖强调自己对埃及怀有爱国热情，试图把埃及宣传为犹太 - 阿拉伯和平协作的典范。但是，在历史巨轮推动下产生的一系列事件面前，这些努力只是螳臂当车。

在第二次世界大战期间，德国入侵巴尔干半岛，那里的犹太人生活就此告终，因为德国人灭绝犹太人的政策是坚定无情的。（巴尔干半岛和包括萨洛尼卡的希腊犹太人的命运，见第九章。）在战争中，埃及和也门的犹太社群相对来说安然无恙，但伊拉克犹太人的情况急剧恶化，在 1941 年巴格达犹太人遭到屠杀之后尤其如此。

在北非，突尼斯犹太人受到德国的直接控制，但德国占领时间太短，没来得及像在占领欧洲后那样实施灭绝。尽管阿尔及利亚有法国人反犹的历史，尽管摩洛哥犹太人遭到歧视，但西北非犹太人清楚地看到，他们的利益在同盟国一方，法国在 1940 年向德国投降对他们是沉重打击。阿尔及利亚和摩洛哥落入维希政府的控制。阿尔及利亚犹太人被剥夺他们钟爱的法国公民身份，维希政权的反犹法律被严格执行到西北非所有犹太人身上。法国维希政府关于犹太人的法律没有在叙利亚和黎巴嫩这两个法国保护国实施。或许令人惊讶的是，摩洛哥苏丹宣布自己反对这些反犹法律，据说他曾试图向法国当局上诉，声援摩洛哥犹太人。这些地区在1942年和1943年获得解放，但没有立刻给犹太人带来解脱，因为维希政府的官员在许多情况下仍控制着有关国家的行政当局。

　　第二次世界大战不仅使大部分中东犹太人相信，继续希望与当地人口保持正常关系已经毫无意义，而且也使他们对欧洲列强不再抱有幻想，他们以前曾指望欧洲列强提供帮助。这促使犹太复国主义在该地区年轻人中蓬勃发展。但犹太复国主义和阿拉伯民族主义继续走向对抗。埃及、利比亚和叙利亚发生多起反犹太复国主义和反犹太人的暴乱。1947年11月，当联合国投票决定将巴勒斯坦一分为二，让犹太人和阿拉伯人分别治理的时候，暴力浪潮席卷中东。只有摩洛哥幸免于难。

　　1948年以色列国建立，犹太人在阿拉伯世界（摩洛哥除外）的生活终结。利比亚和也门的犹太社群很快彻底走空，犹太人口大多移居以色列。伊拉克犹太社群紧随其后而去。许多叙利亚犹太人搬到黎巴嫩，因为黎巴嫩是个相对国际化和宽容的多民族国家，另有许多叙利亚犹太人移居以色列。在埃及，下层犹太人去了以色列，而一些富人则前往欧洲或美国，但大多数中上阶层留了下来，对他们来说，情况确实变得正常些了。摩洛哥的大量犹太人也来到以色列，但主要不是因为受到压迫，而是出于由以色列战胜阿拉伯联盟而引发的纯粹的弥赛亚狂热。现代世俗国家土耳其脱胎于第一次世界大战后的奥斯曼帝国，土耳其犹太人这时依旧欣欣向荣，但人数已大为减少。

　　因此，到20世纪50年代中期，中东的犹太社群已无足轻重。

早期希伯来文印刷

现代活字排印术（typography）的发明传统上可追溯到 1440 年。第一批印有日期的希伯来文书籍出现在 1475 年的意大利，但早在十年前，罗马就出现犹太人印刷商。大部分早期希伯来文印刷书籍产自意大利，但希伯来文印刷社在 15 世纪的西班牙和葡萄牙也有。1492 年，遭驱逐的犹太难民把他们的活字模从伊比利亚带到摩洛哥、意大利和土耳其，印刷术在这些地方出现。

奥斯曼统治者禁止穆斯林从事印刷，认为这是颠覆破坏的根源。他们允许犹太人从事印刷，只要他们不使用阿拉伯文活字，当时的阿拉伯语和土耳其语共用这种字体。（土耳其语的印刷迟至 1727 年才合法。）1493 年，西班牙犹太难民在君士坦丁堡建立了奥斯曼帝国的第一家印刷社，并从那里把印刷术传播到奥斯曼帝国的其他城市和埃及。约瑟·纳西先生是印刷业的重要赞助人，他的遗孀在君士坦丁堡维持着一家印刷社。

在 16 世纪上半叶，意大利仍然是希伯来文印刷的主要中心，有两家相互竞争的重要公司：革舜·松奇诺（Gershom Soncino）公司和但以理·邦贝格（Daniel Bomberg）公司，后者由威尼斯一位专营希伯来文书籍的基督教印刷商开办。松奇诺在 1527 年把业务转移到奥斯曼帝国；正是邦贝格在 1520—1523 年间印制出第一套全本《塔木德》，堪称不朽功业。教宗尤利乌斯三世在 1553 年下令，烧毁所有找得到的《塔木德》版本，并禁止出版任何新版本，意大利的希伯来文出版经历了暂时的衰退，但威尼斯很快复兴，成为印制希伯来文书籍的主要中心之一。

建于1882年的佛罗伦萨犹太会堂内部。照片，版权方为苏珊·考夫曼。美国犹太神学院图书馆提供。

第七章　西欧犹太人
1500—1900 年

　　大约从 1500 年开始,欧洲社会及其智力生活发生变化,对犹太人影响深远。欧洲经济体系的扩张带来犹太人经济状况的改善,几百年来,犹太人一直放债,但这个先前遭鄙视的行业现在转变成受人尊敬的投资领域。在 17 世纪,重商主义和资本主义崛起,财政上的权宜之计成为比宗教更重要的宽容标准。近代早期还为逐渐打破教会对智力生活的垄断奠定了基础,这是先通过人文主义和宗教改革,再通过启蒙运动实现的,正是启蒙运动瓦解了宗教上歧视犹太人的神学基础。在这一时期后半段,政治思想也发生变化,犹太人有可能被视为国家的个体公民,而不是称为犹太社群的共同体的成员。这些变化只有到 1700 年以后才充分表现出来,但其基础是在近代早期奠定的。

年　表

犹太历史	时间	世界历史
	1510—1520	鲁希林与佩弗科恩论战
威尼斯设立犹太人隔都	1516	
	1517	马丁·路德发起宗教改革

犹太历史	时间	世界历史
	1523—1584	教宗克雷芒七世
葡萄牙设立宗教裁判所	1531	
所罗门·莫尔科被烧死	1532	
	1544	路德攻击犹太人
	1545	特伦托会议开始
犹太人遭各教宗国驱逐	1569	
罗马发生焚烧《塔木德》事件	1553	
对希伯来文书籍的审查开始	1554	
现存的第一份四地委员会法案	1580	
	1581	尼德兰从西班牙独立
马拉诺在阿姆斯特丹定居	1590	
	1618—1648	三十年战争
	1649	英格兰清教徒革命
玛拿西·本·以色列到达伦敦	1655	
斯宾诺莎被革除教籍	1656	
	1689	洛克为争取对犹太人的宗教宽容辩护
神圣罗马帝国的皇帝约瑟夫二世发布"宽容法令"	1782	
摩西·门德尔松逝世	1786	
	1789	法国大革命
法国授予犹太人公民权	1791	
法国的犹太名人会议及犹太教公会	1806	神圣罗马帝国灭亡
	1814—1815	维也纳会议
汉堡圣殿开放	1818	

续表

犹太历史	时间	世界历史
嗨噗！嗨噗！骚乱	1819	
德意志犹太人向美国大规模移民开始	1836	
摩西·蒙蒂菲奥里获封爵士	1837	
	1848	欧洲多个国家爆发革命
世界犹太人联盟在巴黎成立	1860	
罗马隔都被废弃	1870	
	1870—1871	普法战争
德雷福斯事件开始	1893	
	1914—1918	第一次世界大战

151 　　我们已经看到,在整个中世纪基督教欧洲的大部分地区,犹太人可以从事的职业范围大大缩小,除了放债几乎干不了别的,而且通常只经营小规模的典当和旧货交易。这种限制让一些犹太人能够积累资本,使他们精于理财和投资。驱逐和强迫移民让犹太家庭与社群的成员散布整个西方世界,令犹太人获得跨国关系,而这很容易转化成商业人脉。最后,尽管阿什肯纳兹和塞法迪犹太人之间存在文化差异,但同为外来者的身份、同样信奉少数派宗教、共同的书面语言希伯来文,这些因素有利于他们充当中间人,协调基督教欧洲和伊斯兰中东之间的商业联系。因此,虽然16世纪初全世界犹太人都境况悲惨,但他们经济恢复的基础已经存在。

　　迫害和驱逐的浪潮始于十字军东征,逐渐驱使中欧犹太人向东前往波兰和立陶宛,这在13和14世纪尤其显著,但是,欧洲犹太人重心转往东欧的大规模迁徙直到15世纪后期才出现。这种迁徙既是西欧加紧排拒的产物,又是东欧统治者持欢迎态度的结果。奥斯曼苏丹曾鼓励逃亡中的塞法迪犹太人去其领土定居,因为他们教育水平高、技能丰富、国际商业联系广。出于相似原因,波兰的国王和贵族也鼓励阿什肯纳兹犹太人在其领土上定居。

15 世纪的波兰(当时与立陶宛合在一起)是一个主要的欧洲大国,但它缺乏管理大庄园和长途贸易的人力与专业知识。这方面需求在东部尤其强烈,波兰贵族在那里拥有大片土地和数千村庄,但他们不愿亲自管理,甚至不愿去居住。犹太人充当这些贵族的管家,成了他们在当地人口中的代理,这是上文提到的生活模式的变种:犹太人和领主之间有特殊关系,他们与民众一起生活,但不是民众的一部分。到 1600 年,犹太人已经定居在整个地区,从事手工业、农业、贸易、税款包收和租税收集。在中欧和西欧,他们几乎被完全排除在经济生活之外,但他们在东欧的波兰和立陶宛找到一片常态化的乐土,这和塞法迪犹太人在奥斯曼帝国的情况异曲同工。

和塞法迪犹太人一样,阿什肯纳兹犹太人也把家乡语言带到新家。和其他中世纪犹太人一样,德意志犹太人一直讲所处环境的语言,但他们来到波兰后,既不属于统治者又不属于农民阶层,大多生活在自己人圈子中,不使用邻居的语言。保留德语进一步表明他们融入东欧人口的程度较小。犹太人说的德语已经混合了一些希伯来语词汇;在东欧,它逐渐吸收斯拉夫语元素,越来越不像德语,以致有了自己的名字,叫意第绪语。就像拉迪诺语和犹太-阿拉伯语一样,意第绪语也用希伯来文字母书写。

由于经济条件改善,阿什肯纳兹犹太人可以更自由地发展智力生活;他们将大部分智力投入传统的《塔木德》学术,使之获得巨大声望。卢布林、波兹南、克拉科夫的重要学院蓬勃发展,而利沃夫和卢布林的贸易大集市成为这些学院重要的招生中心。直到最近,近乎全身心地投入《塔木德》学术,仍然是阿什肯纳兹宗教实践的标志。

随着数量激增,犹太社群在东欧获得广泛自治权,这在四地委员

152

153　会中体现得最充分，它相当于一个规范东欧犹太人生活的犹太议会。该机构是有拉比代表参与的世俗团体，通过一个区域组织网络监管了数千社群，从 1580 年到 18 世纪早期有效管理着东欧犹太人。其威望使它的裁决甚至能对西欧犹太社群产生影响，因为西欧没有类似规模的组织。

　　东欧犹太人在 1648 年遭受严重挫折，东乌克兰的哥萨克人得到乌克兰农民和克里米亚鞑靼人的支持，在博格丹·赫梅利尼茨基（1595—1657 年）的领导下反叛波兰人。信奉东正教的乌克兰人屠杀波兰贵族和天主教神职人员，他们对犹太人特别凶残，因为犹太人是令人憎恨的收税者，是农民耕种的庄园土地的管家。有时，犹太人被要求皈依基督教以获取生路，他们会像第一次十字军东征时的祖先那样，杀死自己和全家来殉教。在恐怖的屠杀和暴行中，这场叛乱向西、向北蔓延，混乱局面一直持续到 1655 年俄罗斯和瑞典入侵立陶宛才结束。犹太人每次都是受害者。由于屠杀和由此引起的向西欧的回迁，波兰犹太人口锐减。波兰犹太人到 17 世纪末才恢复元气，但士气低迷。东欧犹太人对沙巴塔·泽维及其弥赛亚运动（见第六章）的狂热，可能就是这次创伤造成的；后来泽维叛教的消息是更沉重的打击。

　　在中欧，14 和 15 世纪的人文主义运动复兴了对古代语言和文化的研究，在这些研究的影响下，学者们开始在一定程度上摆脱教会教义的影响。有些人把注意力转向《圣经》的希伯来语文本、犹太人的《圣经》评注，以及后来的犹太著述，特别是卡巴拉。因此，希伯来语和拉丁语、希腊语一起被纳入文艺复兴鼎盛时期的学术。基督徒认同犹

154　太教文本的一个奇怪例子发生在 1513 年，为维护《塔木德》，基督教学者约翰内斯·鲁希林居然在教会法庭上和一个名叫佩弗科恩（Pfefferkorn）的前犹太人起了争执，因为后者想要查没神圣罗马帝国的所有《塔木德》书册。鲁希林的声望使希伯来语研究在基督教学者

中受到尊敬。但鲁希林仍抱持中世纪教会对犹太人的否定态度，而其他人文主义者，如伊拉斯谟，则认为过度发展希伯来语学术会威胁到基督教。因此，虽然人文主义加深了基督教学者对犹太传统的认识，但没有给犹太人生活带来直接的有益影响。

马丁·路德在 1517 年发起宗教改革，不但没有鼓励基督教宽容犹太教，反倒加剧了基督教神职人员的反犹态度。在运动早期，路德把教会对犹太人的迫害囊括进他对教会的批评，以为通过攻击教宗和推崇《圣经》权威，就能争取犹太人加入基督教。但事与愿违后，他转而开始攻击犹太人，将他们比作"令人作呕的害虫"，敦促基督徒敌视他们，并赞同将他们逐出德意志各州。

面对改革派的挑战，教会做出反宗教改革的回应（这里不妨把反宗教改革追溯到 1545 年召开的特伦托会议），这是更大的倒退。正如上文所见，教会的官方政策给予犹太人微薄的宽容，中世纪的教宗作为这一政策的执行者，通常是保护犹太人的。16 世纪初，文艺复兴时期秉持人文主义精神的教宗特别偏袒犹太人，许多意大利主要城市的统治家族也如此，比如佛罗伦萨的美第奇家族、曼图亚的贡扎加（Gonzaga）家族、佛莱拉（Ferrara）的埃斯特（Este）家族等。而现在，教宗为了重新夺回对基督教世界的控制，开始打击一切宗教越轨者，犹太人也包括在内。

或许令人惊讶的是，特伦托会议并未专门处理犹太人问题，但1541 年成立的耶稣会却发起咄咄逼人的运动，让犹太人皈依。1555 年，教会给意大利犹太人一次特别沉重的打击，当时教宗保禄四世下令，将罗马和其他教宗领地的犹太人隔离进带有围墙的犹太人居民区，即牢笼一般的隔都（ghetto），所有城镇的犹太人都必须住在那里，隔都的大门每天从日落到日出都会上锁。小镇上的隔都可能只是一条拥挤脏乱的街道，两头各有一扇大门。意大利第一个隔都于 1516 年在威尼斯建立,后来的所有隔都都沿用这一名称("隔都"一词在威尼斯方言里的意思是"铸造厂",这是威尼斯最初为限制犹太人而指定的居民区的名称)。意大利以外的一些城镇已经有带围墙的犹太居民区,尤以法兰克福为著。隔都现在成了犹太人生活的标志,起初在意大利和普罗旺斯的教宗领地,然后出现在大部分意大利主要城市。建造隔都一直持续到 1732 年。

在反宗教改革的反动气氛下,宗教裁判所现在盯上从伊比利亚逃到意大利并回归犹太教的马拉诺;意大利不再安全,他们中的许多人又逃往奥斯曼帝国,正如第六章所说;我们在那章还提到教宗撤回对安科纳的马拉诺的保护,造成血腥后果。教宗领地上的犹太人必须佩戴区别身份的标记和黄帽,他们被禁止拥有房产,还被驱逐出生活了几个世纪的小城镇。意大利印刷的大量希伯来文书籍受到强制审查。

但是,即使反宗教改革的严格限制也没能阻止意大利犹太人生活和文化的欣欣向荣。到文艺复兴时期,意大利犹太人已变成一个相当多样化的群体。最初的拜占庭意大利犹太人(见第五章)此时遍布整个半岛,不同的移民群体也加入他们的行列,包括 13 和 14 世纪逃避迫害与驱逐的德意志犹太人,15 世纪末被逐出伊比利亚的西班牙和葡萄牙犹太人,16 世纪为寻求贸易机会而向西转移的奥斯曼帝国的犹太人。最后这个群体叫黎凡特犹太人,是半岛上继意大利、阿什肯纳兹、塞法迪之后的第四个犹太人群体。在稍大的城镇里,所有四个群体都保持各自的身份;在威尼斯的隔都,人们至今仍可参观古老的德意志、西班牙、意大利和黎凡特犹太会堂。最后,在整个 16 世纪,马拉诺持续从伊比利亚半岛迁来。

像在中欧那样,意大利犹太人基本上被逐出手工业和商人行会,主要靠典当业和与近东的贸易为生,不过并没有统一的模式,犹太人在许多地方仍可从事不同行业。但通常,某个地方有犹太社群,完全

1450—1550年意大利的主要犹太社群

是因为这里需要犹太人从事典当业。为了给穷人提供小额贷款,地方政府经常给个别犹太人颁发名为康多塔(condotta)的契约,允许他们在规定年限内住在某地,条件是必须在那里开典当行。有些地方设立基督教慈善贷款协会,就是想把犹太人排挤出典当业,或诱使他们降低利率。但在许多城镇,犹太典当行和慈善贷款协会和睦共处,相安无事。

康多塔制度还在更大范围内发挥作用：在需要资本投入的大城市，整个社群的犹太人都会获得康多塔，以满足大规模项目的资金需求。（这就是莎士比亚戏剧《威尼斯商人》的背景。）契约需要定期更新，每次更新时会由犹太社群和地方当局谈判，议定条款。

意大利文艺复兴时期的犹太人生活有个特点最有趣：即使被赶进隔都，他们仍然在很大程度上采纳了这个多姿多彩时代的礼仪、品位、智力活动和消遣方式。就像西班牙的希伯来语黄金时代那样，希伯来语诗歌既是娱乐方式，又是社会和社群生活的载体。但在意大利，犹太人还用意大利文和西班牙文写诗。按照文艺复兴时期的文学品味，意大利犹太人将布道发展成一种正式的演说；犹太布道者将布道文汇编出版，这是有史以来的第一次。音乐家特别是弦乐师比比皆是，合唱音乐大大发展，甚至犹太会堂里都能听到；所罗门·德罗西（Salomone de'Rossi）既为曼图亚宫廷创作世俗音乐，又为犹太会堂谱写经文歌。犹大·索莫（Judah Sommo）创作出第一部希伯来语戏剧。年轻人组织赛会，拉比们不得不就新事物辩论：是否允许在安息日踢球，是否允许犹太人打网球——因为网球比赛也是打赌的场合，而打赌可能是一种禁忌的赌博形式。用纸牌和骰子赌博已成为普遍的社会问题；利昂·德·摩德纳（Leone de Modena）拉比是 17 世纪初威尼斯最伟大的布道师之一，他就沉溺此道，不能自拔，曾在回忆录里追悔莫及。然而，尽管参与世俗娱乐和大众文学，但意大利犹太社群的教育基础，仍然是犹太传统的基本著作——《圣经》及其评注和《塔木德》及其评注，以及理性哲学传统的经典，还有《佐哈尔》和其他卡巴拉主义作品。

犹太女商人

虽然格拉西娅夫人是近代早期最有权势的犹太女性，但她并非当时唯一在商业上取得卓越成就的女性。另一位杰出的模范是本温尼达·阿巴伯内尔，她是伟大的拉比兼朝臣以撒·阿巴伯内尔先生的侄女，本书正文已提到这位拉比曾努力调停与天主教皇室的关系。1492年，身为贵族的阿巴伯内尔家族逃出西班牙，定居那不勒斯。在那里，本温尼达嫁给表兄撒母耳·阿巴伯内尔，他是以撒先生之子，当时已成为那不勒斯国王的一位财政家。本温尼达受过良好教育，甚至做过埃莉诺拉(Eleonora)的家庭教师，埃莉诺拉是西班牙摄政王之女，后来成为佛罗伦萨美第奇家族一位公爵之妻。

本温尼达是她丈夫银行事业活跃的合伙人。撒母耳在遗嘱中不顾继承人必须是儿子的犹太律法传统，指定本温尼达为总继承人，让她掌管家族生意。撒母耳解释说，做此决定，是因为他的财富来自她的巨额嫁妆，那是他的创业资本，而且把家业和生意交给她比交给儿子更让他放心。撒母耳只给诸子和三个女儿留下定额遗赠，并规定由本温尼达在她认为合适的时候转交。

到1547年撒母耳去世时，犹太人已被逐出那不勒斯，他们全家定居在佛莱拉。当年，本温尼达和佛罗伦萨公爵谈成几份银行业合同，公爵许可她和她的一个儿子在托斯卡纳地区诸城镇中开办连锁银行。她和埃莉诺拉的关系一如既往，和其他西班牙贵族一样，她有时会出现在佛罗伦萨的公爵府邸。

意大利的多数犹太妇女和多数基督教妇女一样，都穷困卑微，在家从事丝绸纺织和羊毛加工。但也有一个中产阶级，其中包括像吉内芙拉·布拉妮丝这样的女性，她们住在佛罗伦萨的隔都。佛罗伦萨丝绸行会接纳了吉内芙拉，不是作为卑微的丝绸纺纱工，而是作为丝绸生产商。在她1574年的遗嘱中，她给佛罗伦萨犹太社群留下遗赠，用于教导贫穷的犹太男孩；接济十名犹太贫民；为八名犹太女孩制备嫁妆；还要装饰犹太会堂，"花20枚金币置办一座银质烛台和一袭约柜帷

159

慢,犹太人要承诺以吾名称呼两者"。

~~~~~~

16 世纪后期,西欧对犹太人越来越友好。1579 年,低地诸国摆脱天主教西班牙的控制,获得宗教自由。次年,葡萄牙被西班牙吞并,葡萄牙宗教裁判所在搜寻秘密犹太人方面原先敷衍了事,此时一下严格起来。这些因素共同导致新基督徒和马拉诺从葡萄牙流向阿姆斯特丹,西班牙马拉诺后来也跑到这里。因此,阿姆斯特丹在 17 世纪最繁盛的时期一度得名"荷兰的耶路撒冷",因为当地犹太人非常多,他们的生活非常丰富。17 世纪中叶,德意志犹太人加入塞法迪犹太人,两个社群并肩存在,但塞法迪犹太人赋予这个社群特殊的色彩。许多到达阿姆斯特丹的马拉诺是医生、律师、政府官员和教士;这些知识分子在荷兰找到天然的家园,荷兰在经济大发展时期也是人文主义的中心。犹太人受到欢迎,主要是因为他们的商业技能和人脉,他们积极参与荷兰的经济扩张。犹太商人在东印度公司和西印度公司投资,还远赴苏里南、库拉索岛与荷属巴西。(荷属巴西将成为第一批纽约犹太移民的来源地,见第八章。)到 17 世纪后期,阿姆斯特丹犹太人获许建造新犹太会堂。一座宏伟的葡萄牙人犹太会堂于 1675 年落成,是当时阿姆斯特丹最优美的建筑之一,至今仍可参观。

近代新智力思潮对荷兰犹太人生活的影响比对许多其他犹太社群的影响更大。在 17 世纪后期,荷兰是异端宗教思想、哲学自由思想和智识蓬勃发展的中心。荷兰犹太社群组织(即"马阿麦德"[mahamad])倾向于推行严格的社群纪律,试图控制社群成员出版书籍,但无法阻止犹太人阅读西班牙文和葡萄牙文书刊。马阿麦德的僵化管理与 17 世纪荷兰典型的宗教宽松气氛格格不入,因此出现令人不安的反抗案例。乌列·达·科斯塔的例子令人心酸,他是葡萄牙新基督徒,回归犹太教并逃到阿姆斯特丹,加入当地犹太社群。但他在葡萄牙时就对宗教产生怀疑。在阿姆斯特丹,他因自由之思想被当地的马阿麦德革除教籍。他两次恳求与社群和解;他在第二次被勒令忏悔时,受尽羞辱,忏悔过后就自尽身亡。

更重要的例子是贝内迪克特·斯宾诺莎(1632—1677 年)。他受过完整的拉比教育,进而研读迈蒙尼德等伟大的中世纪犹太哲学家作品,再研究笛卡尔等近现代哲学家。他加入了一个哲学圈子,其中许多成员和当时的众多思想家一样,完全拒绝把神的启示作为知识的来源,坚持理性至上。由于这些观念意味着否认整个犹太传统的神圣权威,斯宾诺莎在 1656 年被革除教籍。斯宾诺莎接着写出《神学政治论》,书中包含对犹太教的根本性批判,由此隐含着对基督教的批判。此书陈述了哲学上的自然神论①,影响巨大,斯宾诺莎的著作在犹太人和基督徒中是检验异端的试金石。

16 世纪末,繁荣的汉堡城也开始欢迎犹太人,尤其是塞法迪犹太人。16 世纪 90 年代,12 户葡萄牙马拉诺家庭来到汉堡,打算从事贸易。他们起初受到欢迎,但后来他们的犹太身份暴露,基督教神职人员就想驱逐他们。但是,他们的存在被认为十分有益,汉堡参议院允许他们留下。这个社群繁荣发展,尤其是在 17 世纪,当时西班牙将贸易从阿姆斯特丹转向汉堡的政策赋予它很大的贸易优势;汉堡一度拥有欧洲第二大塞法迪犹太社群。在 17 世纪中叶以前,德意志犹太人基本上被排斥在汉堡外。

17 世纪下半叶,英国开始重新接纳犹太人,但并未公然推翻 1290 年的驱逐令。自伊丽莎白一世时代起,英国就有少量马拉诺;她的医生就是一名马拉诺,后因涉嫌向她投毒而被处决,此事轰动一时。在查理一世统治期间(1625—1649 年),马拉诺的数量和经济实力都有所

① 自然神论认为神创造世界,但不干涉人类的生活。——校者注

增长，于是出现对其是否宽容的问题。1649年的清教徒革命为宽容铺平道路，因为清教徒推崇《旧约》，同时也因为奥利弗·克伦威尔认为犹太人的商业对国家有利。另一方面，神职阶层担心犹太人会危害基督教，商人也惧怕来自犹太人的竞争。1650年，阿姆斯特丹的玛拿西·本·以色列拉比（1604—1657年）向英国议会请愿，希望允许犹太人进入英国并能公开信奉犹太教；1655年，他亲自来到英国，向政府递交请愿书。克伦威尔做出非正式保证，允许伦敦有小规模的塞法迪犹太社群。查理二世还确认了对犹太人进入英国的授权，深信他们能给整个国家带来的经济利益比保护英国商人阶层免受竞争更重要。到17世纪末，犹太人可以在英国公开活动。

1618—1648年，蹂躏欧洲的三十年战争实际上促进了中欧犹太社群的发展。神圣罗马帝国和德意志各邦的统治者需要巨额资金支撑战争。犹太商人有能力筹集现金，统治者向他们借钱还有一个好处：往往可以用廉价的特许和特权偿还，比如在原来禁止他们进入的地区居住或做生意的权利。这种情况在战争发展到瑞典人入侵德意志时愈发常见；天主教和新教双方的君主都不顾民众态度，纯粹出于自身利益而向犹太人借款，并授予他们居住特权。这样，中欧犹太社群的数量和经济地位都得到增长。

三十年战争标志着犹太人开始广泛参与国家财政和大规模军备供应。战争结束后出现许多德意志小邦国，这时出现第一批"宫廷犹太人"，他们都是富人，财力足以满足这些小邦国君主的需求；在18世纪中期以前，宫廷犹太人是欧洲令人瞩目的存在。他们作为财政家和顾问被带到说德语的小宫廷，但职能逐渐向其他领域拓展，直到他们变得不可或缺。在西班牙和葡萄牙的财政事务中，荷兰和汉堡富有的塞法迪犹太人成了重要人物，哪怕这些国家特别敌视犹太人。宫廷犹太人经常被免除犹太人往往必须忍受的限制；他们能得到头衔和荣誉,有时甚至能和主人一起参与社交活动。但有时,一旦他们失去利用价值,就会被基督徒主人抛弃,他们显然还是基督徒民众的"眼中钉"。宫廷犹太人的活动有个明显特征:他们都是犹太社群内部事务的领袖,运用自己的影响力改善社群成员的状况,保护犹太人免受攻击。

宫廷犹太人的一个突出例子是撒母耳·奥本海默(1630—1703年),他获得融资,负责组织向奥地利军队分发补给,这支军队在17世纪70年代与法国作战,又在1683年保卫遭到奥斯曼土耳其围困的维也纳。1700年,一群暴徒冲进他的住宅,毁掉账目,事后政府拒绝偿还欠债,致使他破产身亡。另一个有名的例子是参孙·韦特海默(1658—1728年),他资助了奥地利及其德意志盟友的军事行动,在1711年神圣罗马帝国皇帝查理六世的加冕典礼上,他被赐予一条金链。

这一时期的犹太大众仍然穷苦,许多人在中欧和东欧四处游荡,靠当小贩、乞丐甚至土匪来谋生。这些流民给当地犹太社群带来严重社会问题,给慈善资源造成负担。不过,到18世纪,在犹太个人经济实力增强和西欧智力氛围改变的共同作用下,西欧对犹太人的态度开始改善。怀疑论、自然神论和其他启蒙哲学打破基督教对西方智力生活的垄断,评价犹太教和犹太人状况不用再背负神学谴责的负担(虽然狄德罗、伏尔泰等个别启蒙运动的领袖仍然轻蔑地将犹太教视为迷信、蒙昧的体系,认为犹太人无知且排外)。关于国家和公民身份的新概念出现了,按照这些概念,国家逐渐被视为由受单独一套法律管辖的个体公民组成,而不再是由自治或半自治实体(包括犹太社群)组成的网络。这些原则并没有立即完全生效,但就已经实施的程度而言,它们有利于作为个体的犹太人,使他们得以改善他们的经济、社会和政治状况。

与此同时，这些趋势虽然有利于犹太人个人，但容易削弱犹太社群。提供给个人的机会弱化了社群的控制，许多犹太人对自由做出的反应，是疏远或彻底抛弃犹太社群和犹太传统，以获取法国、德国或其他国籍身份。个体离心力量和社群向心需求之间形成的冲突，成为近现代犹太教的典型问题。

在一个充斥新政治理论的时代，许多知识分子转而关注社会中的犹太人问题，许多思想家设想，犹太人如果经过适当教育，可以为国家体制吸纳。比如，奥地利皇帝约瑟夫二世就渴望"改进"犹太人，使他们对社会更有用，并让他们为接受完整的公民权做好准备——如果他们当之无愧的话。1782 年，他多少减轻了他们的税务负担，又采取措施鼓励他们接受社会和语言同化。他的方法看上去可能相当自命不凡，但比起以前那种认为犹太人只配生活在痛苦中的态度来说，已经大有改观。18 世纪几位开明的君主采纳了这种处理犹太人问题的方法，但通常只是口惠而实不至。

英国政治哲学家约翰·托兰德提出的方法更积极，他在 1714 年指出，只要授予犹太人公民权利，就能把他们变成更有用、更有生产力的公民。戈特霍尔德·以法莲·莱辛也持这种观点，作为同情犹太人的德国启蒙运动人士之一，他指出犹太人尽管在宗教和社会上与众不同，但只要他们是人类，就应该得到平等对待。他关于犹太人的思考受到摩西·门德尔松（1729—1786 年）的影响。门德尔松是德国犹太哲学家，能游刃有余地在犹太世界和启蒙运动世界之间穿梭。门德尔松精通当时的哲学，在当时的智力生活中发挥着积极作用，他也想拯救犹太教，把它作为一种智力体系认真对待。他用启蒙运动的精神重新阐述犹太教的基本思想，认为犹太教绝非堕落的宗教，实际上体现了那个时代的最高理想。门德尔松的作品和人格给许多有影响力的非犹太思想家留下深刻印象，他们认为他身上体现了启蒙运动的一个观念,即全人类所共有的理性力量甚至可以使一个落后的民族变得文明开化。

门德尔松为"改进"犹太同胞而努力贡献力量,将《圣经》翻译成德文来为他们提供一个正确使用德文的范本,他用希伯来文字母印制他的译文,以便他们能够完全读懂。他还影响了一代犹太知识分子,他们通过希伯来文杂志和书籍向犹太大众传播启蒙思想和现代思想。这些作家史称"启蒙者"(希伯来语为 *maskilim*)。

经过最初的犹豫,法国大革命为犹太人提供了一个非常明确的选择:如果他们愿意适应法国人的文化习俗,放弃在整个中世纪保持的集体身份,就可以享受法国人的全部公民权利。拿破仑对这种立场稍事修改。1806 年,他召开犹太名人会议,后又召集一个基本上由拉比参加的犹太教公会,来对名人会议的决议予以宗教认可。该犹太教公会就许多事务做出规定,其中包括:犹太人有宗教义务将自己出生或定居的国家视为祖国,确认法国犹太人热爱其他法国人,谴责高利贷,宣布法国法庭优先于犹太法庭。由此取消了犹太人集体地位的原则后,犹太教公会休会。

这是犹太教历史上的一个决定性时刻,因为第一次有一群犹太人正式定义自己是一种宗教而不是一个民族。由此奠定平等对待犹太人的基础后,拿破仑部分恢复了中世纪体制,成立了一个中枢机构来集体代表犹太人,并监督实施他为犹太人制订的计划。最后,拿破仑建立隶属于宗教部的地区协会(consistories),以监督法国犹太人生活。

拿破仑后来又推行一些歧视犹太人的法律,实际扭转了将犹太人作为帝国公民平等对待的立场;此外,犹太人获得公民身份并没有改变法国人憎恶犹太人的传统,尤其是对阿尔萨斯说德语的犹太人的憎恶。不过,拿破仑还是被犹太人视为伟大的解放者,整个 19 世纪,法国犹太人的法律地位不断提高。这对法国西南部领土上的塞法迪犹太

166

人来说尤其有利,他们大多是几个世纪前从毗邻的西班牙逃来的马拉诺的后裔,在文化上已经高度适应法国。

法国犹太人的解放扩展到意大利和拿破仑在征服战争中占领的德国领土,并最终在 1812 年勉强扩展到普鲁士的犹太人。但随着拿破仑帝国崩溃,回潮出现。维也纳会议拒绝批准犹太人在帝国统治下获得的权利,1819 年还发生名为"嗨噗!嗨噗!骚乱"的反犹暴动。犹太人积极参与 1848 年席卷欧洲的自由主义革命,但革命失败再次阻碍全面解放的进程。直到 19 世纪下半叶,犹太人才在中欧获得完全的公民权利:在意大利,这是随着 19 世纪 60 年代国家统一而获得的;在奥匈帝国,是通过弗兰茨·约瑟夫一世皇帝在 1867 年颁布宪法后获得的;在德国,经过起起伏伏,直到 1871 年德国统一和德意志帝国建立后不久才获得。在英国,这一进程远没那么旷日持久;19 世纪早期,犹太人除了不能担任公职,实际上已享有英国人的所有权利,就连这一差别也在 1858 年随着莱昂内尔·罗斯柴尔德在下议院入座而消失。[1]

摆脱桎梏后,欧洲犹太人迅速像欧洲大众那样实现人口增长和物质进步。他们的人数此时已远远超过中东犹太人,后者的故事上一章已经讲过。随着社会的世俗化和商业化,大量犹太人开始从事新职业,或把传统职业规模做大。犹太人从小贩变成店主再变成商人,从《塔木德》学者变成律师、医生甚至德国的教师(但他们仍然极少能获得大学教授职位)。不到几十年,他们就离开隔都,加入日益壮大的中产阶级。少数人跟随 17 世纪宫廷犹太人的脚步,就像他们为德意志各邦君主所做的那样,为国家提供贷款和承销债券,大获成功。这类代表有法兰克福的罗斯柴尔德家族、法国的佩雷拉(Pereiras)家族、普鲁士的布莱希罗德(Bleichroeders)家族。巴伐利亚的犹太地产所有者希

---

① 莱昂内尔·罗斯柴尔德在 1847 年当选英国下议院第一位犹太人议员,但因为阻力重重,直到 1858 年才得以在下议院入座。——校者注

尔施男爵还出资修建铁路。

并非所有社会成员都愿意把犹太人当作公民同胞加以接受，被同化的犹太人不得不一再面对这一事实。反犹情绪根深蒂固，甚至在开明的法国社会的知识分子领袖中也是如此，阿尔弗雷德·德雷福斯案件就是例子。德雷福斯是法军的犹太人高级军官，1893 年被控犯有叛国罪，作为罪证的文件后来被证实系伪造。这起案件和法国军方的欲盖弥彰受到国际瞩目，尤其是在小说家埃米尔·左拉和阿纳托尔·法郎士干涉后。他们呼吁全世界关注法国军事体制对待德雷福斯的不公正。德雷福斯终获平反，但他已在魔鬼岛流放地服刑了五年。

犹太人地位的急剧变化对社群内部生活影响深远。既然犹太人不再是犹太社群的臣民而是自愿成员，许多人选择脱离社群的控制。有些人甚至皈依基督教，部分是为了给他们触手可及的机会铺平道路，部分仅仅是为了顺应社会主流。但就连许多没有如此极端的人也疏远犹太社群，对宗教仪式敷衍了事，优先考虑欧洲教育而不是犹太教育。在许多情况下，这是一个原则性的决定；既然犹太教的地位已从民族身份降到宗教身份，它就无法维持真正被这个时代的世俗文化或基督教灵性所吸引的人的忠诚。在另一些情况下，背离传统只是冷漠的产物，因为世上已没有什么能再强迫人们遵守传统。

开明的犹太教领袖试图改革宗教，抵制这些破坏性走向。他们深受支持政治解放的论点的影响，意在把犹太教重建为一种宗教和伦理体系，看起来就像德国的新教；他们希望尽可能减少犹太身份中的民族成分、与犹太身份有关的仪式，以及任何可能把犹太人视为迷信的外国人的宗教行为。在实践层面上，他们改造犹太会堂的仪式，使之更庄严、更合乎理性，并开始用德语布道甚至诵读祈祷文。他们改称犹太会堂为"圣殿"，这是专门留给耶路撒冷圣殿用的词，以表明他们放弃了古老的弥赛亚梦想，即梦想有朝一日为重新团聚的犹太民族重建被罗马摧毁的圣殿。激进的改革家希望废除所有妨碍与非犹太人融合的宗教屏障,如饮食法和禁止与异族通婚的规定。第一所改革派犹太会堂是 1818 年建立的汉堡圣殿,它发行了一本基于葡萄牙犹太教仪式的改革派祈祷书,其中包括德语而非希伯来语的祈祷文。

犹太学术中一个新的历史学派出现,也促进了犹太宗教传统的现代化,其方法是详细研究和记录多个世纪以来犹太仪式、传统与教义所经历的变化。这种方法为进一步变革提供了历史先例,因为它表明并非所有的仪式都同等神圣,同时它还提供了历史标准,用以证明哪些要素在犹太传统中是真正恒常的,因而也不太容易改变。这股潮流的伟大代表人物之一是亚伯拉罕·盖格(Abraham Geiger,1810—1874年),这位拉比兼历史学家有点激进,但知识极其渊博。

犹太会堂仪式的变化在德国和奥地利犹太社群中引起很大争议,为此 19 世纪中叶召开了几次德国拉比会议,试图确定改革原则。但是无法达成一致,结果是正统派和改革派会众在德语国家并存,1840 年后在伦敦也是如此。但就连正统派也在参孙·拉斐尔·希尔施(Samson Raphael Hirsch,1808—1888 年)等人的领导下逐渐改变,他努力为犹太传统寻找新的智力基础。在撒迦利亚·弗兰克尔(Zacharias Frankel,1801—1875 年)与改革派决裂后,出现中间立场。和改革派一样,弗兰克尔也否定传统宗教教义的字面真理,但他的不同在于,他不否定传统宗教仪式所表达的犹太身份中的民族成分。他成了保守派犹太教的思想奠基者,这是第三股趋势,但它直到下个世纪才在美国成为一股重要力量。

罗斯柴尔德家族

罗斯柴尔德这个著名的金融家和慈善家家族之名,源于 16 世纪挂在法兰克福家族宅邸前的红色盾牌（德语为 *roter Schild*）。这个家族在 18 世纪脱颖而出，当时梅耶·阿姆谢尔·罗斯柴尔德引起未来德意志诸侯国黑森-卡塞尔的统治者威廉九世的注意，他是这位统治者的钱币和古董收藏品的供应商。威廉是欧洲最大一笔财富的继承人，梅耶·阿姆谢尔赢得威廉的信任，逐渐增加他在威廉的金融交易中的份额。拿破仑在耶拿获胜（1806 年）后，威廉被流放，他把大部分财产托付给梅耶在伦敦的儿子拿单，拿单在为威廉购买债券和保护其利益的过程中自己也发了财，成为伦敦股票交易的中心人物。他借钱给英国政府，资助正在西班牙与法国人作战的威灵顿的军队。他有个兄弟雅各（也叫詹姆斯），定居在巴黎，雅各帮助拿单把这笔巨款成功经法国心脏地带运到西班牙。与此同时，老父亲和长子阿姆谢尔·梅耶则留在法兰克福，另外有两个兄弟所罗门和卡尔分别在维也纳与那不勒斯经营家族生意。

在整个 19 世纪，主要的罗斯柴尔德企业分属三个商行，分别由梅耶·阿姆谢尔（德国）和他的儿子内森（伦敦）、詹姆斯（巴黎）创办。这三个商行都代表各自政府经营着庞大的金融企业，资助本国的犹太人机构，并为常规慈善机构提供资金。罗斯柴尔德五兄弟的许多后代在罗斯柴尔德家族内部通婚，彼此往往有业务联系。尽管外界常常误解，但德国、法国、英国的三个罗斯柴尔德商行实际上是独立运营的。

德国的罗斯柴尔德家族在犹太教改革的争论中支持正统派社群，他们法兰克福的祖宅在"嗨噗！嗨噗！骚乱"和 1848 年革命中遭到攻击。在 19 世纪大部分时间内，该支的领袖是梅耶·卡尔·罗斯柴尔德，在促成德国统一的普奥战争中，他站在普鲁士一方；他被选入北德意志帝国议会，后被任命为普鲁士上议院议员。这一支到 1901 年消亡。法国这支率先开发铁路。它积极支持法国犹太社群的活动，其成员埃德蒙·德·罗斯柴尔德为巴勒斯坦早期犹太人定居点提供了关

171

键资助。在第二次世界大战中的法国沦陷时期,法国的罗斯柴尔德家族成员全都逃脱了德国人对该家族的追捕;一位成员加入"自由法国"组织,在战争结束时是戴高乐政府在巴黎的军事长官的副官。英国商行在创始人拿单去世后,由莱昂内尔·拿单·罗斯柴尔德领导,他在1847年成为英国国会第一位犹太人议员,而他的儿子拿单尼尔是上议院第一位犹太人议员。虽然拿单尼尔没有犹太复国主义倾向,但他的儿子莱昂内尔·沃尔特·罗斯柴尔德却是犹太复国主义者,并在争取《贝尔福宣言》的过程中发挥作用。

罗斯柴尔德家族一些人仍在支持犹太人的事业,但自第二次世界大战以来,他们对犹太事务的参与总体上已经减少;向非犹太世界同化对罗斯柴尔德家族和对其他犹太人的影响是相似的。

安息日东欧犹太小镇上的犹太人。《安息日》,利奥波德·皮提秋斯基
(Leopold Pitichowski)作。照片,版权方为苏珊·考夫曼。美国犹太神学
院图书馆提供。

第八章　东欧犹太人和美国犹太人

1770—1940 年

东欧

东欧犹太人的状况远远落后于西欧犹太人。

18 世纪 70 年代,普鲁士、奥地利和俄国瓜分波兰,波兰庞大犹太人口中的大部分落入俄国,而在此之前,俄国一直将犹太人排除在外。为了控制这一庞大的"异教徒"人口,俄国只许犹太人在原有的居住地居住,并在刚从土耳其吞并而俄国人又想殖民的一些领土上居住。这一地区被称为"栅栏区"。这一限制经过修修补补,一直持续到俄国革命。1804 年,沙皇亚历山大一世颁布《犹太人法令》,承诺了"最大的自由,最小的限制"。它允许犹太人进入俄国学校,允许犹太人开办自己的学校,只要这些学校用俄语、波兰语或德语开办即可。但它禁止犹太人在乡村居住或租用土地,禁止他们向农民出售酒精饮料。

年　表

犹太历史	时间	世界历史
	1447	波兰与立陶宛合并

续表

犹太历史	时间	世界历史
	1518	对波兰农奴的管辖权从国王转给拥有土地的贵族
对波兰犹太人的管辖权从国王转给贵族	1539	
四地委员会出现	1580	
赫麦尔尼茨基大屠杀	1648	
第一批犹太人到达纽约	1654	
	1655	波兰卷入俄国-瑞典战争
东欧犹太人受到沙巴塔运动影响	1665	
以色列·巴阿尔·谢姆逝世	1760	
四地委员会终止	1764	
波兰东部的犹太人落入俄国统治；维尔纳的拉比们将哈西德主义信徒革除教籍	1772	第一次瓜分波兰
	1776	美国独立
俄国行会接纳犹太商人	1778	
俄国犹太人从农村被驱逐到城镇	1782	
	1789	法国大革命；《美国宪法》通过
叶卡捷琳娜二世设立俄国犹太人定居的栅栏区	1791	美国通过《人权法案》
	1795	第三次瓜分波兰，波兰全境分割完毕
	1812	拿破仑入侵俄国
南卡罗来纳州的查尔斯顿成立改革派会众	1824	
俄国下令设立"儿童营"	1842	

续表

犹太历史	时间	世界历史
	1848	欧洲革命促使说德语的犹太人大批移民美国
	1861—1865	美国内战
敖德萨集体迫害	1871	
美国希伯来会众协进会成立	1873	
犹太人从东欧向美国的大规模移民开始	1881	沙皇亚历山大二世遭暗杀
基希涅夫集体迫害	1903	
犹太人向美国移民达到高峰	1906—1909	
俄国的贝里斯审判	1911—1913	
	1914—1918	第一次世界大战
	1917	俄国革命
犹太人向美国的大规模移民结束	1924	
	1939	第二次世界大战爆发

175

后来，俄国采取措施将犹太人全部逐出乡村，与农民隔离；犹太人先是被约束在栅栏区的有限领地内，接着被塞进城镇。这一驱逐带来犹太集市小镇的扩张，这些小镇在意第绪语里叫"施泰托"（*shtetls*），其经济以集市为中心，各类店主、工匠、小贩熙熙攘攘，东欧庞大犹太人口中的大部分就住在这些小镇上。只有少数犹太人能够作为大商人进入俄国，而城市犹太无产阶级的出现则很缓慢。

拿破仑战败后，亚历山大自命不凡的开明专制让位于维也纳会议所传达出的反动态度，他对犹太人的压制愈发严厉。他的继任者尼古拉一世（1825—1855 年在位）忽然想到清除这个国家的犹太人的办法：用军队作为工具，把犹太人同化进普通民众。他规定了服兵役的犹太男青年的配额。正常情况下，年满 18 岁后要服役 25 年，但犹太儿童

12 岁就从家中被带走，在名为"儿童营"（Cantonist battalion）的特殊部队接受训练，年满 18 岁后再开始正常服役。在受训期间，想方设法让他们皈依俄罗斯东正教。这项法令让犹太社群痛苦不堪，因为负责执行法令的社群领袖自然会保护自家孩子，而用穷人的孩子凑满配额。

176

　　另一个同化犹太青年的措施是为犹太人建立包含宗教与世俗课程的现代学校，但目的是让他们更接近基督徒，削弱他们对传统信仰的依恋。大部分犹太人察觉到课程背后的同化动机，因此这些学校从未受到广泛欢迎，但其少数毕业生日后在俄国成为犹太知识分子阶层的核心。历任沙皇还采取其他措施鼓励同化，他们奖励同化程度高的犹太人，惩罚其他人。

　　但即使在犹太社群内部，也有人看到将教育制度和犹太生活方式现代化的好处。在摩西·门德尔松及其弟子的影响下，犹太启蒙运动发端于德国，又经过加利西亚（Galicia）传到东欧。加利西亚位于波兰南部，在波兰被瓜分后落入奥地利手中。与栅栏区的犹太人相比，伦贝格（Lemberg）和布罗迪（Brody）等大城市中的犹太人与德国语言文化的接触更密切，虽然他们是严格的正统派，但有些人能够接受西方的知识，并用希伯来语讲授这些知识，使东欧犹太青年一窥现代文学与科学。对于数千名犹太经学院的学生来说，这类书籍不啻是一扇通往激动人心但又有点危险的新世界的窗户，经学院学生虽然精通希伯来语，但思想却受传统课程的局限而显得僵化。村里的自由思想者和被抓到把一本希伯来语小说夹在对开本《塔木德》中的经学院男孩，成了民间津津乐道的话题。19 世纪中期的希伯来语教材、小说和诗歌为现代希伯来语文学奠定基础，也为希伯来语在世纪末作为口语的复兴奠定基础。在 19 世纪的后三十几年，意第绪语也成为现代文学语言，特别是通过沙洛姆·阿布拉莫维奇（Shalom Abramowitsch，1835—1917 年）和肖洛姆·拉比诺维茨（Sholem Rabinovitz，1859—1916 年）

的作品,前者的笔名是门捷列·默克尔·塞福里姆(Mendele Mokher Seforim)①,后者的笔名是肖洛姆·阿莱汉姆(Sholem Aleichem)②。

177

东欧犹太大众没有被席卷西欧犹太人的宗教改革所影响,但他们当中也出现几股宗教潮流。在 18 世纪,哈西德主义兴起,这是一场带有神秘主义色彩的群众性宗教运动。以色列·巴阿尔·谢姆(约1700—1760 年)创立的哈西德主义最先席卷乌克兰,然后横扫其他斯拉夫领土,它是对推崇《塔木德》所产生的过度理智倾向的纠正,这种倾向已主宰了东欧犹太人的虔诚。哈西德主义虽然在理论上植根于

① 字面意思是"书商门捷列"。——校者注
② 字面意思是"愿你平安",为希伯来语和意第绪语中的问候语。——校者注

卡巴拉,但在实践层面却迎合普通人,强调欣喜若狂的崇拜,及以理想化的天真为形式的宗教表达。其领导人是魅力非凡的拉比,叫"柴迪克"(*zaddikim*);他们在犹太小镇建立法庭,接受信众的效忠与示敬,这些信众常常远道而来,像朝圣者那样寻求灵感、建议,或只为得到祝福。一些柴迪克自称能够创造奇迹,或者有传言说他们能这样做;许多柴迪克被信众当作皇室一样对待,获得可观的财富。

意第绪语

178

意第绪语本质上是阿什肯纳兹犹太人从西欧带来的一种德语方言,从中世纪起,这些犹太人的中心就逐渐东移。因为阿什肯纳兹社群本身起源于意大利语和法语地区,所以这种德语方言总包含一些罗曼语单词和语音,其中有些在现代意第绪语中还能找到。但是,意第绪语真正形成自己的特色,要等到犹太人在波希米亚和波兰先后接触斯拉夫人以后。在阿什肯纳兹犹太移民东渐之际,原先住在这些地方的犹太人说一种犹太-斯拉夫语,这种语言逐渐消失(与此非常相似的是,在1492年西班牙驱逐犹太人后,犹太难民分批涌入巴尔干地区,他们说的西班牙语逐渐替代了当地犹太人说的罗马尼奥特语)。不过,移民和原住犹太人口的相互交流,使意第绪语中包含许多斯拉夫语成分。1500—1700年,随着东欧犹太人日益脱离德语区,他们的语言也越来越独特。意第绪语中的希伯来语和亚兰语成分在数量与重要性上有所增加,相关词汇不光与宗教有关,还被用来表达各种日常活动。这类成分总是出现在犹太人的交谈中;它们在广为研读的宗教文本如《圣经》及其评注、《塔木德》及其评注中随处可见,这些著作不仅涉及宗教主题,而且探讨日常生活。

大约在1700年以后,留在德语世界的犹太人在语言上倾向于向普通德语同化,因此西方的意第绪语逐渐消失。在东欧,到19世纪中叶,一种现代化的意第绪语文学开始出现,意第绪语出版业也应运而生;最终,用意第绪语授课的学校建立起来了,将意第绪语用作正规工作语言的犹太社会和行政机构也纷纷成立。但是,赞成犹太人融入欧洲生活的社会力量不看好意第绪语,就像他们也不看好犹太身份的其他方面一样。在20世纪早期,大部分城市中的东欧犹太人改说俄语或波兰语,虽然重要的说意第绪语的机构在20世纪30年代继续在城市中存在。在犹太小镇中,意第绪语一直是犹太人的主要语言,但这里的犹太人在两次世界大战之间减少,并在第二次世界大战中被德国人消灭。苏联一度鼓励发展意第绪语文化,作为苏联众多民族语言之一和新兴犹太无产阶级文化的载体,但在20世纪30年代后期,苏联转而反对意第绪语和其他形式的犹太人生活。第二次世界大战消灭了大量说意第绪语的犹太人及其文化机构。从1948年开始,苏联积极打压犹太文化,这里的意第绪语文化告终。

在1880—1924年间,数目庞大的东欧移民将意第绪语大规模带到美国。虽然这些移民对家乡的犹太小镇满怀乡愁,但他们更渴望抓住美国提供的机会,而不是保护母语文化,他们鼓励子女掌握英语,不惜忍受代沟的痛苦。虽然大部分人会把子女送到午后课堂接受犹太教育,但这些孩子所接受的教育,通常只是父母在犹太小镇里接受的犹太教育的缩水版,着重教授用希伯来语念诵祈祷文和研读《托拉》。希伯来语也以牺牲意第绪语为代价在犹太教育中获得地位,因为它在巴勒斯坦复兴为口语;美国犹太儿童如果学过任何犹太语言,基本上都是学的希伯来语。到第三代时,东欧犹太移民的后裔只认得少量意第绪语单词。

在美国以外,以色列、阿根廷和加拿大还有小规模的世俗意第绪语出版业和剧院。只在一个社群里,意第绪语继续作为日常语言蓬勃

发展,这就是极端正统派犹太社群,尤其是在纽约和耶路撒冷的这种
社群中。意第绪语学术研究在德国大学中广泛开展,它被认为是对中
世纪德语的重要见证。在美国,对意第绪语的研究和文献整理受到意
第绪语科学研究所(YIVO)的特别支持,这是一个科学研究意第绪语
的组织,1925 年在维尔纳成立,从 1940 年以来一直以纽约为中心开展
活动。

180

哈西德主义遭到立陶宛一众伟大的学者-拉比的严厉攻击,这些
人以维尔纳的以利亚(1720—1797 年)为首。东欧犹太经学院的领袖
正确地察觉到,哈西德主义是对其自身权威和领导地位的攻击。哈西
德主义信徒被反对者(希伯来语为 *Mitnaggedim*)革除教籍,双方有时
向政府当局互相告发。虽然哈西德主义最初是个不太正统的运动,它
在面对 19 世纪的现代化趋势时,却成了一股强大的保守主义势力,近
来作为犹太教中最显眼的传统势力再次出现。

1881 年沙皇亚历山大二世遇刺,促成集体迫害(pogroms),尤其是
在乌克兰,随后在反动的亚历山大三世的统治下,更多压制犹太人的
规定出台。1882 年 5 月的法规可谓政府官方反犹政策的集大成者,它
将犹太人驱逐出乡村,并把他们限制在栅栏区的城镇中。但这时已有
许多杰出犹太商人和专业人士获准定居莫斯科,在那里建起一个重要
社群,并建造了一座精美的犹太会堂,名为合唱会堂,屹立至今。1891
年,整个犹太社群被逐出莫斯科,合唱会堂被封。在尼古拉二世统治
时期(1894—1917 年),俄国反动派以反犹主义为武器,与解放专制政
权的进步势力作斗争。反动派炮制出诽谤性的《锡安长老会纪要》,这
本伪作声称可以证明犹太人玩弄国际阴谋,想要夺取世界权力。

181

大约从 1880 年起,犹太人开始离开俄国,大批向西半球移民。这
次外迁持续了 40 多年,一些特定的事件促成了这一外迁运动,如

1881—1882 年的集体迫害、1891 年的专横法令、1903—1907 年俄国的政治剧变等。但受迫害不是外迁的主要原因,因为大量犹太人也从罗马尼亚和奥匈帝国东部离开,那里远比在沙皇统治下安全。贫困才是主要原因。俄国犹太人的数量已经增长到 580 万,但仍被排除在俄国工业重镇和农业生产之外。人口过剩,经济机会渺茫,大量犹太人陷入痛苦绝望之中。阿根廷和加拿大等国人口稀少,有致富机会,也欢迎移民,但美国更强大、更富裕,机会遍地;此外,美国还有宗教自由的强大传统和一个成功的犹太社群。美国成了东欧弃儿的首选目的地。

没有离开的犹太人尝试了其他办法。一些人皈依基督教,这个办法不尽如人意,它不仅意味着切断家族联系,而且皈依后并不能在俄国东正教社会里获得社会认同。对犹太人根深蒂固的偏见使宗教歧视转向种族歧视。

对一些人来说,社会主义是有吸引力的解决办法。许多犹太人作为劳工从犹太小镇搬到城市,他们在一些城市成了无产阶级的重要成员。当时工作条件恶劣,他们和非犹太工人一起受到左翼政治思想的影响。许多犹太人加入激进团体,寻求用国际主义的方法解决社会问题,希望工人阶级的共同利益会使民族身份无关紧要。有些人成功完成这一转变,但许多人要么没能放弃犹太身份,要么受到集体迫害事件的刺激,恢复了犹太身份。1897 年,俄国和波兰犹太工人联盟(Bund)成立;它后来成为俄国社会民主工党的下属机构,代表党内的犹太人势力。由于坚持犹太人的民族-文化自治,该联盟于 1903 年脱离俄国社会民主工党继续运作,成立自卫组织来抵抗集体迫害,并促进教育和文化活动。

哈西德主义大师

东欧犹太教最具特色的一个发展是柴迪克的出现,他们是哈西德运动的宗教领袖。这类领袖的典范是以色列·巴阿尔·谢姆,一位广受欢迎的治疗师。他开巫术配方、造护身符、念咒语,引领追随者做欣喜若狂的祈祷,提供实践和精神方面的指导。许多人相信他有超自然的能力,能见凡人所不见。他的一些追随者在东欧不同的犹太小镇自立门户,其中许多人建立的宗教社群长期存在,由他们的后代和门徒领导。这些社群各自的特色通常源于创始人的个性和教导。每个社群都有经过世代传承形成的知识体系,包括创始大师的格言和教诲、他的生平和轶事(有时包括神迹故事)、宗教乐曲(通常没有歌词)以及该社群独有的宗教仪式。这些社群中有许多在成立 200 年后仍然存在。

巴阿尔·谢姆的主要弟子是缅济热茨的多夫·贝尔(Dov Baer of Mezhirech,俗称"传道者")和波罗诺耶的雅各·约瑟(Jacob Joseph of Polonnoye)。多夫·贝尔是《塔木德》学者和神秘主义者;他因极端苦修行为而染病,前往巴阿尔·谢姆处求医,从此留下做了弟子,后来成了他的传人。雅各·约瑟阐述了一套关于柴迪克角色的理论。根据这一理论,柴迪克就像人体的头或眼睛,他的社群成员就像脚;社群是鲜活的有机体,所有部件都发挥关键作用,以实现对上帝的真正忠诚,但柴迪克的责任是对其他人施加影响,其他人的责任是毫无保留地信奉他。

巴阿尔·谢姆的另一位弟子利亚迪的史努尔·扎尔曼(Shneur Zalman of Lyady)把哈西德主义带到立陶宛。他被当地正统派领袖告发到政府,后在圣彼得堡以叛国嫌疑受审,但被无罪释放。他获释的日子直到今天仍被他所创立的宗教运动的追随者庆祝,这一运动今天通常叫卢巴维奇派(Lubavitch)哈西德主义。在过去20年里,卢巴维奇派在纽约经历了令人瞩目的复兴。别尔季切夫的利未·以撒(Levi Isaac of Berdichev)是极受欢迎的柴迪克,他比其他柴迪克更加强调欣喜若狂的祈祷的重要性;他的名气来自他的意第绪语祈祷文,其中他为犹太人的苦难而责备上帝。为了争取犹太人支持哈西德主义,他和他的追随者四处旅行。

其他大师的号召力要小得多。巴阿尔·谢姆之孙——布拉斯拉夫的纳赫曼(Nahman of Bratslav),持一种激进的柴迪克观念,相当于说他本人身上包含弥赛亚的灵魂,而他的一位后代将真正成为弥赛亚。为传授这一理念和其他神秘主义教义,他讲过不少故事,如今被当作文学杰作。但纳赫曼此人喜怒无常,复杂而矛盾。他要求追随者定期向他忏悔;与其他柴迪克不同,他不是在每个安息日和节日都接待追随者,而只在一年中接待几次。他在乌克兰的陵墓长久以来一直是这派追随者的朝圣地,特别是在1991年乌克兰独立以后。科茨克的梅纳赫姆·孟德尔(Menahem Mendel of Kotzk)宣扬一种灵性完美的教义,他这方面的信念是如此毫不妥协,以致对弟子大发雷霆。最终,他将自己锁进书房边的一间密室,虽然他的追随者可以去那里集会,但在此后20年,几乎没有人见过他。

犹太复国主义,或者说一种犹太复国主义和社会主义的结合体,是另一种普遍的解决办法。我们将把它留到第十章作为以色列国的历史背景来讨论。

沙皇政权的衰落伴随着犹太人地位的持续恶化。1903年,基希涅夫(Kishinev)发生重大集体迫害。1905年10月17日,沙皇发表宣言组建立宪政府,次日,300多个城市出现持续一周的右翼发动的集体迫害。1911年，在政府支持下，连血祭诽谤也死灰复燃。一名基督教男孩在基辅被发现遭到谋杀；虽然警方已经知道凶手及其动机，但一位名叫孟德尔·贝里斯的犹太人还是受到指控，说他出于宗教仪式的目的谋杀男孩，贝里斯先入狱两年再受审。对贝里斯的指控引发全世界的强烈抗议，就像大马士革血祭诽谤（见第六章）和德雷福斯事件（见第七章）那样。尽管法官想方设法妨碍辩护，但贝里斯还是被一个由公正的农民组成的陪审团宣告无罪。接着，第一次世界大战爆发，许多犹太人被迫迁出交战区（为了给战事腾出地方，不得不废除栅栏区），许多犹太小镇在战争中被摧毁。

因此，犹太人对沙皇退位和1917年临时政府的建立持欢迎态度，并视之为奇迹，因为几个世纪以来压在他们身上的重负似乎即将卸除。不过，当布尔什维克在列宁的领导下掌权后，全国各地出现骇人听闻的集体迫害，尤其是在1918年和1919年的乌克兰；唯一没有迫害犹太人的武装团体是布尔什维克红军，它实际上还惩罚了一些行凶者。犹太人开始视红军为保护者，一些人加入共产党，并不是为了献身于共产主义，而是出自某种不能再坐以待毙的犹太行动主义。布尔什维克解散了形形色色的犹太社会主义和犹太复国主义政党，想在政治上继续活跃的成员只得加入共产党，共产党设立了自己的犹太支部。共产党及其犹太支部着手瓦解犹太宗教，并将犹太社群纳入新的无产阶级社群。

这种尝试演变成一场犹太内战，说意第绪语的犹太共产党人把矛头指向犹太复国主义者、说希伯来语的人（希伯来语被谴责为精英的资产阶级语言，相形之下，意第绪语被推崇为大众的无产阶级语言）和信教者。但在20世纪20年代，苏联共产党调整方向，鼓励苏联境内各种民族文化发展有地方特色的社会主义，并坚持用当地语言开展政府和党的活动。党的资源向苏联境内众多民族团体的文化组织开放，其

185

结果之一是国家支持的意第绪语文化的繁荣。意第绪语书籍和报纸开始出现,一些非俄籍意第绪语作家移民到苏联,希望参与这场复兴,但为时已晚。意第绪语读者年事已高,年轻人更喜欢俄语,因为俄国社会似乎机会更多。俄国犹太人和他们的美国表亲一样,乐于为现代世界而抛弃犹太小镇。

这种对个体文化的新兴趣与让留在犹太小镇的贫穷犹太人恢复元气的愿望一拍即合,催生出创办犹太人农业殖民地的想法。这将使犹太人能够在符合社会主义理念的合作定居点谋生,同时还允许他们过世俗化的犹太生活。犹太人曾在 20 世纪初试验过农业殖民地。此时更开辟出许多新殖民地,但并不大成功,当它们在 1928 年被集体化时,许多犹太人弃之而去。不过就在这一年,一个最浮夸的此类实验被付诸实施,显然是斯大林本人提议的:在比罗比詹(Birobidzhan)建起一个大规模犹太人定居点。这块面积和比利时相当的远东领土被标榜为"犹太土地",暗示如果试验成功,它可能会变成一个犹太共和国。1934 年,该地区被宣布为"犹太人自治区"。但比罗比詹生活艰苦,没有吸引到大批犹太人口。20 世纪 30 年代后期,苏联政策再次转向,开始反对各色民族文化,包括犹太文化。党内犹太支部的领导人被指控有民族主义倾向,遭到清洗。

苏联在第一个五年计划(1928—1933 年)的指导下开始的密集工业化为城市创造出工作岗位。大量犹太人趁机大幅改善生活,但也在此过程中将残存的传统生活抛弃。他们生活在非犹太人中间,渴望提升自己,故将俄国文化作为自己的文化。尽管苏联和美国有许多不同,但犹太人在两国的发展趋势是类似的:随着犹太人在文化上渐渐适应,许多人进入职业阶层、文化领域,甚至军队;他们自然也和非犹太人通婚。但在苏联,犹太机构所剩无几,而且国家排斥任何宗教。在这种形势下,犹太人的宗教、文化甚至身份都开始蒸发。

与此同时,波兰在第一次世界大战后重新成为独立国家,许多东欧犹太人因而没有受到苏联共产主义政权的直接影响。波兰起初保障境内少数民族团体的权利;但几个因素交相作用,导致旧的反犹主义模式得以延续,甚至加剧。波兰军队在 1920 年进入乌克兰,犹太人村庄遭到袭击,仿佛它们是军事目标。在整个 20 年代,在经济上歧视犹太人的论调威胁要将他们排除在国家经济生活之外,其理论根据是当时的经济条件只能养活"本地人"或犹太人中的一个。在 20 世纪 30 年代,许多犹太人主导的产业被国有化,犹太人被开除出公务员队伍。尽管两次世界大战之间的这些政策带来痛苦,但在波兰城市中,仍存在一个稳固的犹太中产阶级,他们说波兰语,穿西服,享受着舒适生活。在这一时期,以意第绪语电影、戏剧和文学为载体的犹太文化有过短暂繁荣。

美国

直到 19 世纪末,东欧一直是犹太人口和文化的主要中心,但犹太人在 1880 年前后开始从欧洲向美国大规模迁移,逐渐使美国犹太社群变成占主导地位的流散社群。

当东欧的大规模移民潮兴起时,美国已经有了成熟的犹太社群。第一批犹太人定居者来自荷兰在巴西的殖民地累西腓(Recife),是 23 名塞法迪犹太人难民,他们于 1654 年到达新阿姆斯特丹,此前葡萄牙人刚从荷兰人手里夺取累西腓。在罗杰·威廉斯(Roger Williams)的罗德岛殖民地有过一个短期存在的犹太社群,位于新港。它于 18 世纪 50 年代重建,1763 年建造的美观的新港犹太会堂现在是国家纪念馆。在 18 世纪,一位皈依基督教清教的犹太人在哈佛大学教授希伯来语,他撰写过一本希伯来语语法书,这是在美国出版的第一本使用希伯来语字体的书籍。到 18 世纪中叶,新港、纽约、费城、查尔斯顿和萨凡纳

(Savannah)都拥有犹太社群。到美国革命时,各殖民地大约已有 2000 名犹太人,大部分为阿什肯纳兹犹太人,但塞法迪犹太人的习俗更盛行。不过他们的宗教知识水平不高,面临的同化压力很大。

188   大部分犹太定居者支持美国革命,大约一百人参加作战,新港的亚伦·洛佩兹(Aaron Lopez)和费城的哈伊姆·萨罗门(Haym Salomon)这两人还参与战争融资。萨罗门此前已因间谍和破坏活动被英国人判处死刑。在战争期间,他预支给大陆会议 20 万美元军费,这在当时是一笔巨款,但他一直未能收回这笔钱,死时倾家荡产。1789 年通过的联邦宪法取消了公务员的宗教测试和宣誓,使犹太人可以担任联邦职务(但各州只是逐渐取消这种宣誓;在新罕布什尔州,公开自己犹太身份的人直到 1868 年仍不能在州政府任职)。第一修正案的通过意味着政教分离,对犹太人来说,这赋予他们不受限制的自由和平等。

    从 19 世纪 30 年代开始,大批来自巴伐利亚说德语的犹太移民和波希米亚、摩拉维亚、匈牙利的犹太移民使美国犹太人口大大增加;一些人是 1848 年欧洲革命的政治难民,但大多数是被美国廉价土地和新兴城市吸引的小贩与牲口贩子。这些犹太人和美国既有犹太人的显著区别在于,他们的文化适应程度要低很多,而行为和宗教态度要传统很多。他们也不同于当时大部分欧洲非犹太移民,因为他们带来贸易经验,愿意在零售贸易迅速扩张的时代所产生的对商业技能的需求中获益。德裔犹太小贩扎堆聚集在城市中的德语街区(比如纽约的下东区),他们的足迹遍及全国,远至加利福尼亚州,在那里安家立业,为掘金者服务。在纽约,他们很快从推车小贩变成商店业主。

    到美国内战时,美国各地包括中西部和南部,都有小型的犹太社群。这些城镇里的许多犹太人成了大商人。犹太人的世俗组织生活也开始出现,1843 年,圣约之子会成立,它相当于犹太人的共济会和独立共济会(Independent Order of Odd Fellows)。之后,其他慈善组织、社会团体和兄弟会纷纷成立。犹太会堂也陆续建成,部分是出于虔诚,部分是作为与旧大陆的纽带。大多数犹太会堂最初照搬欧洲正统派犹太会堂的崇拜方式,后渐渐调整,变得更加美国化:取消男女分座,引进管风琴,还在仪式中使用一些英语。1824 年,南卡罗来纳州的查尔斯顿成立了一个改革派会众,很快,纽约的以马内利圣殿也有了改革派会众。这些改革派会众努力发展一种符合美国社会环境的风格和仪式,以反映犹太人并非外来者,而是社会的正式成员,哪怕会以违背传统观点和做法为代价。

改革派犹太教的一个重要代言人是以撒·梅耶·怀斯(1819—1900 年),他在奥尔巴尼当过拉比,时间不长,然后在辛辛那提一所犹太会堂当拉比,将改革派仪式引入这所会堂。在这一职位上,他精力充沛地为犹太人事业奔走,毕生致力于完全实现犹太人在美国生活的正常化。怀斯创办了周报《古以色列人》(The Israelite)。他试图把美国犹太宗教机构统一在自己麾下,但面对以撒·李瑟(Isaac Leeser)领导的宗教右翼和大卫·埃因霍恩(David Einhorn)领导的宗教左翼的联合反对,他很快败下阵来。

在美国内战中,犹太人通常与邻居站在同一边,无论是在北方还是在南方。只有两位拉比公开站在强烈要求废奴的立场上,他们是费城的正统派拉比萨巴托·莫莱斯(Sabato Morais)和巴尔的摩的改革派拉比大卫·埃因霍恩。

战后,犹太人继续兴旺发达,主要从事零售业;他们普遍经营服装生意,拥有全国四分之三以上的百货商场。只有少数人从事金融业,但犹太人在这个领域还不太突出。尽管已很繁荣,但犹太人仍然不能获得非犹太社会的接受。新犹太中产阶级的成员也有与上一代努力奋斗的犹太小贩同样的需要:创建自己的社会机构,包括社交俱乐部

190

和慈善组织，以抗衡继续排斥他们的这类机构。到19世纪70年代，这些慈善组织向来自东欧的犹太移民提供援助。

但来自中欧的移民仍在抵达。到1880年，说德语的犹太人和改革派犹太教主宰了美国犹太人，以致改革派犹太教成为美国犹太教的同义词，而美国改革派犹太教是世界上最彻底的改革派犹太教。在上次尝试失败后，怀斯这次终于在全国范围内组织起改革派犹太教，在1873年创建了美国希伯来会众协进会（Union of American Hebrew Congregations），在1875年创办一所神学院——希伯来联合学院。改革派运动的原则是在1885年《匹兹堡纲领》中确立的，它几乎全盘否定犹太人的传统仪式和民族抱负，试图把犹太教重新定义为一股促进社会正义的力量。

从19世纪80年代开始的大规模东欧移民潮是犹太史上最大的人口流动之一。它从根本上永久改变了美国犹太人的特质。到1918年，美国犹太社群在世界上规模最大；美国从1924年开始关闭大门，它的犹太人口此时已增长到450万。

这股移民潮最直接的影响是，美国所有主要城市都有人口稠密的犹太区，尤其在较老的贫民区里。这些移民大多是来自俄国的贫困犹太人，他们当工人，许多人从事服装业，这很快成为一个独特的犹太行业。在生产服装的血汗工厂，残酷的工作条件令犹太人投身于劳工运动；随着世纪之交服装生产越来越工业化，以及1906年俄国第一次革命运动失败后社会主义犹太工人联盟（Bund）的领袖来到美国，工会主义得到加强。

犹太人口集中在大城市，促使意第绪语文化活动激增。意第绪语报纸、剧场、讲座涌现，后来又有意第绪语广播节目，甚至有意第绪语音乐出版商。意第绪语文化活动在内容上主要是世俗的，但满怀对故土风情的乡愁。它由意第绪语出版界和犹太劳工运动尤其是"工人圈"(Workmen's Circle)组织促成,并为参加者提供社会福利。一些同乡会(*landsmanshaftn*)也向移民提供帮助;数百座小犹太会堂纷纷落成,为移民服务。但是,这个多姿多彩的时期很快就在文化适应的进程中落幕,这再自然不过了,因为犹太人在美国没有抱团生存的传统,再者美国对大部分少数群体几乎没有设置任何法律障碍。移民的孩子以最快的速度美国化,大都离开移民街区,把对故土的乡愁抛在脑后。但是,这段移民时期给纽约等大城市的特征留下印记,它们到第二次世界大战时仍清晰可见,并保留至今。

富裕的德裔犹太人努力成为美国人,并获得非犹太人承认,在他们看来,东欧同胞的到来造成问题。新来者来自欧洲落后地区;他们贫穷,勉强算是受过教育,虽然有英文读写能力,但不会说英语。德裔犹太人担心,这些"古怪"的同胞不但会成为无法承受的财政负担,还会引起反犹主义,在此之前,美国的反犹主义充其量不过是非犹太人的势利,以及将犹太人排斥在俱乐部、私立学校和兄弟会外而已。不仅如此,这两类犹太人的人生观也显著有别:德裔犹太人认为自己是完全的美国人,只在宗教上和其他美国人不同(他们能否说服非犹太人相信这点则另当别论),但东欧犹太人几个世纪以来习惯了充当不同化的少数派,他们仍然觉得自己是异乡的异客。东欧的犹太性包括宗教实践,但宗教实践不是决定性的,因为即使在大多数人放弃或大幅减少宗教实践后,他们仍是一个在文化上有凝聚力的群体。与德裔犹太人相比,他们非常熟悉犹太传统,但对欧洲上层文化相当陌生,也没有德裔犹太人那种要让非犹太人接受的抱负。

德裔犹太人担负起帮助移民安家和美国化的责任,部分是因为不想让公众看移民的笑话从而危及自身地位,但部分也是因为德裔犹太人确实觉得与新来者同气连枝,尽管存在许多差异。他们建起一个慈善和教育机构的网络，援助贫困群体，帮助他们找工作；在许多城市，这些慈善机构联合成犹太慈善联盟，共同募集和分配资金。（这些联盟至今仍在，并在美国犹太人生活中发挥着重要作用）。他们还和自由派合作，开展了一项有效的政治运动，维护移民政策的开放。然而，这两个群体之间的关系出现紧张，因为俄裔人感到德裔人颐指气使。随着俄裔犹太人数量的增长及其经济状况获得改善，他们开始为美国犹太人定下一个完全不同于德裔犹太人的基调。

一些犹太领袖担心，由于文化适应步伐过快，年轻一代正受到激进社会学说和物质主义的双重诱惑。纽约的美国犹太神学院成立于19世纪80年代，后在所罗门·谢克特的领导下于1902年重组，目的是为现代说英语的拉比提供培训，使他们能够吸引第一代在美国土生土长的犹太人。谢克特是杰出的犹太教学者，曾在剑桥大学教授拉比文献。作为宗教领袖，他努力建立各种机构，传播撒迦利亚·弗兰克尔曾在德国提倡的那种自由化但经得起史学检验的犹太教。于是，继改革派犹太教和由移民建立的各种正统派机构之后，保守派犹太教成了与它们并驾齐驱的第三个宗教运动。这个运动走中间路线，对第二代美国犹太人有着天然的吸引力，故在20世纪大部分时间里，它是美国这三个运动中规模最大的一个。

移民时期建立的另一个重要教育机构是叶施瓦大学，其中还包括一所小学和一所拉比神学院，1928年以后还增加了一所提供世俗研究和传统《塔木德》教育的学院。叶施瓦大学一直是正统派犹太教在美国最有影响力的机构，尽管正统派不如改革派和保守派犹太教那样组织集中，而且在有大量移民人口的城市中还存在许多也被称为"叶施瓦"的小型传统经学院。

在第一次世界大战期间，东欧裔犹太移民向老资格的德裔犹太人发起挑战，争夺对美国犹太人事务的领导权。联合分配委员会的成立旨在救济困在俄国与同盟国交战区（即世界犹太人的主要人口中心，在以前的波兰境内）的犹太人；在这个组织中，尽管德裔犹太人是主要的资金提供者，但东欧裔代表却能与他们平起平坐。为了接替世界犹太复国主义组织的工作，美国犹太复国主义运动被组织起来，因为前者的总部设在柏林，而战乱让它陷于瘫痪。除该运动的主席、最高法院大法官路易斯·布兰代斯以外，德裔犹太人拒绝承认犹太复国主义，因为他们坚信犹太教仅仅是一种宗教，这就使基本上都是亲犹太复国主义的美国东欧裔犹太人在世界犹太人事务上有了发言权。东欧裔犹太人开始占据上风，特别是在美国犹太代表大会里。这个组织试图创建一个总机构，美国犹太人可以通过它协调犹太人政策。在1918年春季举行的该大会的代表选举中，东欧裔犹太人取得主导权，促使一项犹太复国主义计划获得通过。

194

第一次世界大战结束后，美国政治转向孤立主义，1919—1921年的"红色恐慌"让外国人成了"心怀叵测"的代名词。犹太人尤其成为被敌视的目标，部分是因为犹太人在共产党和其他左翼团体中确实表现突出。汽车业大亨亨利·福特以白纸黑字公开攻击犹太人，说他们是劣等种族，参与了企图控制世界文明的大阴谋；他甚至在他的公司报纸上重新刊登《锡安长老会纪要》。三K党在20世纪20年代早期获得广泛政治权利，把犹太人同黑人及天主教徒一起当作打击目标。种族主义政府官员也炮制数据，证明犹太人、意大利人和斯拉夫人在智力与道德上劣于北欧移民。这些敌视导致1924年《约翰逊法案》出台，从而把所有来自东欧和南欧的移民缩减成涓涓细流，美国犹太史上一个重要时期随之结束。

在20世纪20年代的繁荣时期，移民子女开始进入白领职业，虽然大多数进入商业领域，尤其是服装贸易和房地产业。他们在许多行业中仍然受歧视，比如医学和牙医。尽管犹太人擅长金融业的观点很流

195 行,但在这一时期,一个犹太人几乎不可能拥有或受雇于银行,在保险公司进入管理层同样不可能。(不过,还是有几家犹太人的投资银行。)犹太人还被排除在律师事务所和零售连锁店之外。20 年代早期,在常青藤联盟大学就读的犹太学生人数显著增加,哈佛、耶鲁和哥伦比亚等大学就实行配额制,减少犹太人的入学人数。医学院分配给犹太人的名额少得可怜,许多犹太学生被迫去意大利学医。不过,纽约有择优录取的免费大学教育,纽约城市学院为数千犹太人提供教育机会,帮助他们进入职业生涯;因此,从事体力劳动的犹太人逐渐减少。犹太人也被吸引到智力和艺术行业,如出版、娱乐和电影。

始于 1929 年股市崩盘的大萧条给犹太慈善机构带来压力。它还造成令人担忧的反犹主义的抬头,部分表现为就业方面对犹太人越来越歧视。天主教神父查尔斯·考哥林(Charles Coughlin)在他的广播节目中定期向工人阶级选民抨击犹太人,在德国纳粹崛起的背景下,这让犹太人感到非常不安。但犹太人继续在商业和职业上取得成功。罗斯福新政形成一个择优录取的官僚体系,提供数千岗位,联邦政府成为不歧视犹太人的主要美国雇主。富兰克林·罗斯福总统是东欧裔犹太人的宠儿,因为他强烈反对纳粹主义,并拒绝反犹主义。

1933 年后,犹太人在德国的地位恶化,这把大约 33000 名德国犹太人赶到美国。其中包括科学家(如阿尔伯特·爱因斯坦)和知识分子;他们的调整适应往往艰难,主要是因为美国自身正在经历经济困

196 难。但他们很快就在美国智力和科学生活的许多领域产生巨大影响。希特勒的反犹主义有效地把德国知识界的领军人物从欧洲赶到美国。

美国流散社群不同于世界历史上任何其他犹太社群。我们在第二章已经看到,巴比伦犹太人如何迅速从一个流亡社群(即一个意识到自己的外来性并积极希望返回家园的社群),转变成一个流散社群(即一个被给予返回家园的机会但决定留下,并对返回者感到强烈亲

情与责任的社群)。流散社群一般被当作更大社会中的外来团体,其成员与其他犹太流散社群的联系要比他们与非犹太人国民的联系更紧密,他们更多地活在遥远的犹太过去和对犹太未来的憧憬中,而不是活在当下。启蒙运动提供的解决方法是解散这个团体,而犹太复国主义提供了相反的解决方法,即重建犹太人的民族国家。然而,美国是建立在全体公民平等基础之上的国家,且主要由新移民组成,这里出现了一种新型流散社群。在这里,犹太人可以成为更大社会的完全参与者,同时又保持对全世界犹太人的忠诚,并维持规范内部事务的志愿机构。移民本人可能远远未能完全融入美国社会,但下一代完全融入的可能性则容易想象,本人成功或孩子成功的许多例子强化了他们融入的雄心。因此,在美国流散社群中,犹太人可以第一次既能积极当犹太人,又不觉得自己身处流散地。

数百万欧洲犹太人在美国找到家园。他们忍受背井离乡和颠沛流离的精神创伤,却极大地改善了生活。许多人在一生中从食不果腹迈向飞黄腾达,从一个把他们当成可恨的外国人的世界来到一片保证他们作为完整公民受法律保护的土地。他们甚至可以展望更美好的未来。不过,尚有几百万犹太人留在欧洲,而且即将灰飞烟灭。

通向奥斯威辛的最后一段铁轨。照片，版权方为莎莉·索姆斯，由约翰·帕内尔为本书翻拍。纽约犹太博物馆提供。

第九章　纳粹屠犹

1938—1945年间，欧洲大陆上的千年犹太史以大屠杀告终。这场浩劫的规模超出人类想象，永久改变了全世界犹太人的面貌。

19世纪，德国犹太人被赋予公民权利，他们中的大多数人欣然接受德国的公民身份与文化认同。文化适应所提供的机遇几乎不可抗拒。就连情愿与犹太过去保留联系的人，也看到德国文化与德国经济体系的优越，遂采纳西欧生活方式，将德国文化视为自己的文化。1870—1871年，在普鲁士和法国交战期间，犹太人与其他德国人并肩战斗，对自己的德国公民身份倍感自豪。第一次世界大战期间，许多德国犹太士兵荣获铁十字勋章，对他们个人和家族来说，这不仅是对英勇作战的认可，更是忠于祖国的证据。

然而，如果说犹太人对更大社会的态度有了深刻变化，这个社会对他们的态度却鲜有起色。多个世纪以来，基督教世界疑心重重地视犹太人为异类，基督教神职人员在布道中反反复复说他们是杀害救世主的凶手，他们还被当作恶棍，要为所有不幸负责。人们没有特别的理由去消除这份根深蒂固的遗俗，遂听之任之。第一次世界大战结束后，德国社会面临战败国的压力，欧洲基督徒对犹太人一贯以来的厌恶又浮出水面，其方式和强度是德国犹太人完全始料未及的，他们自以为已经很好地融入了德国社会。

年　表

犹太历史	时间	世界历史
	1889	阿道夫·希特勒出生
	1925—1927	希特勒《我的奋斗》出版
	1932	富兰克林·罗斯福任美国总统
德国发生抵制犹太人运动	1933	希特勒成为总理
《纽伦堡法案》	1935	
碎玻璃之夜；意大利的种族立法	1938	奥地利被德国吞并，捷克斯洛伐克遭瓜分
匈牙利犹太人丧失公民权；波兰集体迫害	1939	第二次世界大战始于入侵波兰
法国维希政权推行歧视犹太人法律；波兰设立隔都	1940	丘吉尔成为英国首相
犹太人被禁止迁出德国；海乌姆诺（Chelmno）设立第一所死亡营	1941	
	1942	万湖会议
大批犹太人被运到奥斯威辛	1942—1944	
丹麦犹太人偷渡至瑞典；德国宣布肃清犹太人	1943	德国在斯大林格勒战败，德国在北非战败，意大利投降
匈牙利犹太人遭灭绝	1944	诺曼底登陆
集中营被解放	1945	德国投降
	1946	纽伦堡审判开始

201　　　一战后德国的环境有助于极端民族主义思想抬头。战败蒙羞以及获胜协约国的索赔压榨造成的经济危机，使许多德国人敌视外部世界。战后的政治动荡和经济萧条也致使人心惶惶，许多人担心不久前刚推翻俄国政权的共产主义革命会出现在德国。为了回应这些态度，一些极端民族主义的政治运动开始出现。阿道夫·希特勒（1889—1945年）组织和领导的国家社会主义德意志工人党（通常简称"纳粹"）

脱颖而出,发展成为一个全国性的政治运动。

在希特勒职业生涯初期,犹太人就在他的政治思想中扮演着重要角色。他声称,德国在第一次世界大战中战败,不是德国人民的过错,而是因为犹太人背信弃义。他还指责犹太人掀起俄国的共产主义革命,称他们正在德国谋划一场类似的革命。除了这些政治观点,他还散布一种伪科学的种族理论。按照这一理论,德国人及其他北欧人属于高级人种"雅利安人",在容貌、体力、智力上都出类拔萃,堪称优等种族。其他民族属于劣等种族,可按等级排列:雅利安人之下是地中海人,地中海人之下是斯拉夫人,而处在最底部的,是排在黑人之后的犹太人,他们天生就是腐蚀和摧毁文明的犯罪种族。希特勒声称,犹太人和德国人通婚是为了削弱雅利安人的种族优越性,犹太人参军是为了当内奸,犹太人写书是为了腐蚀德国的智力生活,犹太人当艺术家是为了用颓废的污秽污染德国,犹太人渗透进商业公司是为了摧毁这些公司和德国工人。最重要的是,犹太人策划了这场经济危机。不过,希特勒说日耳曼人终究不可战胜,因为他们在基因上比其他人种优越,生来就注定统治世界。

希特勒在他早期政治宣言《我的奋斗》(1925—1927 年)中写道:只有摧毁犹太人,才能迎来德国的复兴。因此,从一开始,消灭犹太人就是希特勒的主要目标之一,也是他能够吸引德国大众的原因之一。他的口号是"犹太人是我们的灾星"。在一种非常真实的意义上,把希特勒挑起的第二次世界大战称为"对犹太人的战争",是不无道理的。

纳粹党不是通过革命或政变上台的,希特勒也没有"夺取政权"。希特勒能赢得大批追随者,是因为他所散布的包括威胁犹太人在内的暴力言论广受欢迎,而这些追随者够多够强,足以使他成为在 1919—1933 年间统治德国的民主政体(一般称为魏玛共和国)中的玩家。1933 年 1 月 30 日,希特勒通过合乎宪法的途径成为总理,在同年 3 月

202

5 日举行的选举中,纳粹党又以 44% 的选票获得对政府的控制权,得以贯彻他的政治纲领。

在纳粹执政的最初几年,政府的政策是破坏犹太人的生计,逼迫他们离开德国。选举刚结束,在 1933 年 4 月 1 日,该政策就以全国抵制犹太商业和专业机构的形式生效,这项政策对政府的重要性由此可见一斑。4 月 7 日,犹太人被清除出公务员队伍。4 月 11 日,"非雅利安人"(定义是至少有一位犹太祖父母的人)的法律范畴设立,这是为了加速犹太人与德国社会其他成员的隔离。随着时间推移,适用于"非雅利安人"的法律纷纷获得通过。各行各业的就业大门对"非雅利安人"一扇扇关上。最后,犹太儿童也被赶出学校。

犹太人很快成为纳粹民兵和政府官员任意施暴、胡乱逮捕和当众羞辱的对象。"犹太人免进"的警示牌出现在工商企业、咖啡馆、体育场馆和旅游度假地,甚至公园长椅也分设雅利安人和非雅利安人专座。战争纪念碑上的犹太人名字被抹去,威胁犹太人的海报随处可见。这一阶段迫害的顶点是 1935 年《纽伦堡法案》的通过,该法案剥夺犹太人的德国公民身份,禁止犹太人与非犹太人通婚,还强制推行其他限制与规定。

与此同时,集中营开始建造。1933 年建在达豪的集中营是最早的一批之一。它最初用来关押"政治犯"或"危险分子",如共产主义者、社会主义者、工会成员、耶和华见证会成员、同性恋者,以及一些被认为具有潜在危险的犹太人,如作家、记者和律师。1936 年,盖世太保(秘密警察)接管集中营,他们有权拘留任何人。随后,萨克森豪森和布痕瓦尔德又新建起两座集中营。次年,犹太人开始被关进集中营,仅仅因为他们是犹太人。

在这些压迫之下,许多犹太人离开德国,但还没有发生大规模外流。并非所有德国犹太人都有国外关系,允许他们进入另一个国家,

也并非所有犹太人都有移民的经济条件，而且大多数国家（包括美国）
对移民有严格限制。此外，大多数犹太人难以相信反犹政策能够持
续，或者希特勒这样的怪物能够长期控制一个现代而先进的国家。大
多数犹太人觉得自己完全是德国人，以为德国同胞迟早会清醒，要么
推翻纳粹政府，要么逼其改弦更张。令他们灰心的是，他们发觉大多
数德国人对犹太人的困境无动于衷，不愿冒险反对官方政策，或者他
们实际上赞同政府的反犹政策，尽管和犹太人有个人友谊或长期
交往。

　　极具讽刺意味的是，许多受反犹法律影响的人甚至都算不上是犹
太人。我们已经看到，许多德国犹太人已完全同化，他们与非犹太人
通婚，改信基督教，放弃与有组织的犹太社群的一切联系。更多犹太
人虽然没这么极端，但也试图将生活中的犹太成分降到最低限度。但
对非雅利安人的严格定义意味着，皈依基督教的犹太人的孙辈也被算
作犹太人，哪怕他们几乎不知道自己有犹太血统。在中世纪，犹太人
一般可以通过改宗自救，但《纽伦堡法案》逼迫犹太人移民，否则无法
自保。

　　1938 年 3 月，当德国吞并奥地利时，在德奥两国民众势不可挡的
热情之下，奥地利基督徒自发攻击和羞辱奥地利犹太人。此外，新的
官方措施也被用来对付犹太人；德国在当年晚些时候入侵捷克斯洛伐
克西部并于 1939 年占领整个捷克，之后也采取了类似做法。但是，真
正为犹太人在德国的生活敲响丧钟的事件发生在 1938 年 11 月 9 日至
10 日的夜晚，史称"碎玻璃之夜"。是夜，德国全境的犹太商户和会堂
遭到打砸破坏，许多犹太人沦为一场全国范围的集体迫害的受害者。
政府声称，这次事件系民众自发，目的是报复一名犹太人在巴黎谋杀
一名德国政府官员，但它实际上由政府特工周密策划和协调实施。政
府处理得好像是犹太人自己引起破坏的一样。德国犹太社群被处以

204

10亿马克的罚款,新反犹法规被强制实施,犹太儿童遭学校开除,大批犹太人被关进集中营。不过,在这一阶段,如果犹太人能拿到签证,获准进入其他国家,仍可以从集中营获释。

205

1937—1941年纳粹屠犹前夜的欧洲犹太人

"碎玻璃之夜"事件后,德国犹太人的文化与经济生活彻底走到尽头。现在没有人再怀疑逃离德国的必要性。许多犹太人匆忙廉价抛售产业,外国领事馆前排起申请签证的长队。为了尽快驱逐犹太人,德国政府先在维也纳,后在布拉格和柏林设立移民中心,简化移民手续,加速犹太人外迁和对犹太人财产的侵占。政府想用大量犹太移民压垮邻国,从而激发邻国的反犹情绪。可是即使犹太人已经陷入绝

206

境,几乎没有国家愿意放松移民限制,控制巴勒斯坦的英国还在此时减少了那里接收移民的配额(见第十章)。可怕的情景出现了,不少船只满载着有时甚至带着合法移民证件的犹太难民,从一个又一个港口被遣返,不得不驶回欧洲的犹太人屠场。

1939 年 9 月 1 日,第二次世界大战爆发,犹太人从此无法再逃离欧洲,但德国试图将犹太人驱逐到邻国的政策一直持续到 1941 年末,那时已禁止向外移民,对德国犹太人的政策已变成谋杀。

但在东欧,对犹太人的蓄意谋杀已经开始。1939 年 9 月 1 日德国入侵波兰时,波兰是世界上犹太人口最集中的国家,也是犹太宗教与文化生活的主要中心。占领波兰后,德国人实施适用于德国境内的反犹规定与限制,但实施力度要大很多。犹太人被不分青红皂白地折磨和枪杀,到 1939 年底,超过 25 万犹太人被害身亡。德国人高度重视对波兰犹太人的镇压和毁灭,有时甚至将其看得比军事利益更重要。在铁路交通发达的城市,比如罗兹、华沙、克拉科夫和卢布林,他们建立隔都,把这些城市和数千个村庄中的犹太人塞进隔都;在隔都外非法逗留的犹太人一经发现,即遭处决。德国人命令犹太人佩戴黄色六芒星,以便于辨认。他们侵占犹太人的产业,强迫隔都居民做苦力,特别是干诸如修路之类与战事有关的重活,还让他们挨饿和受虐待。

犹太隔都由听命于德国人的犹太理事会(Jewish councils)管理,这种安排表面上延续了犹太人半自治的传统模式,也因此有助于制造一切如常的假象。但是,德国人设立犹太理事会,最终目的是要实施自己的计划。随着战争的进行,犹太理事会的真实目的昭然若揭,它们并不是为绝望的隔都居民提供组织援助,而是满足德国人的需求。这些需求变本加厉,让理事会的理事进退两难。

在战争初期,隔都内的犹太人尚能得到国外犹太救济组织的援助,被征召的犹太劳工还能拿到配给。较大的隔都有时组织得相当

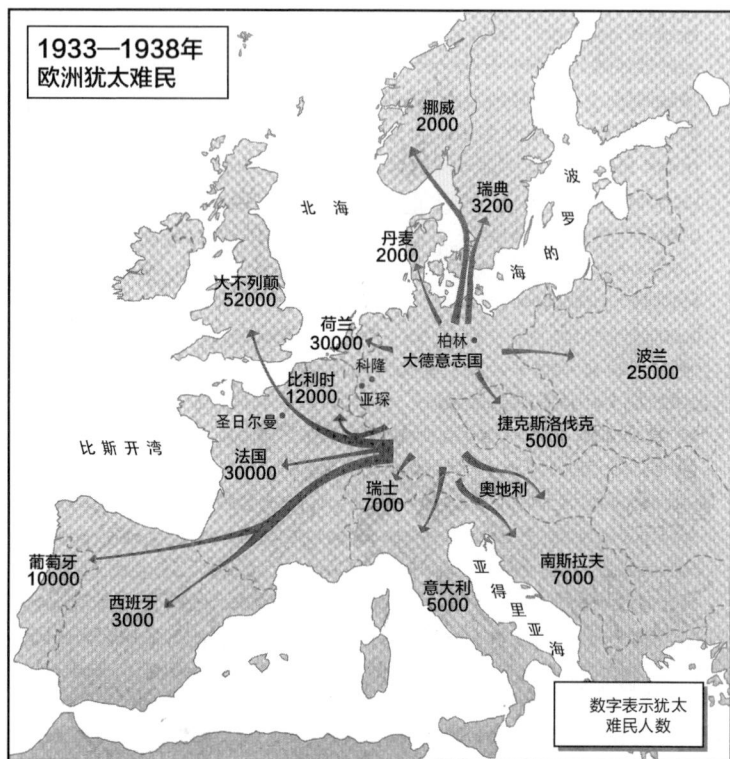

好,在拥挤、贫穷、疾病和普遍的虚幻气氛中,慈善组织、学校、医疗服务机构尽可能地发挥作用。个别犹太人有时发现,通过贿赂和合作能获得德国警卫的特殊照顾。但是,管理隔都生活的规定不断收紧,德国人的要求不断增加,到 1941 年底,从外界接收食物包裹遭到禁止,饥饿、疾病和死亡率于是便显著攀升。官方规定的食物配给每天只有1100 卡路里,隔都里的犹太居民饿得奄奄一息。

随着战争的开始,集中营的功能发生变化。以前只是用它们关押威胁政权的敌对分子或敌对嫌疑人,现在则用它们剥削囚犯的劳动力。集中营还用来执行集体灭绝:有项安乐死计划是杀害精神病人和慢性病患者的;在拉文斯布吕克(Ravensbrück)女子集中营,还有一项计划是将怀孕的犹太妇女用毒气毒死。因此,抓进集中营的犯人越来越多,波兰的奥斯威辛、特雷布林卡(Treblinka)、马伊达内克(Majdanek)和索比堡(Sobibor)建造了新的集中营。从1941年开始,几座集中营增设焚尸炉,处理因犯尸体,操作焚尸炉的也是因犯,他们遭定期处决,以防焚尸炉的内幕外泄。

德国人在1940年入侵法国后,把非法国籍犹太难民从德占区驱逐到维希傀儡政府所控制的地区。维希政府配合贯彻反犹政策的力度超出纳粹的期望。它禁止犹太人参与公开活动,剥夺他们的公民权利,还设立由法国人管理的集中营,非法国籍犹太人从这里被运到东部杀害,但法国籍犹太人受到保护,免于驱逐出境。相形之下,在法国沦陷区,巴黎附近的德朗西(Drancy)建有一座集中营,许多法国籍犹太人从那里被运往奥斯威辛。德国于1942年底占领法国南部大部分地区,犹太人便涌入由意大利占领的小块地区。德国人在1943年入侵意大利后,这些犹太人只能坐以待毙。

在其他被占领的国家,对德国的反犹政策是否合作以及在多大程度上合作,各国差异很大。在荷兰,对犹太人的迫害激怒了公众并引起总罢工,最后不得不出动军队镇压;教会领袖号召大家抵制,许多荷兰基督徒藏匿犹太人。但大多数荷兰犹太人还是被送往集中营。包括国王和政府官员在内的丹麦基督徒保护丹麦犹太人,设法将他们用渡轮运过海峡,送到瑞典,拯救了几乎整个丹麦犹太社群。保加利亚人也拒绝与德国人合作,保加利亚犹太人因此躲过一劫。

意大利虽然是德国盟友,也处在一个官方反犹的法西斯政权的控制下,但在其整个参战期间都没有配合"对犹太人的战争"。它颁布反犹立法,也适时地设立了集中营,但在围捕犹太人方面只是敷衍了事,且意大利集中营里的待遇也比较人道。1943年9月,意大利向同盟国投降以后,意大利犹太人才真正开始遭受厄运。德国人占领意大利北部,那里居住着大多数当地犹太人,还有许多来自法国和南斯拉夫的犹太难民。德国人将他们围捕并送进死亡营。即便如此,许多犹太人还是得到非犹太朋友的保护。天主教的许多机构,如男、女修道院甚至梵蒂冈,都暗中抵制德国法令,藏匿犹太人。但是,教宗庇护十二世从未抗议德国对犹太人的所作所为。西方世界最有权势和影响力的宗教领袖在当时的缄默,直到今天仍被视为一大憾事。

210　　上述情况还不算太糟。在其他国家,如罗马尼亚,德国的占领助长了长期流行的反犹主义,导致它成为消灭犹太人的得力帮凶。匈牙利只要保持独立,就不会驱逐犹太人,尽管它在战争中站在德国一边;但在战争后期,德国入侵匈牙利后,匈牙利警方、当地极端民族主义者和反犹的"箭十字"(Arrow Cross)运动也开始协助驱逐匈牙利犹太人。在塞尔维亚、克罗地亚和希腊,犹太人(主要是塞法迪犹太人)的毁灭几乎是彻底的。希腊犹太人的毁灭终结了萨洛尼卡的犹太社群,这是历史上塞法迪犹太人最重要的中心之一(见第六章)。

　　1941 年 6 月,德国人入侵苏联,成立特别的机动杀人小分队(或称"别动队"[*Einsatzgruppen*]),负责在德国控制的广阔新领土上谋杀苏联人民委员(commissars)、共产党员、游击队员、犹太人和吉卜赛人。别动队可以处决平民百姓而丝毫不受掣肘,并与武装部队协同作战。他们肆虐于东欧乡间,围捕小镇上的犹太人,用机枪扫射、溺毙或用汽车尾气窒息犹太人。乌克兰、波兰、拉脱维亚、立陶宛、爱沙尼亚和罗马尼亚的辅军往往热衷参与杀戮。最臭名昭著的这类行动发生在基辅附近的娘子谷(Babi Yar),1941 年 9 月 29 日至 30 日,德国人和乌克兰人在那里杀害了约 3.3 万名犹太人。

　　入侵苏联后不久,德国人决定要"最终解决犹太人问题",即系统消灭欧洲所有犹太人。阿道夫·艾希曼被授权启动这一计划。经过一系列准备工作,奥斯威辛集中营变成一个主要的死亡营。1942 年 1

月，所有相关的军政代表在柏林郊区的万湖集会，以明确这一灭绝政 211
策，并协调决议的执行。虽然这只被当成普通行动，但其实是一个庞
大的计划，因为欧洲仍有大约1100万犹太人需要转移、安置、杀害和处
理。抽调如此大规模的人力、物资和运力，与一个无助而分散的少数
族群作战，而且又要多线作战，并要控制许多满怀敌意的占领区，足见
纳粹德国执着于犹太人问题的疯狂程度。

　　艾希曼选择波兰作为灭绝中心，既因为这里是犹太人口的主要中
心，又因为当地居民有着古老而根深蒂固的反犹传统，可以指望他们
合作。欧洲所有犹太人都要用货车车厢运到罗兹、里加、明斯克和科
夫诺(Kovno)的犹太隔都，再从那里与当地犹太人一起转运到波兰几
座集中营。隔都中的犹太理事会负责按照规定配额定期交出犹太人。
运输条件极端严酷，大量犹太人甚至没有抵达集中营就死在途中。所
有被判定为没有劳动能力的犹太人抵达后即遭处决，其余的则在劳役
中累死，或在丧失劳动能力后被杀害。

　　集中营的管理人员已在试验机械化的大规模杀戮，以取代苏联境
内别动队那种效率较低的作业。六所集中营现在已成为死亡营，那里
的囚犯被一氧化碳或氢氰酸气体毒杀。1942年夏，集中营里引入伪装
成淋浴室的毒气室系统，毒气室里使用法本(I. G. Farben)公司生产的
杀虫剂齐克隆B(Zyklon B)。这种新手段能在四五分钟内毒杀七八百
人，另有数千人无辜地等待轮到他们获准"淋浴"。负责运尸的囚犯在
火化前从尸体上收走金牙、戒指和头发；之后，骨灰被加工成肥料，衣 212
服经熏蒸消毒再回收利用。1943年底，苏联部队逼近，纳粹被迫放弃
特雷布林卡和索比堡的集中营，但其他地方对犹太人的毒气行刑一直
持续到1944年11月。

　　役使集中营囚犯劳动，是为了维持必要的工业生产，以保障战事
进行和后方供应。法本、克虏伯(Krupp)、蒂森(Thyssen)、弗利克

(Flick)和西门子几大公司(它们至今仍然是德国主要的工业公司)控制了这种奴隶劳动,这些公司的劳动力中约有 40% 来自集中营。使用囚犯效益很高,因为囚犯得不到什么食物,几乎没有医疗服务,可以一直工作到死,再由别人顶替。在这种条件下,他们平均只能活 9 个月。

即便已经有传言将驱逐犹太人的真正目的传回隔都,隔都里对驱逐的抵制仍然很少。饥饿而消沉的犹太人很容易逆来顺受。一旦出现抵制,主要是由年轻人,特别是犹太复国主义和社会主义青年团体所为。隔都的犹太高层通常不支持抵制活动,因为必然会招致报复。最著名的起义发生在华沙隔都。早在 1942 年,一个犹太战斗组织就在那里成立,并设法将武器走私进隔都;该组织还和波兰抵抗运动接触,但未能实现合作。在 1943 年 1 月的一次小规模战斗中,犹太人杀死20 名德国人。这鼓舞了隔都士气,为更大规模的行动赢得支持;同时也引起波兰抵抗运动的注意,他们同意向犹太人出售武器。德国人决定肃清隔都。他们于 4 月 19 日抵达,犹太人奋起还击,德国人不得不烧毁隔都,镇压起义。这次抵抗持续了五周。虽说可能只是一种无望的反抗姿态,但华沙犹太青年的战斗精神激励了其他地区的犹太人,其他隔都和一些死亡营也相继出现起义。

213　　1942—1943 年,随着东欧的犹太隔都和村庄遭到肃清,犹太人成群结队逃入密林,以游击队员的身份作战,他们或加入苏联游击队,或自己组织游击队。犹太游击队的处境不如苏联游击队有利,因为这种非法游击队只有得到当地民众的协助才能生存,但在东欧,农村群众一向对犹太人怀有敌意,就连非犹太的游击队也往往不愿与他们合作。不过,仍有大约 2 万名犹太人参与游击行动,破坏警察局、杀害纳粹卫兵、炸毁列车、用手雷炸瘫坦克。

战争接近尾声之际,苏联军队穿越波兰,那里的集中营不得不拆除,囚犯也被迫撤离。这一次,没有人提供运输工具。犹太人和其他囚犯只能在毫无给养的情况下向西徒步走到德国，因此，仅仅在战争结束前几个月，就有大约 25 万犹太人在这些死亡行军中丧生。战争快结束时，苏联和美国的士兵解放了剩余的集中营，集中营囚犯的状况让他们目瞪口呆。大多数犹太人在战后依旧艰难度日，往往要在流离失所者的收容营里长期逗留。战争结束后，许多东欧犹太人踏上返乡之路，却在一系列集体迫害中惨遭杀害，凶手是波兰和乌克兰的城镇居民，这些劫后余生的东欧民众把怨愤都发泄到传统替罪羊即犹太人身上。

尽管许多资源本可以用来抵御同盟国的攻势，德国还是把它们耗费在"对犹太人的战争"上，几乎一直持续到德国投降为止。虽然德国在与同盟国的战争中遭受重创，但它在"对犹太人的战争"中大获全胜。战争结束时，德国几乎没有犹太人了，而东欧这个世界犹太人的中心已化为墓地，那里的犹太机构四分五裂，那里的犹太居民或死或散。欧洲的犹太人生活已经走到尽头。

华沙隔都

214

1939 年 9 月德国人占领华沙时，华沙只有不到 40 万犹太人。1940 年，一堵围墙拔地而起，将 840 英亩的土地圈作隔都。到 11 月中旬，所有犹太人被勒令住在墙内，墙外有德国和波兰警察看守，墙内有犹太民兵把守；没有许可证，任何人不得出入隔都。德国人会不时改动围墙位置以缩小隔都面积，还一度把隔都分割成两个独立区域，由一座人行天桥连接。他们又把华沙周边地区的 15 万犹太难民塞进隔都，直到人口密度达到 13 人挤一间房，而无家可归者只得在饥寒交迫中奄奄一息地挤满街头。

在围墙内，与其他隔都一样，华沙犹太人由一个犹太理事会

(Judenrat)管理,负责提供条件允许的社会服务,并按德国人的要求行事。在束手无望的境况下,华沙隔都由亚当·捷尼亚科夫领导,这位工程师是睿智而勤勉的管理者。捷尼亚科夫那本内容丰富的日记本是从战争中幸存的寥寥几本日记中的一本,我们关于华沙隔都的大部分信息就来自他的日记。捷尼亚科夫竭尽所能,改善隔都的生活条件,平衡争夺稀缺资源的各种群体的需求。德国人后来要求他配合,将犹太人驱逐到集中营,他因此而自杀(1942 年 7 月 23 日)。

尽管困难重重,华沙隔都仍勉强维持着一座城市的功能。非法作坊以及一个运进原料并运出产品的走私体系维持着基本生活所需(非法进口食物实际上是隔都居民赖以生存的手段,因为法律允许的每日食物配额每人不到 1100 卡路里)。施食处不但分发食物,还充当非法的世俗、宗教和职业学校的掩护,提供技术、医疗和科学培训。尽管犹太会堂被关闭,公共礼拜遭禁止,但礼拜仪式仍在私下举行,《塔木德》学院仍在秘密运作。有时甚至还有营业的咖啡馆和歌舞厅。地下组织仍在印制希伯来语、意第绪语、波兰语的非法期刊。

正是这些地下组织领导的抵抗活动,最终升级成一场著名的起义。这些地下组织的政治承诺各不相同,有时甚至相互敌对。但面对始于 1942 年 7 月的第一波大规模驱逐,它们决定成立犹太战斗组织(ZOB)以协调行动。该机构包括大多数地下组织,其中一些能够从波兰地下组织或黑市获得武器。犹太战斗组织建立了生产手榴弹和炸弹的秘密车间,并通过一个由掩体和地下通道组成的网络进行联络。始于 1943 年 1 月的第二波驱逐引发了为期 4 天的街头巷战,这是在德占波兰发生的首起此类事件。德国人的反应是实行 24 小时宵禁。隔都生活这时陷入停顿;犹太理事会瘫痪,社会机构停止运作。但是,在末底改·阿涅莱维奇的领导下,犹太战斗组织继续为武装抵抗做准备,以便驱逐恢复时有所行动。

　　1943 年 4 月 19 日，德国人返回隔都，遇到激烈抵抗，不得不撤退。他们更换指挥官，卷土重来。再次遇到坚决抵抗后，德国人以烧毁隔都应对。虽然隔都内已经十户九空，但地下战斗一直持续到 5 月 8 日犹太战斗组织在米拉(Mila)街的总部失守，阿涅莱维奇遇害。一些武装抵抗持续到 6 月。部分战斗人员逃脱后组建了一支以阿涅莱维奇命名的游击队。5 月 16 日，德国人炸毁特罗马卡(Tlomacka)街上的犹太大会堂，庆祝华沙隔都毁灭。

20世纪40年代以色列的游行场面。照片，版权方为大卫·鲁宾格/
科比斯。

第十章　犹太复国主义和以色列国的起源

19世纪欧洲的民族主义运动致使意大利和德国各自统一,又以奥斯曼帝国和奥匈帝国的瓦解为代价,在巴尔干和东欧催生出一些独立国家。欧洲犹太人仍在为自己面临的困境寻求解决办法:在东欧,他们的社会地位是不被接受的外来团体;在西欧,虽然他们已经取得充分的公民身份和权利,但反犹主义势头不减。一次次民族复兴运动为犹太人树立潜在榜样。适用于塞尔维亚人、保加利亚人和罗马尼亚人的模式,说不定也适用于犹太人。

日薄西山的奥斯曼帝国被所有国家视为"欧洲病夫",民族主义运动已经夺走它的一些领土。许多犹太人开始构想建立一个国家实体来恢复正常生活,以此解决犹太人问题。

年　表

犹太历史	时间	世界历史
摩西·赫斯出版《罗马与耶路撒冷》	1862	
佩塔提克瓦建立	1878	
埃利泽·本-耶胡达到达巴勒斯坦; 俄国南部发生集体迫害	1881	
平斯克出版《自我解放》;"比卢" 运动出现;里雄莱锡安建立	1882	

续表

犹太历史	时间	世界历史
赫茨尔出版《犹太国》	1896	
第一届犹太复国主义者代表大会	1897	
第二次阿利亚运动	1902	
赫茨尔逝世	1904	
特拉维夫建立	1909	
	1914—1918	第一次世界大战
英国人占领耶路撒冷	1917	俄国革命
第三次阿利亚运动	1919—1923	
英国委任统治开始；耶路撒冷发生阿拉伯人骚乱	1920	
赫伯特·撒母耳任英国驻巴勒斯坦高级专员	1920—1925	
魏茨曼任第十二届犹太复国主义者代表大会主席	1921	
第四次阿利亚运动	1924—1932	
丘吉尔的白皮书	1922	
希伯来大学开张	1925	
耶路撒冷发生阿拉伯人骚乱；希伯仑和采法特发生屠杀事件	1929	
伊尔贡成立	1931	
第五次阿利亚运动	1933	希特勒成为德国总理
阿拉伯人骚乱	1936	
皮尔委员会提案分割巴勒斯坦	1937	
麦克唐纳的白皮书	1939	
	1939—1945	第二次世界大战
雅博廷斯基逝世	1940	

续表

犹太历史	时间	世界历史
帕尔马赫组织成立	1941	
修正派袭击英国人；犹太旅成立	1944	
非法移民问题加剧并与英国人抗争	1945	第二次世界大战结束
修正派在大卫王酒店制造爆炸	1946	
联合国投票分割巴勒斯坦	1947	

　　鉴于犹太人近两千年来一直梦想返回以色列地，建立犹太国家的首选地点自然就是那里。巴勒斯坦已经有可观的犹太人口，其中有西班牙的塞法迪难民的后裔、中东国家近来移民的后裔，以及 18 世纪和 19 世纪早期受各种宗教运动影响而从欧洲移居巴勒斯坦的犹太人的后裔。在犹太复国主义兴起前，那里的犹太人口不断增长，到 1860 年，犹太人开始在耶路撒冷城墙外新建居住区，这些街区如今已成闹市区。虽然生活方式仍旧遵循传统的宗教和经济模式，但人们对建立农业定居点产生兴趣，特别是在 1870 年世界犹太人联盟创办一所农业学校以后。

　　摩西·赫斯的《罗马与耶路撒冷》首次明确表达了建立犹太国家的希望，此书于 1862 年在德国出版。东欧的利奥·平斯克吸收这一理念，写出《自我解放》（1882 年）；一些希伯来语媒体作家如埃利泽·本-耶胡达（见下文）也接受这个理念。然而，正是 1881 年俄国的集体迫害（见第八章）才直接催生出一些统称为"热爱锡安"（*Hibbat zion*）运动的犹太民族主义组织。这一运动起源于东欧犹太人，大部分东欧犹太人已经对融入主流社会感到绝望，正因如此，东欧的犹太教育、传统生活、民族凝聚力都异常强大。在这些组织中，第一个组团向巴勒斯坦移民的组织是"比卢"运动（得名于《圣经》中一句规劝"雅各家啊，来吧，我们在耶和华的光明中行走"的首字母缩写）。

　　西欧犹太人总体上仍坚持融入非犹太社会的解放理想，并不完全沉浸于犹太传统,他们对犹太民族主义要么冷眼旁观,要么积极反对,不过他们也承认这或许能解决东欧同胞的问题。然而,把犹太复国主义理念转变成一场国际运动的,却是一名同化了的匈牙利犹太人。西奥多·赫茨尔(1860—1904年)似乎不太可能成为这场运动的发起者。他是生活在维也纳的作家和记者,对犹太教几乎一无所知,倒是很推崇法国,视之为具有进步与启蒙思想的国度。作为维也纳一家报社驻巴黎的通讯员,他对德雷福斯事件暴露的法国反犹主义深感震惊,遂将余生致力于寻求犹太人问题的全球解决方案。他在著作《犹太国》(1896年)中力主建立一个犹太国家,在小说《新故土》(1902年)中预言这个国家能够取得的社会及技术成就。虽然他在西欧犹太人中知音寥寥,但东欧犹太人却对他推崇备至。

1897年,赫茨尔在瑞士组织召开第一届犹太复国主义者代表大会,会议的高潮是达成了一项决议,声称"犹太复国主义立志在巴勒斯坦为犹太民族建立一个受公法保障的民族家园"。赫茨尔想让奥斯曼苏丹批准他在巴勒斯坦建立犹太国家,未果后转而与英国谈判,希望英国同意在乌干达建立犹太人定居点。这一计划暴露出赫茨尔的想法与东欧犹太大众的民族感情大相径庭,他们愤怒的反应一度削弱了他的领导权。但英国最终退出谈判,赫茨尔又恢复在巴勒斯坦创建犹太国家的计划,毕竟那里是犹太人的发祥地,是他们一直魂牵梦绕的归宿。

与此同时,"比卢"的移民加入自15世纪奥斯曼征服以来就居住在巴勒斯坦的各色犹太人的行列。他们想要建立农业殖民地,为未来的犹太人定居点打下基础,同时也为所有犹太人回归巴勒斯坦迈出重要一步。他们满怀理想主义,但缺乏必要的实际技能,若非埃德蒙·德·罗斯柴尔德男爵给予大量财政援助,他们肯定会失败的。

与犹太民族主义一同兴起的,是希伯来语作为口语的复兴,这是

犹太民族在现代取得的杰出的集体文化成就。希伯来语作为口语早 221
在公元 1 世纪就已没人再讲，但在犹太历史上仍作为书面语言广泛使
用。与基督教世界的拉丁语不同，对希伯来语的了解并不限于神职人
员或富裕的精英阶层。为了适应缺乏正常国家制度的现实，犹太教早
就规定，终生坚持用《圣经》最初所用的语言学习《圣经》和拉比传统是
所有犹太人的宗教义务。不光神职人员，所有犹太成年男子每天都要
朗诵复杂冗长的希伯来语祈祷文。大多数犹太人的学校教育以学习
希伯来语开蒙，继而记诵长篇希伯来语文本。因此，自古以来，在传统
犹太社群里，即使文化程度较低者也保留着大量被动习得的希伯来语
知识。正因为希伯来语知识在东欧犹太人中相当普及，犹太"启蒙者"
才能在 18 世纪晚期使用希伯来语，向东欧犹太大众传授数学、自然科
学和地理等现代学科。我们看到，到 19 世纪中期，希伯来语已用于诗
歌和小说创作。

　　作为现代欧洲人，赫茨尔一度设想犹太国家的语言是德语或俄
语，但鉴于语言在当时兴起的各种民族主义运动中发挥了重要作用，
受过更传统教育的东欧犹太知识分子和活动家自然转向希伯来语。
希伯来语运动的推动者是埃利泽·本-耶胡达（1858—1922 年），他一
生致力于恢复犹太人民的故国和语言。1881 年，他搬到巴勒斯坦，告
诉妻子从此只用希伯来语和她交流，遂开始了他复兴希伯来语的奋
斗。在语音上，他采用巴勒斯坦当时广泛流行的塞法迪发音，这至今
仍是希伯来口语的基础。

希伯来语复兴

222

　　现代犹太人最辉煌的集体成就，甚至可能比以色列建国更卓著，
就是复兴希伯来语。从来没有其他语言可以像这样在长时间不说后

还能复兴。

19世纪后期，东欧充满理想的年轻犹太复国主义者受希伯来语的强烈吸引，把这门语言视为自己努力重建的民族身份的基本组成部分。他们还使用希伯来语，强使自己与东欧犹太小镇中基于意第绪语的文化决裂。他们认为，在让犹太人重新成为故土上劳动与耕耘的民族的尝试中，复兴希伯来语似乎是水到渠成的产物。这也与将巴勒斯坦作为所有流散社群的犹太人共同家园的概念相符；希伯来语可能只是书面语言，但它是所有犹太人唯一的共同语言。这一事实也反映了19世纪耶路撒冷的真实情况，说阿拉伯语、意第绪语和拉迪诺语的犹太人在该城混居，他们经常用共通的书面语言希伯来语进行口头交流。

在19世纪后期，希伯来语有几种发音传统并存，它们部分可追溯至古代，部分受当时犹太人所说希伯来语口语的影响。在复兴希伯来语的早期，耶路撒冷有大量中东犹太人，说阿拉伯语的犹太人所普遍使用的希伯来语发音（被不准确地称为塞法迪发音）就占据上风。但是，从20世纪早期开始，成批到达的阿什肯纳兹移民无法掌握某些对习惯说阿拉伯语的犹太人而言很容易的发音。因此，现已成为标准希伯来语的塞法迪发音，实际上是阿什肯纳兹、塞法迪和中东发音特点的综合体。

223 　　希伯来语复兴面临的最大问题是找到词汇，既能满足日常需求，又能表达在常见的古代文本中阙如的现代概念。为了应对这类问题，1890年成立了希伯来语委员会（后于1953年由希伯来语学术院接替），它从《塔木德》和中世纪希伯来语文学中搜寻植物、工具、服装和家具等领域的词汇。委员会还创造新词。这门语言的结构有利于这项工作。像其他闪族语言的词汇那样，希伯来语词汇通常由三个辅音词根构成。元音、前缀和后缀根据相当规则的模式来修饰这些词根。

一旦需要一个词表达某个古代不存在的新事物,往往可以找到一个古代词根,再利用这些标准模式之一,造出一个新词。

例如,表达铁路列车的单词就是从古词根 r-k-b 中提炼出来的,它出现在包含骑术概念的词语中。《圣经》中有动词 *rakhav*(骑)及名词 *rekhev* 和 *merkava*(战车),《塔木德》中有动词 *hirkiv*(连接),于是现代希伯来语有了 *rakevet*(火车)。在某些情况下,说希伯来语的人只是借用外来词汇,如表达学院的 *akademya* 和大学的 *universita*。有时外来词已被新造的希伯来语单词替代,比如在 20 世纪 60 年代流行的 *informatsya*(信息)就已让位给 *meda*,它是用普通的意为"知道"的希伯来语词根新造的,而且更符合常见的希伯来语名词结构。有时会从外语中挪用动词,再套上希伯来语的动词模式,比如 *tilfen*(打电话)和 *gilven*(激励)就有很自然的希伯来语"感觉",尽管它们都源自外语词根(分别来自英语的"to telephone"和"to galvanize")。希伯来语学术院仍继续就拼写、发音、语法和词汇等问题辩论与裁决,并且不时发行词典,为专门领域提供语言学指导。

虽然希伯来口语已有几个世纪不在日常生活中使用,但它是天然纽带,一头连接着巴勒斯坦当时占多数的塞法迪犹太人,另一头连接着随早期犹太复国主义定居者的到来而不断增加的阿什肯纳兹犹太人,因为希伯来语是一个有着不同方言的民族所共有的传统语言。本-耶胡达将希伯来语作为世界犹太人联盟设在耶路撒冷的学校的教学语言之一,又出版希伯来语报纸和期刊讨论犹太话题与一般话题,并根据需要创造出许多希伯来语词汇。他耗时多年编纂了一部长达 17 卷的希伯来语历史辞典(他去世后才出版),虽然其中有些部分今天已显过时,但它仍是最全面的希伯来语辞典。他还成立希伯来语委员会,并担任主席,这是今天以色列国家语用仲裁机构——希伯来语学

224

术院的前身。在前无古人的发展中,本-耶胡达的努力终于结出硕果,经过反复辩论和争议,希伯来语终被采用为新生犹太人家园的语言。

第二波移民潮持续了十年,它是由 1903 年俄国的基希涅夫集体迫害和 1905 年俄国革命的失败共同促成的。这些移民大多是理想主义的先锋,致力于社会主义,以及将希伯来语变成犹太人的日常语言。他们的代言人是 A.D.戈登,他虽然不是社会主义者,但宣扬以下理念:只有通过劳动的有益力量和回归自然,犹太人才能复兴。这些移民发展出以色列特有的农业组织:集体定居点(kibbutz,基布兹)和合作定居点(moshav,莫沙夫)。从他们关于意识形态的争论中产生出一些政党,它们后来联合成马帕伊(Mapai)党,即当今以色列工党的前身。在英国委任统治时期(第一次世界大战后)和以色列建国后(1948 年后),巴勒斯坦犹太社群的领导人都来自这些政党:如以色列第一任总理大卫·本-古里安,第二任总统伊扎克·本-兹维。1909 年,第一座犹太人城市特拉维夫在巴勒斯坦建立,如今已是以色列的大都会。

犹太人口的增长和犹太农业定居点的扩张导致当地阿拉伯人的反对相应加剧;在 1908 年的土耳其革命后,这种反对与日俱增,有组织的阿拉伯民族主义运动开始出现。犹太人定居点的安全形势江河日下。

在第一次世界大战中,土耳其加入同盟国,对英作战。由于担心阿拉伯和犹太的民族主义者煽动暴乱,土耳其在巴勒斯坦的总督贾马尔(Jamal)帕夏大肆抓捕和驱逐许多犹太定居者。他以破获了一个效力于英国的犹太间谍组织为借口,迫害犹太定居者,而不问他们是否支持间谍活动。1917 年 12 月,英国将军埃德蒙·艾伦比进入耶路撒冷,犹太人把他当作解放者夹道欢迎。

在整个一战期间,阿拉伯和犹太的领导人一直在牺牲土耳其的利益,争取英国对各自民族抱负的支持。哈希姆家族是以侯赛因酋长(emir)为首的阿拉伯权贵家族,它对土耳其开展破坏活动(由人称“阿

巴勒斯坦的犹太人定居点

- - - 1920—1948年英国委任统治时期
■ 1942年4月犹太人拥有的土地
年份表示现代定居点建立的时间

梅图拉 (1896)

哈尼塔 (1938)
阿卡　采法特　罗什平纳 (1938)

海法

太巴列湖

奎哈拉 (1921)
贝尔福利亚 (1922)　特奥

泽赫容雅科夫 (1882)

杰宁

哈代拉 (1890)
内坦亚 (1929)

赫茨利亚 (1924)

纳布卢斯

地 中 海

特拉维夫 (1909)
雅法
佩塔提克瓦 (1878)

里雄莱锡安 (1882)
雷霍沃特 (1890)

耶路撒冷

伯利恒

死 海

加沙

希伯仑

别是巴

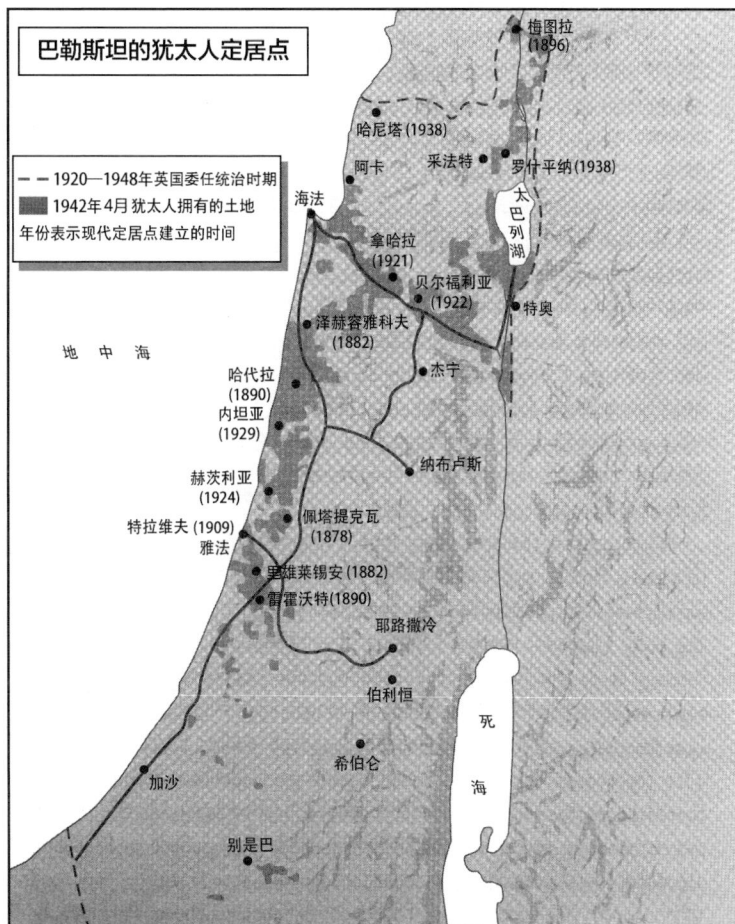

拉伯的劳伦斯"的 T.E.劳伦斯与英国协调），以支持英国的战争行动；作为回报，他们得到承诺，可以在战后实现阿拉伯独立，建立一个哈希姆家族统治的王国。犹太人组织犹太军团代表英国作战，犹太复国主义领导层费尽心思，努力说服英国政府在巴勒斯坦地区解放后承认当地犹太人的权利，允许自由移民，并承认那里犹太复国主义机构的合法地位。哈伊姆·魏茨曼在这项工作中卓有成效，他是化学家，因发现合成丙酮的方法而对战争做出重大贡献。这些努力在 1917 年终于换来英国外交大臣贝尔福勋爵的正式宣言："英国政府赞成在巴勒斯坦建立一个犹太人的民族家园，并将尽最大努力促成此目标实现。"就在艾伦比将军解放耶路撒冷前一个月，《贝尔福宣言》受到全世界犹太人的热烈欢迎。但英国对犹太人和哈希姆家族分别做出的承诺相互冲突，为未来几十年中东地区的冲突埋下祸根。

战后，英国从新成立的国际联盟那里得到包括约旦河两岸在内的巴勒斯坦的委任统治权。委任统治的目的是执行《贝尔福宣言》，同时保障这一地区其他群体的权利。委任统治当局成立了犹太代办处，它将与委任统治当局合作，通过鼓励犹太人的移民和定居来创建犹太民族家园。犹太代办处与世界犹太复国主义组织（由魏茨曼领导）密切合作，实为英国控制下的犹太准政府。在整个委任统治时期，犹太代办处由工党的犹太复国主义者主导。

但在战后交割中，哈希姆家族建立一个独立阿拉伯王国的要求被忽视了。为了部分满足哈希姆家族，英国分割巴勒斯坦，成立外约旦酋长国（emirate），将之授予哈希姆家族阿卜杜拉酋长，而他的弟弟费萨尔（Faisal）此前已被英国人拥立为伊拉克国王。但阿拉伯民族主义者要求废除《贝尔福宣言》，并在 1921 年发动暴乱。甚至早在正式授权英国建立委任统治之前的漫长谈判期间，已经有阿拉伯人袭击犹太人定居点，迫使英国人暂停犹太移民。犹太人为了反击，组建犹太营，但英国当局不允许他们行动，犹太营只得解散。这一经历向犹太领导层表明，有必要建立一支独立但秘密的军事力量，即哈加纳。哈加纳导致英国重新定义对犹太复国主义者的许诺，削减承诺给犹太人的领土，并答应阿拉伯人限制犹太移民。英国很快就放弃了修订《贝尔福宣言》的尝试，但这一系列事件确立起英国在整个委任统治时期的政策模式，因为阿拉伯人对犹太人在西巴勒斯坦的存在越来越反对，在极端阿拉伯民族主义者阿明·侯赛尼被任命为耶路撒冷穆夫提（穆斯林教法权威）之后，情况更加恶化。

　　战后出现了第三波犹太移民潮，主要由来自波兰的劳工犹太复国主义"先锋"（*halutsim*）组成，他们投身于农业和体力劳动，疏浚沼泽，建立集体定居点（基布兹），推动希伯来语言和文化的发展。始于1925年的第四波移民潮并非受意识形态影响，而是由逃避波兰反犹主义的难民组成。这一时期在巴勒斯坦成立了一批犹太机构，如哈加纳（防卫组织），希伯来工人总工会（Histadrut）以及希伯来大学。在这十年里，以弗拉基米尔·雅博廷斯基为首的右翼运动"修正主义者"也在壮大，他们和劳工犹太复国主义政党分庭抗礼。在20世纪30年代，雅博廷斯基领导的修正派和逐渐被大卫·本-古里安掌控的工党之间的矛盾日益白热化。最后，修正主义者退出哈加纳，转而建立一支独立的修正派军事力量，即伊尔贡。

　　阿拉伯人越来越反对犹太人的存在。这种反对有许多理由。当地贫困的阿拉伯农民（*fellahin*）住在一些大家族拥有的土地上，这些家族生怕现状有任何改变，他们尤其担心涌入巴勒斯坦的西方犹太人会输入欧洲政治制度，给农民带来代议制政府的理念。在巴勒斯坦普通阿拉伯人看来，犹太移民不像是想要在历史家园上重建民族身份的古代中东人的后代，而更像是又一次入侵的西方殖民者。以伊斯兰教的观点来看，犹太人的日益增多改变了该地区的宗教面貌，而犹太人争取主权的诉求，又冒犯了伊斯兰教认为迪米只配恭顺屈从的观点。最后，阿拉伯人听命于奥斯曼帝国达四个世纪之久，如今又处在英国控制下，他们此时正在发展自己的民族主义抱负。1929年，侯赛尼穆夫提的煽动性宣传激起严重暴乱，在耶路撒冷、采法特，特别是在希伯仑，造成多人死伤。为了安抚阿拉伯人，英国人暂停了犹太人移民。

　　但是，20世纪30年代欧洲的迫害造成犹太人不断向巴勒斯坦移

228

229

民,犹太人和阿拉伯人的关系愈发紧张。以英法为一方和以德意为另一方之间的对抗也日益升级,巴勒斯坦本已紧张的局势进一步恶化。正如第六章所述,阿拉伯民族主义者视德国为天然盟友,可以与其联合反抗令人憎恨的英法殖民政权,而德国纳粹政府的官方反犹政策,正好道出阿拉伯人怨恨巴勒斯坦犹太人的心声。随着欧洲战云密布,英国人急于安抚阿拉伯人,以免危及自己对巴勒斯坦的控制,因为那里不仅有重要港口海法,而且靠近苏伊士运河。这些考虑使英国人的天平越来越向阿拉伯人倾斜,犹太人的分量越来越轻。

在侯赛尼穆夫提的领导下,阿拉伯高等委员会于1936年成立,并在轴心国的支持下发动宣传运动,导致阿拉伯人多次攻击犹太人定居点。英国人起初袖手旁观,但当阿拉伯人开始攻击英国驻军时,英国人便允许哈加纳公开活动,甚至派一名军官来训练哈加纳。暴力活动一直持续到1939年,而与此同时,英国人决定修改他们对巴勒斯坦的政策。由英国政府授权研究巴勒斯坦委任统治问题的皮尔委员会得出结论:犹太人和阿拉伯人各自的民族抱负不可调和,应该再次分割巴勒斯坦。新计划是建立一个由沿海地带、加利利和耶斯列山谷组成的犹太国家,一个由中部山区和内盖夫组成的阿拉伯国家,以及一个包含耶路撒冷、雅法和拿撒勒的英国飞地。犹太人对于是否支持该计划意见不一,工党大多表示赞成,而修正派强烈反对。阿拉伯人对此则完全拒绝。1937年阿拉伯人再次掀起暴力事件,随后阿拉伯人甚至拒绝参加有犹太复国主义领导人出席的分治问题会议,使英国人确信该计划无法执行。因此,英国人在1939年发表臭名昭著的白皮书,严格限制犹太人向巴勒斯坦移民,实际上废除了《贝尔福宣言》。这种出尔反尔的行为对巴勒斯坦犹太人定居点产生了毁灭性影响,但它并没有达到阻止阿拉伯人支持轴心国的目的,二战在同年晚些时候爆发,整个巴勒斯坦问题退居幕后。

　　第二次世界大战使得巴勒斯坦犹太人的政治处境艰难。尽管英国显然已成为敌人，但犹太人必须与之合作，以打败德国人，否则德国人的胜利将彻底结束犹太人的历史。像在第一次世界大战时那样，犹太人仍希望通过与英国积极合作，为战后创造有利条件。许多巴勒斯坦犹太人为英国而战；犹太旅在 1944 年成立，它的旗帜上有一颗黄色的大卫星。然而，1942 年德国军队在利比亚战败后，犹太人和英国政府的关系再度恶化；英国限制犹太人获取武器，并将从欧洲向巴勒斯坦运送犹太难民的船只遣返。其中好几艘船沉没，数百人丧生。

　　战争结束时，欧洲难民营中数以万计的犹太难民的困境，使所有人相信有必要开放巴勒斯坦以接受犹太移民，唯独英国人和阿拉伯人无动于衷。导致英国在战前偏袒阿拉伯人的地缘政治因素此时仍然有效，只不过随着冷战的开始，苏联取代德国，成为英国的对手和阿拉伯人的后台。满载着难民的船只摇摇欲坠地从欧洲抵达巴勒斯坦，但英国人要么将它们遣返，要么拦截在公海上。修正派向委任统治政府宣战，开始实施破坏计划；而一个更极端的组织即斯特恩帮，则通过政治暗杀与英国人斗争。1946 年 6 月，数千名犹太人被捕，犹太人的武器被收缴；作为报复，伊尔贡炸毁耶路撒冷的大卫王酒店，许多政府机构在那里设有办事处。

231

　　犹太代办处和巴勒斯坦的其他官方犹太机构与这种极端主义划清界限，既出于道德及策略的考量，也因为修正派的单独行动威胁到他们的权威；他们协助英国人展开抓捕，导致犹太左翼和右翼关系破裂。英国当局以大规模抓捕来回应暴力活动，并在塞浦路斯为非法移民设立拘留营，这些非法移民当时刚从德国死亡集中营获释。在哈加纳的帮助下，有些难民船逃脱英国的封锁；出现了几次戏剧性的对抗，其中最著名的是蓬头垢面的难民和登上"出埃及号"轮船的英军之间的战斗。不出所料，英国的强硬态度甚至让犹太温和派都变得更加反

232

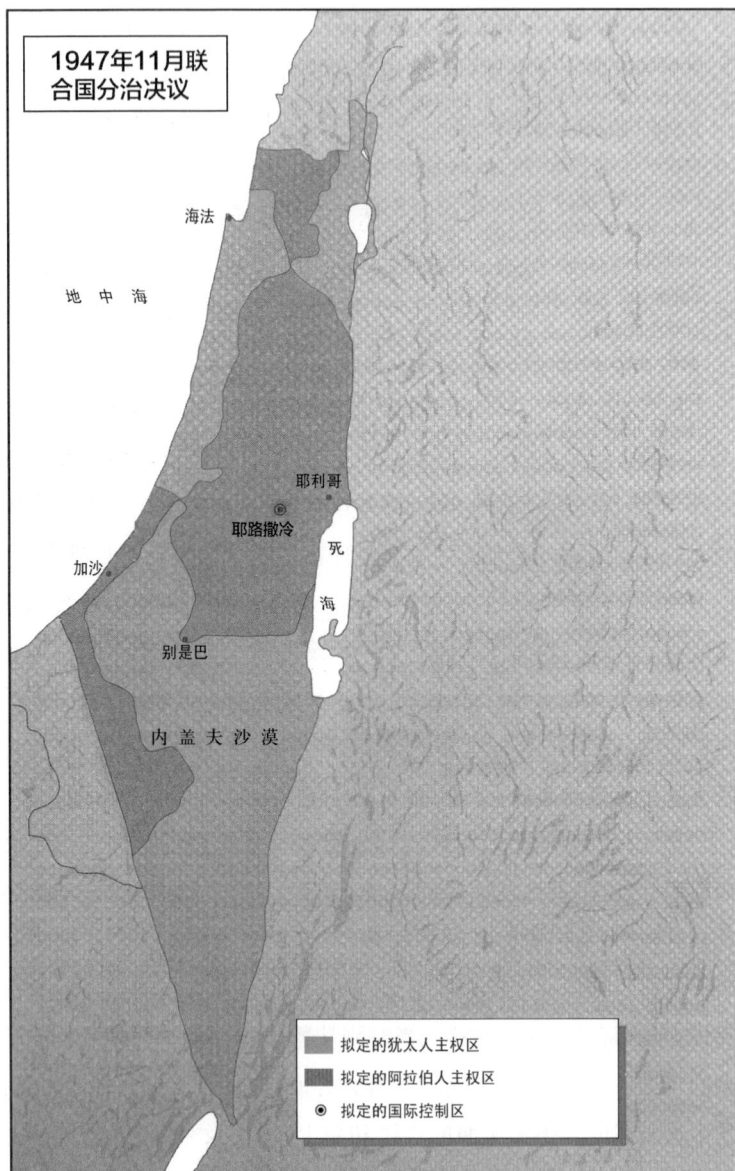

1947年11月联合国分治决议

海法

地中海

耶利哥

耶路撒冷

死
海

加沙

别是巴

内 盖 夫 沙 漠

拟定的犹太人主权区

拟定的阿拉伯人主权区

⊙ 拟定的国际控制区

对英国的委任统治,并使犹太左翼和右翼重归于好。巴勒斯坦的领导层此时团结一致反对英国的政策,英国和巴勒斯坦犹太人实际上已处于战争状态。

由于没有能力调停犹太人和阿拉伯人之间的利益之争,恼羞成怒的英国决定撒手不管,将问题提交联合国处理。1947 年 11 月 29 日,联合国大会投票决定,将巴勒斯坦重新划分为两个主权国家:犹太人的国家由加利利东部、沿海平原和内盖夫组成,耶路撒冷由国际共管,其余部分将成为阿拉伯国家。这一动议得到美国的支持,还出乎意料地得到苏联的拥护。1945 年在开罗成立的阿拉伯国家联盟以巴勒斯坦的阿拉伯人事务为己任,宣布将用武力抵制分治。英国宣布将不会协助实施这项决议。分治计划的执行工作便留给巴勒斯坦犹太人和全世界犹太人。英国委任统治结束的日期定在 1948 年 5 月 14 日星期五。就在这一天,犹太代办处负责人大卫·本-古里安在特拉维夫宣告,一个犹太国在巴勒斯坦建立,这就是以色列国。

但以色列的独立战争已经打响。

233

　　马萨德(Massad)营里的棒球赛,该营是20世纪50年代宾夕法尼亚州的希伯来语夏令营。裁判员身后是英语和希伯来语对照的棒球术语表,供比赛时随时参考。照片,版权方为莉娃·舒尔辛格、施罗莫·舒尔辛格。美国犹太人历史博物馆(费城)提供。

第十一章 1948 年后的犹太人

以色列

1947 年 11 月 29 日，联合国关于分割巴勒斯坦并建立一个犹太国家和一个阿拉伯国家的投票刚结束，周边国家的阿拉伯非正规军就开始涌入巴勒斯坦，攻击犹太人定居点。虽然英国拒绝调停，并继续解除犹太人的武装，但犹太人设法维持了对建有犹太人定居点的巴勒斯坦大部分地区的控制。1948 年 5 月 14 日，当以色列宣布独立，最后一批英军撤离后，约旦、伊拉克、叙利亚、黎巴嫩和埃及的军队便在沙特阿拉伯和也门的支援下，对以色列发动大规模的军事进攻。

鉴于这七个阿拉伯国家的规模和地理优势，以色列似乎毫无胜算。但到 1949 年 3 月停战时，以色列已经控制加利利、海岸地带、内盖夫、通往耶路撒冷的道路以及西耶路撒冷——这比分治计划所划归的领土还要大。约旦占领约旦河以西的山地（现称为约旦河西岸，原是打算留给巴勒斯坦阿拉伯国家的）和东耶路撒冷（原是打算国际共管的），包括被奥斯曼帝国城墙包围的老城。

236

年　表

犹太历史	时间	世界历史
以色列宣布独立;阿拉伯国家发动袭击	1948	
第一届克奈塞特召开,本-古里安任总理;与阿拉伯国家签订停火协议	1949	
也门犹太人移居以色列	1949—1950	
伊拉克犹太人移居以色列	1950—1951	
魏茨曼逝世;与德国达成赔偿协议	1952	埃及革命使迦玛尔·纳赛尔掌权
	1953	斯大林逝世
摩西·夏里特任总理;摩洛哥犹太人大批外迁	1954—1955	
西奈战役	1956	
艾希曼被押送至以色列	1960	
	1962	阿尔及利亚获得独立
	1963	约翰·F.肯尼迪遇刺身亡
	1964	巴勒斯坦解放组织成立
	1965	美国进攻越南
六日战争;耶路撒冷统一	1967	匈牙利革命
埃及和以色列间的消耗战开始;果尔达·梅厄任总理	1969	
以色列运动员在慕尼黑奥运会被杀	1972	
赎罪日战争	1973	
利库德集团取代工党成为执政党;贝京任总理;萨达特访问耶路撒冷;	1977	

续表

犹太历史	时间	世界历史
《戴维营协议》	1978	
	1981	萨达特遇刺身亡
黎巴嫩战争	1982	
贝京辞职；沙米尔任总理	1983	
因提法达运动开始	1987	
	1988	侯赛因国王宣布放弃对约旦河西岸的主权要求；巴勒斯坦人宣布建国
马德里会议	1991	苏联解体
工党重新执政；拉宾任总理	1992	
《奥斯陆协议》；与巴解组织签署意向书	1993	巴勒斯坦权力机构创立
与约旦签订和约	1994	
拉宾遇刺；佩雷斯任总理	1995	
利库德集团赢得大选；内塔尼亚胡任总理	1996	巴勒斯坦权力机构举行首次选举

　　原先住在以色列新控制区的许多阿拉伯平民逃离家园，或许是应阿拉伯军队或以色列军队的要求，或许只是出于害怕战争的暴力。其间，至少在代尔亚辛（Deir Yassin）村发生一起暴行，以色列军队在该村屠杀平民，造成更多难民逃亡。阿拉伯领导人向难民保证，阿拉伯国家会重整旗鼓，再次投入战斗，让他们重返家园；阿拉伯国家没有吸收难民，而是将他们安置在难民营，这些难民营日后满是挥之不去的贫穷与绝望，一代代难民在那里滋长着他们对以色列的仇恨。

　　与此同时，以色列开始了建国进程。1949 年 1 月举行大选，成立议会（名为"克奈塞特"[Knesset]）和第一届政府，大卫·本-古里安任总理,哈伊姆·魏茨曼任总统。鉴于耶路撒冷在犹太史上古老而重要的地位,它被定为以色列首都,尽管包括美国在内的一些国家当时对此拒绝承认。

中东和北非国家的犹太人担心与这个犹太国的联系会在本国受到敌视,纷纷逃往以色列,第二次世界大战中剩下的欧洲犹太难民也逃到以色列,以色列国内很快出现大量难民。以色列议会颁布《回归法》,使犹太人移民有权立即、自动获得公民身份。虽然迫切需要人力,但随之而来的人口爆炸给这个年轻国家带来巨大的经济和社会困难,特别是考虑到这些移民来自多个国家,在文化和技术水平上差异悬殊。

238　　虽然以色列吸收的人均移民数高于世界上任何其他国家,但它同时要应对持续紧张的政局。在独立战争后,阿拉伯国家从未做出和平承诺。约旦和埃及为继续斗争而培养名为费达因(*fedayeen*,意为“自我牺牲者”)的游击团伙,对以色列境内的小目标实施伏击。阿拉伯国家不但抵制以色列,而且抵制与以色列有业务往来的公司和停靠以色列港口的航运公司。以色列飞机不得飞越阿拉伯领空,访问过以色列或持以色列护照的旅客不得进入阿拉伯国家。埃及对以色列关闭了苏伊士运河,并封锁通往以色列南部港口城市埃拉特(Eilat)的航道。约旦禁止犹太人进入耶路撒冷的圣地(它们大部分位于约旦占领区),并有计划地亵渎这些圣地。阿拉伯国家不但拒绝承认以色列,甚至拒绝提及其国名;几十年来,阿拉伯媒体称以色列是“犹太复国主义实体”。

冷战期间,中东成为美国与苏联博弈的几个地区之一。苏联向阿拉伯世界提供武器,把这里变成它的势力范围,苏联与叙利亚和埃及的关系尤其紧密。埃及领导人迦玛尔·阿卜杜尔·纳赛尔是泛阿拉伯主义者,积极主张阿拉伯世界的联合与扩张。在苏联的鼓动下,埃及夺取苏伊士运河的控制权,并加紧通过费达因突袭以色列。1956 年 10 月 29 日,英法两国密谋与以色列一起攻打埃及。以色列军队占领西奈半岛,并在一周内重创埃及军队;然后,英法两国以隔离埃及人和以色列人为借口,进驻这一地区,夺回苏伊士运河。面对国际社会对英、法、以三国的愤怒谴责,以色列放弃西奈半岛,换取联合国关于埃以边境安全和埃及解除对埃拉特封锁的保证(但以色列仍然不能使用苏伊士运河)。不过,鉴于冷战时期联合国夹在美苏之间的尴尬地位,这些保证几乎没有什么效力,以色列仍不断遭受攻击。

尽管如此,随后将近十年里,以色列还是享有相对的安宁,可以把注意力转向经济和社会发展,并继续吸收来自阿拉伯世界、共产主义国家、南美洲、澳大利亚和南非的移民。1959 年,以色列与联邦德国正式建交,联邦德国同意在以色列经济领域投资数百万美元,作为对德国在第二次世界大战期间迫害犹太人罪行的赔款。许多在迫害中饱受摧残的以色列人反对任何形式的和解,但本-古里安力排众议,接受赔款。这些资金极大地促进了以色列新经济的发展。

1960 年,以色列安全部门在阿根廷抓获阿道夫·艾希曼,他是对组织灭绝欧洲犹太人计划负主要责任的纳粹官员,以色列再次直面纳粹屠犹。艾希曼在耶路撒冷受审,这向全世界揭露了纳粹德国对犹太民族犯下的暴行,同时提醒犹太人拥有自己的国家是多么至关重要。1962 年,艾希曼因反人类罪被绞死,根据以色列法律,这是唯一可判处死刑的罪行。

苏联继续扶植阿拉伯国家,尤其是叙利亚和埃及。1967 年,以色列和叙利亚之间的紧张局势升级,受苏联鼓动,埃及总统纳赛尔试图借机清算和以色列的旧账。埃及和叙利亚指责以色列在其北部边境为发动袭击作军事动员。纳赛尔在西奈半岛集结军队,驱逐联合国应急部队,并封锁通往埃拉特的航道。由于确信埃及能够获胜,约旦国

239

王侯赛因把他的军队交给埃及指挥,其他几个阿拉伯国家也是如此。

面对这些战争准备,以及埃及、伊拉克和巴勒斯坦解放组织(见下文)意图攻占以色列并屠杀犹太人的嗜血宣言,以色列于 1967 年 6 月 5 日先发制人,在三个小时内摧毁整个埃及空军,随后仅用三天就攻占加沙地带和整个西奈半岛。当约旦进攻耶路撒冷时,以色列军队的回应是占领耶路撒冷老城、东耶路撒冷和整个约旦河西岸。为了应对叙利亚的持续炮击,以色列夺取战略要地戈兰高地,它一直是叙利亚炮击地势较低的以色列北部定居点的阵地。短短六天内,以色列一举吞并东耶路撒冷,占领约旦河西岸、戈兰高地和加沙地带。

整个国家都为在这场大捷中战胜了所有挑战以色列生存权的势力并收复了耶路撒冷剩下的圣地而欢欣鼓舞。以色列确信,攻占这些领土就获得了讨价还价的筹码,可以换取国际社会的承认,并最终解决自 1947 年开始的敌对行动。但阿拉伯国家不仅仍旧拒绝接受以色列的存在,而且要求以色列退回 1947 年分治决议(当时阿拉伯人自己反对这一决议)规定的边界,他们还拒绝签署和约,哪怕是基于分治决议规定的边界的和约。埃及和以色列之间断断续续的军事对抗一直持续到 1972 年,这一时期史称"消耗战"。更不祥的是,以色列占领和统治了一片拥有 125 万阿拉伯人的土地,这是一枚后患无穷的定时炸弹。但在那个举国欢庆的时刻,几乎无人对此有足够的先见之明。

迄今为止,以色列一直在和周边国家作战,这些国家都是为了自己或者名义上代表阿拉伯民族主义而战,但没有一个国家顾及仍住在巴勒斯坦或挤在难民营中的阿拉伯同胞的利益。随着以色列征服东耶路撒冷和约旦河西岸,巴勒斯坦民族主义(有别于阿拉伯民族主义)开始成为该地区的一支活跃力量。1964 年,巴勒斯坦解放组织(PLO,简称"巴解组织")在约旦成立,它由众多巴勒斯坦阿拉伯组织构成。1968 年,巴解组织通过一个宪章,号召巴勒斯坦阿拉伯人从以色列统治下解放出来，恢复巴勒斯坦人的尊严，摧毁以色列，并在其领土上建立巴勒斯坦阿拉伯人的家园。

六日战争后的以色列及其占领区域

这些组织中最活跃的是法塔赫，其领导人是亚西尔·阿拉法特，他在1967年战争后成为巴解组织的主席。巴解组织在以色列境内和中东以外协调有组织的激进主义活动，多次策划劫机事件，并在世界各地炸毁犹太设施。侯赛因国王视巴解组织为破坏稳定的因素，用血

242

腥的清洗将它驱逐出约旦。巴解组织在黎巴嫩建立新基地，在那里接连不断地策划和实施劫持、绑架和杀戮。最臭名昭著的例子发生在1972年慕尼黑奥运会期间，以色列奥运会运动员在他们下榻的酒店里被谋杀。

然而，以色列在1967年后进入繁荣期，经济快速发展，形势似乎无限乐观。苏联的移民、与欧洲共同体的良好关系和大众旅游业都促进了经济发展。但相对的安宁也令军方更加松懈。埃及和叙利亚看到各自夺回苏伊士运河和戈兰高地的机会，计划发动突袭来扭转1967年六日战争的结果。以色列情报部门了解到埃及和叙利亚的军事动员情况，但没能做出正确评估；公众毫不知情，直到突袭当天，以色列才仓促动员应战。

突袭的日期选在1973年10月6日，正值赎罪日。这是一个宗教节日，连许多世俗犹太人都会遵守，因此，突袭让以色列猝不及防，不得不去犹太会堂召集士兵。以色列北部和西奈半岛同时遭受的攻击破坏力极强，对以色列的生存构成自1948年以来最严重的威胁。尽管落尽下风，被迫在两条战线上都后撤，以色列仍苦苦支撑。苏联大规模空运物资，支援埃及和叙利亚，而美国针锋相对，通过军事空运援助以色列。以色列很快重整旗鼓，突破叙利亚防线，朝大马士革方向进军。在西奈半岛，以色列渡过苏伊士运河，进入埃及纵深达25英里，然后美国和苏联达成停火协议。尽管在人力和物力方面远远不如对手，但以色列再次证明了自己的军事优势，不过这次胜利没有带来欢乐。

这次突袭给以色列社会留下持久的创伤。一些最出色的领导人失去公众信任。民众对国防能力的信心受到打击，对真正的和平条约永远是那么触不可及心生怨怼。这种情绪随着巴解组织的激进主义活动越来越多，以及北部城镇不断受到袭击而加剧。其中最引人注目的事件是巴解组织成员劫持法航客机，改飞到乌干达的恩德培市。在约拿单·内塔尼亚胡(其弟弟本雅明·内塔尼亚胡后来成为以色列总理)的率领下,一支以色列突击队在一次大胆而仓促的突击行动中攻克机场,将人质解救回以色列。内塔尼亚胡在袭击中牺牲,很快成为国家英烈。

这一时期困扰以色列的其他问题包括:国际支持急剧减少,最终导致 1975 年联合国大会通过决议,宣布犹太复国主义属于种族主义;经济困难;移民减少;来自阿拉伯和其他中东国家的移民心生怨恨,因为他们感到自己被阿什肯纳兹犹太人支配的以色列政治文化生活所排斥;工党腐败引发愤怒;最重要的是,民众发现以色列所经历的一切艰辛并没有促成与周边国家关系的正常化。这种不满在 1977 年大选中引发政治革命:利库德集团击败工党第一次掌权。利库德集团是从前修正派的传人,是建国以来一直在野的反对派,其领导人是前伊尔贡领袖梅纳赫姆·贝京。

1977 年 11 月,埃及总统安瓦尔·萨达特访问以色列,在以色列议会发表讲话,举世震惊;不久,受美国总统吉米·卡特的鼓励,以色列和埃及开启和谈,卡特总统在 1978 年组织戴维营会议,帮助双方打破僵局。以色列同意将整个西奈半岛归还埃及,以换取埃及的正式承认和两国关系的正常化。贝京和萨达特能够达成协议,要归功于埃及的经济困难、冷战的发展、萨达特的个性和卡特的坚持。

貝京之所以能够在以色列国内赢得支持,向埃及做出必要让步,恰恰因为他是久负盛名的强硬派。不过,两位领导人在开展谈判时都冒了风险,特别是萨达特,他在谈判过程中疏远了整个阿拉伯世界;1981 年,他在阅兵时被一名穆斯林狂热分子刺杀。多年来,尽管世事变迁,但埃及和以色列之间发展出一种"冷和平",并维持至今。

次年,貝京发起以色列历史上第一次非自卫反击的军事行动。当时,包括巴解组织、叙利亚、黎巴嫩基督徒、黎巴嫩穆斯林在内的许多

244

派别在黎巴嫩的利益关系错综复杂。在此背景下,贝京和他的国防部部长阿里埃勒·沙龙将军做出决定,要将巴解组织的游击队赶出他们在黎巴嫩南部的根据地,从而结束巴解组织对以色列北部定居点的袭扰。这一目标很快实现,还在黎巴嫩南部设立了一个安全区,但沙龙乘胜追击,一直将以色列部队推进到贝鲁特,将巴解组织的军事力量围困在城中。沙龙准许黎巴嫩基督徒袭击以色列把守的萨布拉(Sabra)和沙提拉(Shatila)巴勒斯坦难民营,并屠杀居民,以色列国内外舆论对此怒不可遏。

黎巴嫩战争的确成功摧毁了巴解组织在黎巴嫩的基础设施,导致它流亡到突尼斯,但这场战争却加强了叙利亚在黎巴嫩的地位,还使以色列失去国际社会的支持,甚至在以色列国内引起相当大的愤慨,因为以色列人意识到,他们的军队正在承受和制造重大伤亡,而得到的政治回报却少得可怜。直到1985年,以色列才在另一位总理的领导下从黎巴嫩抽身。黎巴嫩战争的失败摧垮了贝京的精神,他漫长的政治生涯落幕;1983年妻子去世后,他便辞职了。

20世纪80年代,伊朗支持的伊斯兰基要主义运动真主党崛起,引发新一轮极端暴力活动,从北方对以色列实施的游击行动性质上发生改变。但自1987年起,巴勒斯坦民众开始主导局面,当时加沙地带的一场自发暴乱蔓延到整个以色列占领地区,普遍抗议以色列的统治。远在突尼斯的巴解组织设法控制了这次起义(它在阿拉伯语里叫"因提法达"),并在几周后组织"团结日",以色列的阿拉伯公民在这一天游行示威,表达对因提法达的同情。随后,有组织的罢工、游行示威和民间抗议活动持续了很长一段时间,反对以色列对约旦河西岸和加沙地带的占领。尽管以色列采取严厉报复行动,但暴力活动持续不断。儿童及青少年向以色列军队投掷石块的场景成了因提法达梦魇般的象征,以色列士兵并不比这些袭击者年长多少,他们卡在还击的本能和射杀儿童的恐惧之间,不知所措。

多年的动荡接踵而至,为了惩罚巴勒斯坦人的暴力行为,以色列实行宵禁,拆除激进分子的房屋,长期关闭约旦河西岸的学校和大学,还实施大规模监禁,所有这些导致暴力行为变本加厉。1988 年,约旦国王侯赛因正式宣布放弃对约旦河西岸的主权要求,同年晚些时候,阿拉法特宣布,他准备接受以色列和巴勒斯坦国并存;但时任以色列总理伊扎克·沙米尔立场僵硬,不为任何推动以色列与巴勒斯坦人和谈的外部压力所动,他不仅拒绝承认巴解组织,而且积极鼓励在占领地区建设犹太人定居点,从而大大加剧了紧张局势。

1991 年,在海湾战争和苏联解体之后,美国总统布什为促成以色列和阿拉伯国家谈判而做出巨大努力。先在马德里后在华盛顿召开的系列会议对以色列和阿拉伯代表来说是一次突破,双方第一次面对面交流,但以色列只与阿拉伯各国政府协商,仍然拒绝承认巴解组织作为谈判对手的资格。

1992 年,伊扎克·拉宾领导的工党政府执政后,出现了突破的可能性。因提法达对双方的破坏性越来越大,致使以色列社会日趋两极分化:一方深信,只有承认巴勒斯坦人在约旦河西岸和加沙享有某种自治,才有和平;另一方则同样深信,这么做不是自杀就是违背上帝的旨意,或者两者皆是。拉宾是独立战争和六日战争的英雄,曾是强硬派将领,以关注以色列的安全闻名。他得出结论,因提法达对以色列人生活造成的损害大于以色列控制占领区所获得的利益。拉宾接受了与巴解组织对话的原则,部分是由于外交部部长西蒙·佩雷斯的倡议。当美国发起的谈判在华盛顿缓慢进行时,另一组秘密谈判于 1992 年和 1993 年在奥斯陆举行。结果就是《联合原则声明》,这是 1993 年 9 月 13 日在白宫草坪上举行的激动人心的仪式上签署的,以色列第一次承认巴解组织是巴勒斯坦人民的代言人。《奥斯陆协议》制订出一

246

个分阶段的进程,先是以色列从占领区撤出,然后巴勒斯坦人以一个名为"巴勒斯坦权力机构"的实体逐步接管控制权;而关于耶路撒冷地位的棘手问题和其他细节则留待后续谈判解决。比尔·克林顿总统、拉宾、阿拉法特握手言欢,此情此景令人想起1978年贝京、萨达特、卡特之间的历史性握手,一个新时代仿佛从此开启。

《奥斯陆协议》在以色列和中东引发一波乐观情绪。长期以来,约旦默默期待与以色列关系正常化,此时它就与以色列签署了和约,其他一些阿拉伯国家与以色列的关系也开始解冻。和平前景也鼓励外国在这一地区投资。不过,许多人还是觉得被该协议出卖了。许多巴勒斯坦人愤愤不平,他们感到协议给予他们的不是国家地位,而只是一个模糊的巴勒斯坦实体的分阶段自治。有些人对亚西尔·阿拉法特的领导权产生不满。伊斯兰基要主义者,特别是极端主义的哈马斯组织的成员,拒绝承认任何犹太国家的合法性,也拒绝承认巴勒斯坦权力机构的合法性,因为这个机构恰恰是靠承认以色列而得以存在的。许多以色列人无法接受一个前激进组织居然获得体面的新地位,更何况当初成立该组织的宗旨是要摧毁犹太国家和杀害犹太人口。许多正统派犹太人不能忍受丧失圣地任何一部分主权的想法。极端主义暴力活动持续不断,阻碍了最终解决问题的势头。

1995年11月4日,最终解决问题的希望化为泡影,当天在特拉维夫举行的一场大规模和平示威游行结束时,伊扎克·拉宾被一名犹太狂热分子暗杀。拉宾是唯一有威望要求公众支持和平进程的公众人物。虽然他的继任者西蒙·佩雷斯同样致力于与巴勒斯坦和解,但面对持续不断的武装袭击,他未能保住公众对和平进程的支持。1996年2月和3月,巴勒斯坦人发动的一系列自杀式爆炸袭击让工党政府倒台,利库德集团以微弱优势赢得选举。新总理本雅明·内塔尼亚胡的竞选口号是"要和平也要安全",他推迟执行《奥斯陆协议》的重要部分,并且有计划地加强正统派犹太定居者在占领区和东耶路撒冷的248地位。

巴以关系明显的螺旋式下降已成常态。哈马斯招募和训练巴勒斯坦年轻人,实施自杀式袭击或其他破坏活动,造成以色列人丧生。以色列领导人责怪巴勒斯坦权力机构没能按照《奥斯陆协议》的规定制止这些活动,并不定期地关闭占领区居民进入以色列领土的通道。这确实减少了暴力活动,但也造成巴勒斯坦经济的严重恶化,加剧了巴勒斯坦人对以色列的仇恨。巴勒斯坦人还迁怒于巴解组织,致使极端基要主义运动哈马斯渔翁得利。

利库德政府对约旦河西岸的正统派犹太定居者和东耶路撒冷犹太人新建项目的持续支持,是对巴勒斯坦人的不断挑衅。此外,还发生了多起正统派犹太人对穆斯林的暴行,其中最引人注目的一起发生在希伯仑。1994 年,一名正统派犹太定居者杀害了 29 名正在先祖墓地(the Tomb of the Patriarchs)前祈祷的阿拉伯人。每一起事件都使对方的强硬派势力得以加强。

在以色列建国 50 年,同时也是第一届犹太复国主义者代表大会召开 101 年后,以色列成为一个强大、现代、民主、繁荣的国家。这个事实彻底驳倒了以色列能否建成或者能否长久存在的质疑,这类质疑声在 1967 年以前不绝于耳。现在不确定的是以色列未来的前景。以色列和巴勒斯坦人的关系远远未能尘埃落定,而且似乎正进入一种漫长而棘手的暴力状态。在以色列人中,世俗与信教的人正两极分化,由此威胁到犹太复国主义的构想,即以色列应该是一个现代民主国家,各色犹太人都可以一起和谐地生活。但以色列的建国基础是稳固的。

美国犹太社群249

到以色列独立时,世界犹太人的分布已发生了根本的变化。在欧洲,保存完整的主要犹太社群只在英国和瑞士存在;欧洲大陆上的犹太人已经少得不再重要,数百万人已被屠杀,另有数百万人逃离。在中东,大部分犹太社群正在急速消亡。以色列犹太人虽然在增长,但仍然相当弱小,其人口增长先是受制于英国排斥性的移民政策,后来又被本国的安全问题和糟糕的经济状况拖了后腿。西半球的犹太社群当时占主导地位。从 19 世纪 80 年代开始,东欧的大规模移民在拉丁美洲(特别是阿根廷和墨西哥)和加拿大建起重要的犹太社群,而这些社群的规模现在又因战争难民的涌入而扩大。但是,美国的犹太社群才是犹太人口的主要中心。

正是在西方国家中最开放的美国,犹太人最显著地面临着现代性所带来的大问题:在美国社会中,个人生活不是由社群而是由个人抱负塑造的,任何人只要愿意接受共同的美国文化,就很容易为非犹太人接受,物质主义和商业主义又压倒大多数其他的价值体系,在这些背景下,如何保持鲜活的犹太身份? 我们已经看到,现代性是如何消磨 19 世纪西欧犹太社群的凝聚力和削弱犹太身份意识的,但这个问题在美国更加尖锐,因为美国的犹太人和非犹太人都不太受传统约束。美国社会也存在对犹太人的轻蔑,在社会顶层和底层中尤甚,但保护爱尔兰人和意大利人(他们的大量移民与犹太人移民差不多同时来到美国)的法律同样适用于犹太人,而这里的反犹主义完全不像欧洲国家那样恶毒,因为中世纪的反犹传统在欧洲国家从未绝迹。在美国,最大的问题不是犹太人能被宽容多久,而是犹太身份和犹太文化能维持多久。

到第二次世界大战结束时,第二代美国犹太人已经成年,传统的观念和行为越来越为老年人所专属。随着美国人搬往郊区居住,城市中的犹太街区日渐衰落;犹太移民会堂、意第绪语报纸和意第绪语剧院逐渐减少甚至关张,犹太身份在大多数犹太人的生活中失去中心地位。甚至反犹主义都消失了，因为第三代和第四代美国犹太人与非犹太人一起长大、一起上学、共同生活，越来越多地相互通婚，美国犹太人变得与其他美国白人无异。偶尔发生的亵渎犹太会堂的事件都会令人震惊，因为这实在不符合美国的特点。自二战以来，美国就坚定地承诺要保障少数群体的自由，并为此感到自豪。犹太人在美国的生活如此舒心，似乎他们可能会和其他美国人融为一体，最终消失。

　　以色列建国给美国犹太人带来巨大的自豪感。他们慷慨地在财政和政治上支援以色列，这两种支援对于以色列的生存都不可或缺。但美国犹太人很少移民以色列。在实行种族隔离的南非和局势动荡的阿根廷，许多犹太人要么移居以色列，要么参与以移民为导向的犹太复国主义活动，但美国犹太人没有离开美国的动机。只有极少数理想主义者才会考虑放弃战后美国的繁荣，来到这个物质贫乏、充满不安全感的新生国家。美国的犹太复国主义仅仅意味着支援以色列，这让以色列人感到绝望，因为在以色列人看来，犹太复国主义意味着为了一个更美好的未来而忍受艰难险阻。以色列发展出具有自己风格的文化和生活方式，而美国犹太人越来越美国化，这两个最重要的犹太社群在社会层面渐行渐远。以色列建国初期，两国犹太人很少互访，这种发展趋势还不明显。但即使差异已变得不容忽视，它也没有削弱美国犹太人对以色列的热情支持。

251

　　在 20 世纪 60 年代，美国犹太人保持犹太身份的方式是加入犹太会堂（主要是保守派或改革派的犹太会堂），并向犹太慈善机构网络和以色列捐款。加入犹太会堂并不意味着严格遵守犹太教规定；大多数会众的参与动机主要是群体忠诚和民族凝聚力，而不是宗教。对大多数犹太人来说，身为犹太人意味着主要和犹太人交往，奉行犹太新年和逾越节的部分宗教仪式，奉行用在割礼、婚礼、成年礼（越来越向女性开放）、葬礼和父母逝世周年纪念（*yahrzeit*）等人生大事上的宗教仪式。在第二代美国犹太人中,对这些宗教仪式非常熟悉或真正感到舒服的人已经很罕见。每周两到三个下午,数百万犹太儿童去犹太会堂开办的希伯来学校上课,但其中没什么人能掌握哪怕最基本的会堂技能或家庭仪式。

然而,大量犹太人还是通过犹太会堂、犹太社群中心和一个复杂的组织网络而与犹太社群建立联系。这个网络负责为犹太教育、慈善事业和以色列筹资。大部分城市有一个犹太慈善机构联盟,负责共同筹资和分配资金。这些联盟又组成犹太联盟委员会(Council of Jewish Federations)和福利基金会(Welfare Funds),该基金会已成为美国犹太人的主要决策机构之一。另一个有影响的组织是美国主要犹太组织主席团会议(Conference of the Presidents of Major American Jewish Organizations),它有时充当美国犹太人的代言人。但是,没有一个机构能够代表所有美国犹太人,这与非犹太人经常假设的情况相反。

在 20 世纪 60 年代,当美国中产阶级青年反抗成年一代的权威时,许多犹太青年也积极反对一切犹太行为和传统价值观,(不无道理地)认为父母身上残留的犹太宗教成分只不过是另一种空洞的循规蹈矩,他们也这样指责整个美国社会。这种反叛有其政治因素。反抗越南战争的一代人把以色列的生存之战解释为军国主义,把以色列的存在解释为殖民主义;在 60 年代中期,以色列是美国犹太人的骄傲,还受到自由主义知识分子的推崇,现在它也像美国那样被贴上"军工综合体"的污名标签。这一时期出现的新左派与旧左派不同,明显亲阿拉伯而排斥犹太复国主义,其信徒中有不少犹太知识分子。到 70 年代和 80 年代,这些"花样儿童"开始成家立业,犹太身份对他们大多数人来说几乎没有什么实际的意义。

与此同时,两个发展态势给犹太复兴带来些许希望。在成千上万被青年文化席卷的犹太人中,有一小部分人受过的犹太教育比普通美国犹太中产阶级受过的这类教育更多。他们主要是 20 世纪 50 年代末和 60 年代初参加过犹太教育夏令营的青年。波士顿和纽约出现了一些犹太青年小团体,其成员把青年文化的风格和一些理念糅合进犹太传统,特别是哈西德主义的传统。正是本着青年文化的精神,他们抨击传统犹太体制,特别是大型的、缺乏人情味的郊区犹太会堂。此外,在以色列打完六日战争,刚刚占领约旦河西岸、加沙和西奈半岛后,他们就谴责老辈犹太人盲目支持以色列的对外政策。与许多漠不关心的犹太青年不同,这些小团体成员对犹太事务消息灵通并深入参与其中,他们渴望夺取领导地位,因为他们觉得当权派不如自己道德高尚,也不像自己这么尽忠职守。

253

不出所料,犹太当权派对这些年轻人严厉痛斥,指责他们打破犹太社群试图向外部世界呈现统一阵线的传统,尤其在他们发起反对以色列占领阿拉伯领土的游行之后。一些叛逆者最终投靠当权派,成了拉比、教员或犹太组织的工作人员。他们将以前不显著的新颖成分引入美国的犹太教育和宗教生活:更多地强调灵性价值;渴望在犹太传统中独辟蹊径,以发掘资源,构建更加多姿多彩、引人入胜的犹太人生活;领略犹太传统中的异域情调;能够即兴发挥。这些人对犹太会堂生活产生小但重要的影响,他们推动成立哈夫罗特(havurot),这是一种团契,既可以存在于大型会众中,又可以独立存在。哈夫罗特为渴望加入的人提供的犹太社群生活要更富热情但又不是正统派的,而它所提供的会堂仪式则更具实验性。他们还在争取女性加入犹太神职人员的运动中产生影响,这一运动随着 1972 年莎莉·普丽桑德(Sally Priesand)被希伯来联合学院任命为首位女拉比而结出硕果。到 1989 年,改革派和保守派的神学院都在培养女性拉比和领祷人了。

另一个发展态势是正统派令人意外的复兴。在第二次世界大战结束时的难民中,有来自东欧的哈西德主义信徒的残部,他们有些在远东熬过战争岁月,另一些从集中营里劫后余生。这些移民加入已经存在于纽约布鲁克林的信奉哈西德主义的小团体,发展成庞大而繁荣的社群。在很长一段时间内,他们似乎只是一群来自异邦的遗老遗少。然而到了20世纪70年代,一支在二战前已经来到布鲁克林的卢巴维奇派哈西德突然引起公众注意,因为他们发起国际运动,旨在争取全世界犹太人信奉正统派犹太教,特别是信奉他们所倡导的那种形式。

卢巴维奇运动在梅纳赫姆·孟德尔·施内尔松的领导下,以老练的手法和高度的献身精神组织起来,它出人意料地充分利用现代广告技术,宣扬一种大多数美国犹太人觉得稀奇古怪的宗教风格。卢巴维奇派传教士被派往美国各主要人口中心,以及世界各地的大部分犹太人聚居中心,他们在那里与远离传统的犹太人建立联系,争取让这些人遵守简单的宗教仪式,比如在周五晚上点蜡烛。卢巴维奇派的年轻使者把名为"诫命车"的厢式送货车停在美国各主要城市的闹市区,或停在大学校园附近,车上大声播放着犹太传统音乐,然后和长相像犹太人的路人搭讪,哄骗他们行犹太宗教仪式。犹太当权派正投入数百万美元,试图解决让美国犹太大众重新接受犹太教育的问题,他们对这个来自布鲁克林、奉行蒙昧主义的拉比获得的成功与影响感到惊讶。卢巴维奇派实际上没有从同化中挽救多少犹太人,也没有把很多犹太人变成卢巴维奇派信徒。但是,这位人们口中的"卢巴维奇大师"(Lubavitcher Rebbe)在广告和电视上的现身,以及他的使者在街头巷尾的出没,都引人注目,为宗教正统思想注入活力。在20世纪80年代,卢巴维奇运动试图通过宗教仪式团结全世界犹太人,为即将来临的弥赛亚做准备。有传言说施内尔松本人就是弥赛亚,但他直到1994年去世从未自称是弥赛亚。

卢巴维奇运动并非正统派复兴的唯一例证。在20世纪70年代和80年代,公众对所有行为与道德问题的共识已经瓦解,许多美国人,无论基督徒还是犹太人，都转向传统宗教寻求安全感。这一趋势可能是卢巴维奇运动获得成功的部分原因，也无疑解释了为什么许多犹太人，尤其是在纽约地区，会被一种"正常的"或"现代的"正统派犹太教所吸引。这些"悔改者"（*baale teshuva*）通常在普通的郊区中产阶级家庭里长大，已经在文化上适应美国，但转而要严格遵守宗教规定。与哈西德主义不同，他们的职业属于典型的美国中产阶级人士，有医生、律师、商人、会计、大学教师、股票经纪人、记者等。他们的穿着与普通中产阶级无异，也过着典型的美国式消费生活，但他们严格遵守宗教传统，努力接受良好的传统犹太教育，还让他们的孩子接受这种教育，为此他们把孩子送到正统派开办的走读学校，而非公立学校。有些大型律师事务所在第二次世界大战前排斥犹太人或限制犹太雇员的数量，但如今在工作会议上却能看到戴传统犹太小帽的合伙人。这一趋势得到80年代和90年代美国社会鼓励民族区别的大形势的支持，而与战后几十年鼓励少数民族文化适应的倾向正好相反。

在美国，这些年轻的"现代正统派"人数很少。他们中的一些人觉得，以色列拥有更适合过完全的犹太人生活的环境，因此移民去了那里。在以色列，他们容易认同政治右派，支持强硬派与阿拉伯人谈判；许多人甚至在以色列占领区定居，自视为新一代先锋，肩负着将"犹太"领土从非犹太人手中拯救出来的使命。

目前，美国犹太人中也出现两极分化，不过这种情况与以色列相似但不完全相同。大量美国犹太人仍然属于改革派和保守派的犹太会堂。保守派运动意识到，从移民时代开始的每周仅在下午开放几小时的希伯来学校传统已经失败，未能培养出一个对自己历史和传统有足够认识的犹太社群，也未能阻止同化，因此他们已加紧实施教育计划，开始建设一个由走读学校组成的网络。但是，参加自由主义运动的犹太人数量正在减少；相应地，对犹太志愿组织网络的捐助（这是美国犹太社群的标志性特征)也在减少。对以色列的支持依旧很强,但犹太身份在普通犹太人生活中所起的作用总体上在减弱。然而,在人数减少的同时,改革派和保守派运动都变得越来越传统,而正统派的财富积累和政治权力有了长足发展,这得益于美国赞成对少数群体区别对待的大趋势。可以想象,也许一个世纪以后,美国犹太人将由一群数量不多但非常遵循传统的犹太人组成。

其他流散社群

美国犹太社群是最大的流散社群,此外还有一些重要的犹太社群;事实上,可以肯定地说,每个发达国家都有犹太人。在西半球,加拿大和阿根廷引人瞩目,那里的犹太人数量多,宗教和世俗的犹太机构都运转良好。墨西哥也有一个重要的犹太社群。在东半球的南部,重要的犹太社群分布在南非和澳大利亚。

第二次世界大战结束 50 年后,犹太人的生活正在欧洲慢慢复苏。当然,英国和瑞士的犹太社群没有受到战争的直接影响。在欧洲大陆,尽管阿尔萨斯-洛林的旧犹太社群遭到摧毁,但法国犹太社群仍是最大的,其人口得到来自阿尔及利亚、突尼斯和摩洛哥的犹太移民的补充。这次移民潮不时引起反犹主义的爆发,而来自相同国家的穆斯林移民则受到法国仇外情绪的冲击。虽然犹太人在战前几十年一直在不声不响地进入西班牙,但直到 1968 年,他们才在佛朗哥的独裁统治下获准组建社群;今天,马德里、巴塞罗那和南部几座城市都有活跃的犹太社群。

令人惊讶的是,德国出现了规模小但组织良好的犹太社群,其成员是战后返回的犹太人、从美国或以色列前来做生意的犹太人,以及来自苏联谋求改善生活的犹太人。1990 年两德统一以后,德国政府邀请俄罗斯犹太人到德国定居,并做出诚恳努力,保护新生的犹太小社群免遭反犹主义骚扰，至今仍诚意十足（虽然德国的排外主义矛头现已指向土耳其移民）。波兰虽然在一个世纪以前是全世界最重要的犹太人生活中心，但如今犹太人口已寥寥无几，不过捷克共和国和匈牙利还有一些小规模有组织的社群。

　　在战争结束时，苏联有多达 300 万犹太人。尽管苏联犹太社群经历了前面章节提到的文化衰退，但他们的生活状况还不错，直到 1948 年，压迫时期才开始。1952 年，最重要的几位意第绪语作家遭处决。这场迫害的高潮是所谓的"医生阴谋"，独裁者约瑟夫·斯大林逮捕莫斯科的犹太医生，指控他们犯有医疗暗杀罪；这些医生直到 1953 年斯大林去世才获释。斯大林死后很长一段时间内，犹太机构继续保持关闭，犹太人的宗教行为受到严格限制，犹太人上大学和在敏感职位工作的机会也受到严格限制。在 20 世纪 50 年代和 60 年代，少数犹太人获准离开苏联，前往以色列与家人团聚。

2017 年犹太人口估算

258 - 259

国家或地区	总人口	犹太人口
以色列	8 631 900	6 451 000
美国	323 900 000	5 700 000
法国	64 640 000	456 000
加拿大	36 200 000	390 000
英国	65 800 000	289 500
阿根廷	43 600 000	180 500
俄罗斯	144 300 000	176 000
德国	82 600 000	116 500
澳大利亚	24 100 000	113 200
巴西	206 100 000	93 800

国家或地区	总人口	犹太人口
南非	55 700 000	69 300
乌克兰	42 700 000	53 000
匈牙利	9 800 000	47 500
墨西哥	128 600 000	40 000
荷兰	17 000 000	29 800
比利时	11 300 000	29 300
意大利	60 600 000	27 300
瑞士	8 400 000	18 700
智利	18 200 000	18 300
乌拉圭	3 500 000	16 900
土耳其	79 500 000	15 300
瑞典	9 900 000	15 000
西班牙	43 300 000	11 800
白俄罗斯	9 500 000	10 000
巴拿马	4 000 000	10 000
罗马尼亚	19 800 000	9 200
奥地利	8 800 000	9 000
伊朗	79 500 000	8 500
阿塞拜疆	9 800 000	8 100
委内瑞拉	31 000 000	7 600
新西兰	4 700 000	7 500
丹麦	5 700 000	6 400
印度	1 328 900 000	5 000
拉脱维亚	2 000 000	4 800

续表

国家或地区	总人口	犹太人口
希腊	10 800 000	4 200
捷克共和国	10 600 000	3 900
乌兹别克斯坦	31 900 000	3 400
摩尔多瓦	3 600 000	3 400
波兰	38 400 000	3 200
中国（包括香港和台湾）	1 409 600 000	2 800
哈萨克斯坦	17 800 000	2 800
斯洛伐克	5 400 000	2 600
立陶宛	2 900 000	2 600
哥斯达黎加	4 900 000	2 500
哥伦比亚	48 800 000	2 200
摩洛哥	34 700 000	2 200
保加利亚	7 100 000	2 000
爱沙尼亚	1 300 000	2 000
秘鲁	31 500 000	1 900
克罗地亚	4 200 000	1 700
格鲁吉亚	4 000 000	1 700
爱尔兰	4 700 000	1 600
波多黎各	3 500 000	1 500
塞尔维亚	7 100 000	1 400
芬兰	5 500 000	1 300
挪威	5 200 000	1 300
突尼斯	11 300 000	1 100
日本	125 300 000	1 000

续表

国家或地区	总人口	犹太人口
巴拉圭	7 000 000	1 000
危地马拉	16 600 000	900
新加坡	5 600 000	900
厄瓜多尔	16 500 000	600
葡萄牙	10 300 000	600
卢森堡	600 000	600
直布罗陀	30 000	600
古巴	11 200 000	500
玻利维亚	11 000 000	500
波斯尼亚	3 500 000	500
吉尔吉斯斯坦	6 100 000	400
维尔京群岛	110 000	400
肯尼亚	45 400 000	300
巴哈马群岛	400 000	300
荷属安地列斯群岛	365 000	300
泰国	65 300 000	200
也门	25 200 000	200
津巴布韦	16 000 000	200
土库曼斯坦	5 400 000	200
牙买加	2 700 000	200
苏里南	500 000	200
尼日利亚	186 500 000	100
菲律宾	102 600 000	100
埃塞俄比亚	101 700 000	100

续表 4

国家或地区	总人口	犹太人口
埃及	93 500 000	100
刚果	79 800 000	100
韩国	50 800 000	100
叙利亚	17 200 000	100
多米尼加	10 600 000	100
萨尔瓦多	6 400 000	100
纳米比亚	2 500 000	100
博茨瓦纳	2 200 000	100
斯洛文尼亚	2 100 000	100
马其顿	2 100 000	100

注：以上数据源于阿诺德·达什夫斯基（Arnold Dashefsky）等编的《2017 美国犹太人年鉴》（纽约：美国犹太人委员会，2017 年）。根据其说明，数据准确度因国家或地区而异。——译者按

以色列在六日战争中获胜，打击了苏联亲阿拉伯的外交政策，苏联政府随后发起充满恶意的反以运动。与此同时，这场胜利也让苏联犹太人倍感自豪，向以色列移民的申请人数显著增加。但要取得出境签证困难重重，往往需要经历多年等待、失业和警方的刁难。在此期间，各种外国犹太组织在苏联开展地下教育活动，将祈祷书和宗教物品走私入境，试图让苏联犹太人保留犹太人的生活方式。以色列鼓励这种移民，这是增加本国人口的途径；美国的犹太社群加紧活动向苏联施压，要求放宽对犹太人移民的禁令。1971 年，许多犹太人开始收到出境签证；大多数人更愿意去美国，但有许多人定居以色列。1971 年后，更多人获准离开。在米哈伊尔·戈尔巴乔夫的统治下，移民限制更加放宽，尤其在 1989 年后。随着 1991 年苏联解体，移民如洪水般

260

外流。大部分犹太人去了以色列,在那里,他们的数量多到改变了以色列的人口结构。他们已成立一个政党,专门代表自己的利益;其领导人是纳坦·夏兰斯基,他是苏联犹太人,曾因代表犹太移民积极活动而在西伯利亚监狱关押多年。

跋语 犹太人的前景

在许多方面,犹太人现在的状况比自古以来的任何时期都要好。流亡问题已经解决,这个问题多个世纪以来定义着犹太史,并决定了犹太教的性质。实际上,这个犹太问题找到不止一种,而是两种解决方法。

如今已有一个犹太国家,犹太人又可以用公民身份重新定义犹太身份。作为以色列人,犹太人可以说本国语言,庆祝本国节日,并和具有相似历史背景的国人一起生活在遥远的犹太过去所留下的历史遗址上。他不用固守任何传统的信仰或行为,仍能被当作犹太人。对这样的犹太人来说,宗教只是本国文化的众多方面之一;如果愿意,他可以奉行犹太宗教的实践,也可以像大多数以色列人那样选择放弃,而这不会损害他的犹太性。

以色列的生活还没有完全正常化,以色列和这一地区巴勒斯坦人的关系问题尚未解决,大部分阿拉伯国家仍对它怀有敌意,但以色列已不再是战争前线,而它在上一代人那里还是。它如今经济繁荣,表现出非凡的智力活力,尤其在科学、技术和文学领域。全世界对以色列极富创造力的人才求贤若渴,许多人因此离开以色列,但他们不断被新移民的子女和新一代同样合格的后继者所取代。因此,以色列已成为一种世界资源，其影响与它的体量不成比例。现代希伯来语已经成为世界级的文学语言；希伯来语书籍的译本在美国和欧洲随处可得，在非犹太人中引发的兴趣比在流散地犹太人中还要大，这说明犹太文学不再局限于反映犹太人的内部问题，而已成为整个世界的一部分。

对于流散地犹太人来说，如今在一个非犹太国家做犹太裔公民，比整个犹太史中的任何时期都要容易，也更容易为人所接受。以美国为代表的西方民主政体保障所有公民的公民权利，而不问宗教信仰。反犹主义在社会顶层和底层也许尚未清除，政府官员也不总是按照最优的官方原则保护少数群体的权利，但在西方民主国家，犹太人是享有充分公民权利的正式公民。在许多国家，他们组织良好，繁荣昌盛。只要他们选择保留自己的传统和社群结构，几乎不会遇到困难。美国有强大的犹太机构；犹太研究已经在世俗大学中占据一席之地；犹太人有时会惊讶地发现，他们的内部事务会在非犹太人中引起很大的同情和兴趣。

流散地犹太人的主要问题是，既然他们有了离开犹太社群的自由，他们就很容易离开这个社群。美国犹太教一直倾向于把自己更多地定义为一种宗教，而不是一种民族身份。在 20 世纪的大部分时间里，宗教在美国社会中的重要性渐渐下降，犹太会堂门可罗雀，在大多数美国犹太人那里，除了一些食物偏好和姓氏，犹太传统已所剩无几。但是近年来，宗教复兴和民族声望的恢复在美国普遍出现，美国犹太人中间也出现宗教热情的回归。谁也说不准这一事态发展将走向何方。50 年前，人们一致认为，正统派没法在现代社会中幸存。但现在它却欣欣向荣，不是因为大批犹太人加入正统派犹太会堂，而是因为少数人变得极为投入，并且培养出许多受过良好犹太传统教育的大家庭。即使大多数犹太人会被同化，仍会留下一个核心人群，他们热切依恋着犹太传承，同时又过着表面上和非犹太人邻居没有太大不同的生活。

不久以前——尚在本书作者的有生之年内——欧洲犹太人化为灰烬，当时世界虽大，却无犹太难民栖身之处；美国犹太人尽管兴旺发达，但似乎即将没入同化，犹太身份除了用来缅怀死去的旧世界，已空空如也。如今，犹太人拥有一个在文化和智力上生生不息的民族家园，既可以积极参与犹太生活，又能够成为任何文明国家的正式公民，而且有许多途径做犹太人：文化的、宗教的、智力的或者组织的。虽说以色列和流散地的犹太人都面临挑战，但这仍然是犹太史上一段最好的时光。

致　谢

　　我谨向以下朋友和同事表示感谢，他们阅读并评论了本书涉及其专业领域的内容：美国犹太神学院的斯蒂芬·盖勒教授和大卫·菲什曼教授、普林斯顿大学的马克·科恩、哥伦比亚大学的亚瑟·戈伦、密歇根大学的斯蒂芬妮·西格蒙德。盖勒教授还起草了第一章中关于早期希伯来文铭文的补充说明。西格蒙德教授起草了第七章中关于从事商业活动的犹太妇女的补充说明。我的女儿达利亚·谢德林为第十一章做了大量的准备工作。我的妻子贾妮斯·迈耶森最早向我提出撰写一部犹太人简史的想法，并以她惯常的热情，从始至终关心本书的写作。马克·科恩教授从本书写作的早期阶段起就对我鼓励有加。

　　我非常高兴地将本书献给两位为了犹太教育而一同默默奉献了一生的人。

犹太史书目

通论

Barnavi, Eli, ed. *A Historical Atlas of the Jewish People : From the Time of the Patriarchs to the Present*. New York: Schocken Books, 2003. （埃利·巴尔纳维主编：《世界犹太人历史：从〈创世记〉到二十一世纪》，刘精忠等译，黄民兴校注，中国人民大学出版社，2007 年。）

Ben Sasson, H. H., ed. *A History of the Jewish People*. Cambridge, Mass.: Harvard University Press, 1976.

Ben Sasson, H. H., and S. Ettinger, eds. *Jewish Society through the Ages*. London: Vallentine Mitchell, 1971.

Biale, David, ed. *Cultures of the Jews : A New History*. New York: Schocken Books, 2002.

Encyclopaedia Judaica. Second edition, 22 vols. New York: Thomson Gale/ Macmillan, 2006.

Finkelstein, Louis, ed. *The Jews : Their History, Culture, and Religion*. Fourth edition. New York: Schocken Books, 1970.

Gilbert, M. *The Routledge Atlas of Jewish History*. Sixth edition. London: Routledge, 2003. （马丁·吉尔伯特：《犹太史图录》，徐新、孔德芳译，上海人民出版社，2000 年。中译本根据 1993 年第五版译出。）

Gribetz, Judah, et al. *Timetables of Jewish History*. New York: Simon and Schuster, 1993.

Hallo, William W., et al., eds. *Heritage : Civilization and the Jews*. New York: Praeger, 1984.

Schwartz, Leo. *Great Ages and Ideas of the Jewish People*. New York: Random House, 1956.

Yerushalmi, Yosef Hayim. *Zakhor : Jewish History and Jewish Memory*. Seattle: University of Washington Press, 1982.

第一章　古以色列人的起源和王国

Aharoni, Yohanan, and Michael Avi-Yona. *The Macmillan Bible Atlas*. New York: Macmillan, 1977.

Bright, John. *A History of Israel*. Fourth edition. Louisville, Kentucky:

Westminster John Knox Press，2000.（约翰·布莱特：《旧约历史》，周南翼、张悦等译，罗宇芳审校，四川人民出版社，2014 年。）

Finkelstein，Israel，and Neil Silverman. *The Bible Unearthed：Archaeology's New Vision of Ancient Israel and the Origin of its Sacred Texts*. New York：Free Press，2001.

Miller，J. Maxwell，and John H. Hayes. *A History of Ancient Israel and Judah*. Second edition. Louisville，Kentucky：Westminster John Knox Press，2006.

Shanks，Hershel. *Ancient Israel*. Englewood Cliffs，N. J.：Biblical Archaeology Society，1988.

第二章　犹地亚和流散的起源

Bickerman，Elias J. *From Ezra to the Last of the Maccabees*. New York：Schocken Books，1962.

Cohen，Shaye J. D.*From the Maccabees to the Mishnah*. Third edition. Louisville，Kentucky：Westminster John Knox Press，2014.（沙亚·科亨：《古典时代犹太教导论》，郑阳译，中国社会科学出版社，2012 年。中译本根据第二版译出。）

Modrzejewsky，J. Mélèze. *The Jews of Egypt from Ramses II to Emperor Hadrian*. Philadelphia and Jerusalem：Jewish Publication Society，1995.

Schäfer，Peter. *The History of the Jews in the Greco-Roman World*. Revised edition. London：Routledge，2003.

Schäfer，Peter. *Judeophobia：Attitudes toward the Jews in the Ancient World*. Cambridge，Mass.：Harvard University Press，1997.

Schürer，Emil. *The History of the Jewish People in the Age of Jesus Christ*. Rev. and ed. G. Vermes and F. Millar. 4 vols. Edinburgh：T & T Clark，1973－1987.

Tcherikover，Victor. *Hellenistic Civilization and the Jews*. Philadelphia：Jewish Publication Society，1959.（维克多·切利科夫：《希腊化文明与犹太人》，石敏敏译，上海三联书店，2012 年。）

Vermes，Geza. *The Complete Dead Sea Scrolls in English*. Seventh edition. London：Penguin，2012.

第三章　罗马治下的巴勒斯坦和萨珊治下的巴比伦

Avi-Yonah，Michael. *The Jews under Roman and Byzantine Rule：A Political History of Palestine from the Bar Kokhba War to the Arab Conquest*. Jerusalem：The Magnes Press，The Hebrew University，1984.

Cohen，Shaye J. D.*From the Maccabees to the Mishnah*. Third edition. Louisville，Kentucky：Westminster John Knox Press，2014.（沙亚·科亨：《古典时代犹太教导论》，郑阳译，中国社会科学出版社，2012 年。中译本根据第二版译出。）

Cohen，Shaye J. D.，and S. Frerichs，eds. *Diasporas in Antiquity*. Atlanta：Scholars Press，1993.

Levine, Lee I. *The Ancient Synagogue: The First Thousand Years*. Second edition. New Haven: Yale University Press, 2005.

Modrzejewsky, J. Mélèze. *The Jews of Egypt from Ramses II to Emperor Hadrian*. Philadelphia and Jerusalem: Jewish Publication Society, 1995.

Neusner, Jacob. *There We Sat Down*. Nashville, Tenn.: Abingdon Press, 1971.

Schiffman, Lawrence H. *Reclaiming the Dead Sea Scrolls: The History of Judaism, the Background of Christianity, and the Lost Library of Qumran*. New Haven: Yale University Press, 1995.

Schürer, Emil. *The History of the Jewish People in the Age of Jesus Christ*. Rev. and ed. G. Vermes and F. Millar. 4 vols. Edinburgh: T & T Clark, 1973—1987.

Simon, Marcel. *Verus Israel: A Study of the Relations between Christians and Jews in the Roman Empire* (135 — 425). Trans. H. McKeating. Oxford: Oxford University Press, 1986.

第四章　伊斯兰世界的犹太人

Ashtor, Eliahu. *The Jews of Moslem Spain*. 2 vols. Philadelphia: Jewish Publication Society, 1992.

Cohen, Mark R. *Under Crescent & Cross: The Jews in the Middle Ages*. Revised edition. Princeton, N.J.: Princeton University Press, 2008.

Gerber, Jane S. *The Jews of Spain*. New York: Free Press, 1992.

Goitein, S. D. *Jews and Arabs: Their Contacts through the Ages*. New York: Schocken, 1974.

Hirschberg, H. Z. *History of the Jews in North Africa*. 2 vols. Leiden: Brill, 1974—1980.

Lewis, Bernard. *The Jews of Islam*. Princeton, N. J.: Princeton University Press, 1984.

Meddeb, Abdelwahab, and Benjamin Stora, eds. *A History of Jewish-Muslim Relations from the Origins to the Present Day*. Princeton, N.J. Princeton University Press, 2013.

Stillman, Norman. *The Jews of Arab Lands: A History and Source Book*. Philadelphia: Jewish Publication Society, 1979.

第五章　中世纪基督教欧洲的犹太人

Baer, Yitzhak. *A History of the Jews in Christian Spain*. Trans. Louis Scheffman et al. 2 vols. Philadelphia: Jewish Publication Society, 1961— 1966.

Berger, David. *The Jewish-Christian Debate in the High Middle Ages*. Philadelphia: Jewish Publication Society, 1979.

Gerber, Jane S. *The Jews of Spain*. New York: Free Press, 1992.

Marcus, Jacob Rader. *The Jew in the Medieval World: A Source Book*, 315 —

1791. Revised edition. Cincinnati: Hebrew Union College Press, 1999.

Parkes, J. *The Conflict of the Church and the Synagogue*. Second edition. New York: Hermon Press, 1974.

Parkes, J. *The Jew in the Medieval Community*. Second edition. New York: Hermon Press, 1976.

Stow, Kenneth. *Alienated Minority: The Jews of Medieval Latin Europe*. Cambridge, Mass.: Harvard University Press, 1994.

第六章　奥斯曼帝国和中东的犹太人

BenBassa, E., and Aron Rodrique. *Sephardi Jewry: A History of the Judeo-Spanish Community, 14th to 20th Centuries*. Berkeley: University of California Press, 2000.

Chouraqui, André N. *Between East and West: A History of the Jews in North Africa*. Philadelphia: Jewish Publication Society, 1968.

Gerber, Jane S. *The Jews of Spain*. New York: Free Press, 1992.

Hirschberg, H. Z. *History of the Jews in North Africa*. 2 vols. Leiden: Brill, 1974—1980.

Lewis, Bernard. *The Jews of Islam*. Princeton, N. J.: Princeton University Press, 1984.

Meddeb, Abdelwahab, and Benjamin Stora, eds. *A History of Jewish-Muslim Relations from the Origins to the Present Day*. Princeton, N.J.: Princeton University Press, 2013.

Roth, Cecil. *The House of Nasi: Doña Gracia*. Philadelphia: Jewish Publication Society of America, 1948.

Roth, Cecil. *The House of Nasi: The Duke of Naxos*. Philadelphia: Jewish Publication Society of America, 1948.

Stillman, Norman. *The Jews of Arab Lands in Modern Times*. Philadelphia: Jewish Publication Society, 1991.

第七章　西欧犹太人

Bonfil, Robert. *Jewish Life in Renaissance Italy*. Trans. Anthony Oldcorn. Berkeley and Los Angeles: University of California Press, 1994.

Elon, Amos. *The Pity of It All: A Portrait of the German-Jewish Epoch, 1743—1933*. New York: Metropolitan, 2013.

Israel, Jonathan. *European Jewry in the Age of Mercantilism, 1550—1750*. Third edition. Oxford: Littman Library of Jewish Civilization, 1997.

Katz, Jacob. *Tradition and Crisis: Jewish Society at the End of the Middle Ages*. Trans. Bernard Dov Cooperman. New York: New York University Press, 1993.

Mendez-Flohr, Paul, and Jehuda Reinharz, eds. *The Jew in the Modern World: A*

Documentary History. Third edition. New York: Oxford University Press, 2011.

Meyer, Michael. *The Origins of the Modern Jew*. Detroit: Wayne State University Press, 1967.

Netanyahu, Benzion. *The Origins of the Inquisition in Fifteenth-Century Spain*. New York: Random House, 1995.

Roth, Cecil. *A History of the Marranos*. Fourth edition. New York: Hermon Press, 1974.

Sachar, Howard M. *The Course of Modern Jewish History*. New revised edition. New York: Vintage Books, 1990.

Weinryb, B. D. *The Jews of Poland*. Philadelphia: Jewish Publication Society, 1973.

第八章　东欧犹太人和美国犹太人

Baron, Salo W. *The Russian Jew under Tsars and Soviets*. Second edition. New York: Schocken, 1987.

Gitelman, Zvi. *A Century of Ambivalence: The Jews of Russia and the Soviet Union, 1881 to the Present*. New York: Schocken Books, 1988.

Hertzberg, Arthur. *The Jews in America*. New York: Simon and Schuster, 1989.

Karp, Abraham J. *Haven and Home: A History of the Jews in America*. New York: Schocken, 1985.

Marcus, Jacob R. *The Jew in the American World: A Source Book*. Detroit: Wayne State University Press, 1996.

Sachar, Howard M. *The Course of Modern Jewish History*. New revised edition. New York: Vintage Books, 1990.

Sarna, Jonathan D. *American Judaism: A History*. New Haven: Yale University Press, 2004.（乔纳森·D. 萨纳:《美国犹太教史》,胡浩译,徐新校,大象出版社,2009 年。）

第九章　纳粹屠犹

Bauer, Yehuda. *The Holocaust in Historical Perspective*. Seattle: University of Washington Press, 1978.

Dawidowicz, Lucy S. *The War Against the Jews*. Second edition. Ardmore, Pa.: Seth Press, 1986.

Frienländer, Saul. *Nazi Germany and the Jews: The Years of Persecution, 1933 — 1939*. New York: HaperCollins, 1997.

Frienländer, Saul. *The Years of Extermination: Nazi Germany and the Jews, 1939 — 1945*. New York: HaperCollins, 2007.（索尔·弗里德兰德尔:《灭绝的年代:纳粹德国与犹太人,1939—1945》,卢彦名等译,徐新校,中国青年出版社,2011 年。）

Gilbert, Martin. *The Macmillan Atlas of the Holocaust*. New York:

Macmillan，1982.

Hilberg，Raul. *The Destruction of the European Jews*. 3 vols. New York and London：Holmes & Meier，1985.

第十章　犹太复国主义和以色列国的起源

Gordis，Daniel. *Israel：A Concise History of a Nation Reborn*. New York：Ecco，2016.（丹尼尔·戈迪斯：《以色列：一个民族的重生》，王戎译，宋立宏校译，浙江人民出版社，2018 年。）

Hertzberg，Arthur，ed. *The Zionist Idea*. Garden City，N.Y.：Doubleday，1959.

Laquer，W. *A History of Zionism*. New York：Schocken，1989.（沃尔特·拉克：《犹太复国主义史》，徐方、阎瑞松译，上海三联书店，1992 年。）

Near，Henry. *The Kibbutz Movement：Origins and Growth，1909－39*. Auckland，New Zealand：Oxford University Press，1992.

Pawel，Ernst. *The Labyrinth of Exile：A Life of Theodor Herzl*. New York：Farrar，Straus，and Giroux，1989.

Sachar，Howard M. *A History of Israel：From the Rise of Zionism to Our Time*. Third Edition. New York：Alfred A. Knopf，2010.

第十一章　1948 年后的犹太人

American Jewish Year Book. Published annually by the American Jewish Committee and the Jewish Publication Society.

Gitelman，Zvi. *A Century of Ambivalence：The Jews of Russia and the Soviet Union，1881 to the Present*. New York：Schocken Books，1988.

Gordis，Daniel. *Israel：A Concise History of a Nation Reborn*. New York：Ecco，2016.（丹尼尔·戈迪斯：《以色列：一个民族的重生》，王戎译，宋立宏校译，浙江人民出版社，2018 年。）

Heilman，Samuel. *Portrait of American Jews：The Last Half of the Twentieth Century*. Seattle：University of Washington Press，1995.

Nadell，Pamela S. *America's Jewish Women：A History from Colonial Times to Today*. New York：Norton，2019.

Sachar，Howard M. *Diaspora：An Inquiry into the Contemporary Jewish World*. New York：Harper and Row，1985.

Sachar，Howard M. *A History of Israel：From the Rise of Zionism to Our Time*. Third Edition. New York：Alfred A. Knopf，2010.

Sarna，Jonathan D. *American Judaism：A History*. New Haven：Yale University Press，2004.（乔纳森·D. 萨纳：《美国犹太教史》，胡浩译，徐新校，大象出版社，2009 年。）

Sklare，Marshall. *American Jews：A Reader*. New York：Behrman

House，1983.

　　Wasserstein，Bernard. *Vanishing Diaspora：The Jews in Europe since 1945*. Cambridge，Mass.：Harvard University Press，1996.

　　Wertheimer，Jack. *The New American Judaism：How Jews Practice Their Religion Today*. Princeton，N.J.：Princeton University Press，2018.

索 引

（页码为原书页码，斜体页码为地图或图注页码）

A

Abrabanel，Benvenida 本温尼达·阿巴伯内尔 158

Abrabanel，Isaac 以撒·阿巴伯内尔 158

Abraham 亚伯拉罕 4，5，6

Absalom 押沙龙 12

Adret，Solomon 所罗门·阿德列特 114

Africa 非洲 89，93-95，117，125，138-139，140，145，256，258

agriculture 农业 65

Ahab 亚哈 15，17，21

Ahaz 亚哈斯 18

Alexander Jannaeus 亚历山大·雅拿 40-42，43

Alexander the Great 亚历山大大帝 19，33-34，37，68

　map of empire of～帝国地图 *34-35*

Alexandria 亚历山大城 *34*，35，47，58，78，90，140

Alfonso Ⅹ（the Wise）智者阿方索十世 114，115

Algeria 阿尔及利亚 93，128，138，141，142，143，144，145，256

al-Hakim 哈基姆 86

Alkabetz，Solomon 所罗门·阿卡贝兹 135

Allenby，Edmund 埃德蒙·艾伦比 225-226

Alliance Israelite Universelle 世界犹太人联盟 140，143，144，219

Almohads 穆瓦希德人（阿尔摩哈德人）85，93，112

America 美国 179，181，187-197，249-256

American Jewish Congress 美国犹太代表大会 194

Amorites（West Semites）亚摩利人（西闪米特人）3，4

Amsterdam 阿姆斯特丹 159-160，161

Anan ben David 阿南·本·大卫 81

Anielewicz，Mordecai 末底改·阿涅莱维奇 215

Antiochus Ⅲ（the Great）安条克三世（大帝）35-36

Antiochus Ⅳ Epiphanes 安条克四世"神显" 36，37-39，55，64，69

Antony，Marc 马克·安东尼 43

Apiru（Habiru）阿毗鲁人（哈比鲁人）4，5

Arab Higher Committee 阿拉伯高等委员会 229

Arabia 阿拉伯半岛 4，*32*，34，71-73

Arabic language 阿拉伯语 79，80，81，94 - 95，113 - 114，126

Arabs 阿拉伯人 240，244，246，247，255，261

  attacks on Israel by～袭击以色列 235 - 237，238

  nationalism of～的民族主义 142，144，146，225，227，228 - 230，231 - 233，240

  and partitioning of Palestine～和巴勒斯坦分治 146，227，229 - 230，231 - 233，232，235，240

Arafat，Yasir 亚西尔·阿拉法特 242，245，246，247

Aragon 阿拉贡 113，114 - 115，118，119

Arameans 亚兰人 3

Argentina 阿根廷 249，256，258

Aristobulus Ⅰ 亚利多布一世 40

Ashkenazim 阿什肯纳兹犹太人 97 - 112，114，125，127，143，151 - 152，178，187，222，224，243

Assyria，Assyrians 亚述，亚述人 3，4，13，17 - 20，21，25，33

Athaliah 亚他利雅 15，17

Augustine，Saint 圣奥古斯丁 65，66，74

Augustus（Octavian）奥古斯都（屋大维）43

Auschwitz 奥斯威辛 198，208，209，210

Australia 澳大利亚 256，258

Austria 奥地利 163，169，173，176，204，205，207，259

Austria-Hungary 奥匈帝国 167，217

Ayyubid dynasty 阿尤布王朝 86，88

B

Babylonia，Babylonians 巴比伦，巴比伦人 3，4，15，18 - 20，22 - 23，25，28，30，31，34，47 - 48，49，55，57 - 59，62，67，76，196

Baer，Dov 多夫·贝尔 182

Baghdad 巴格达 76，77，78，89，90，145

Balfour Declaration《贝尔福宣言》225 - 226，227，230

Balkans 巴尔干 109，141，145，217

Barcelona 巴塞罗那 113，114

Begin，Menachem 梅纳赫姆·贝京 243，244，245，247

Beilis，Mendel 孟德尔·贝里斯 184

Ben Ezra synagogue 本·以斯拉犹太会堂 86 - 87

Ben-Gurion，David 大卫·本-古里安 224，228，233，237，239

Ben-Yehuda，Eliezer 埃利泽·本-耶胡达 219，221，224

Ben-Zvi，Yizhak 伊扎克·本-兹维 224

Beth Sheean 贝斯·希安 50

Bible《圣经》1，4，5 - 8，11，14，19，21 - 22，29 - 31，41，61，116，153，159，165，221

  Karaites and 卡拉派和～ 81 - 82

  midrash and 米德拉什和～63

  Old Testment《旧约》66

  Saadia and 萨阿迪亚和～80，81

  see also Torah 另见《托拉》

Bilu movement "比卢"运动 219，220

Birobidzhan 比罗比詹 186

Black Death 黑死病 109，117

Blanis，Ginevra 吉内芙拉·布拉妮丝 159

blood libel 血祭诽谤 103 - 105，139，184

B'nai B'rith 圣约之子会 189

Bomberg，Daniel 但以理·邦贝格 147

Britan，*see* England 不列颠，见英国

Bulgaria 保加利亚 128，141，205，209，259

Bush，George 乔治·布什 246

businesswomen 女商人 158 - 159

Byzantine Empire 拜占庭帝国 64 - 67，71，73，75，76，82，89，109 - 111，

125

C

Caligula 卡利古拉 45，47

Camp Massad 马萨营 *234*

Canaan, Canaanites 迦南地，迦南人 1，3，4，*4*，5，6，7，8，9，11，18

Canada 加拿大 249，256，258

capitulations 协议制度 137

Caro, Joseph 约瑟·卡罗 132，135

Carter, Jimmy 吉米·卡特 244，247

Castile 卡斯提尔 112，*113*，115，119

Catholic Church 天主教会 209

Chmielnicki, Bogdan 博格丹·赫梅利尼茨基 133，153

Choral Synagogue 合唱会堂 181

Chosroes Ⅱ 库思老二世(《旧唐书》作"库萨和")67－69

Christianity, Christians 基督教，基督徒 59－61，64－69，74，85，101，139，141，154，162，163，164，200

    blood libel and 血祭诽谤和～103－105

    conversion to 改宗～117－118，119，120，168，181，204

    Crusades of～十字军 88－89，95，101－102，105，110，151，153

    Islam and 伊斯兰教和～71，73－75，85，89－90

    in medieval Europe 中世纪欧洲的～97－121，125，139

    Reformation in～的宗教改革 154

    in Spain 西班牙～112－121，129

circumcision 割礼 37，54，55，60，68，69

Civil War 美国内战 188，189

Claudius 克劳狄 45

Clement Ⅳ, Pope 教宗克雷芒四世 109

Clement Ⅶ, Pope 教宗克雷芒七世 132

Cleopatra 克利欧佩特拉 43

Clinton, Bill 比尔·克林顿 246

Coele-Syria 克伊勒-叙利亚 35

cold war 冷战 238－239，244

colleges 学院 195

Communism 共产主义 185，194，201

concentration camps 集中营 203，208，209，211－212，213，214，231

    Auschwitz 奥斯威辛～*198*，208，209，210

Congress of Vienna 维也纳会议 167

Constantine I 君士坦丁一世 59，60

Constantinople 君士坦丁堡 95，125

Cordovero, Moses 摩西·高杜维洛 135

Costa, Uriel da 乌列·达·科斯塔 160－161

Coughlin, Charles 查尔斯·考哥林 195

Council of the Four Lands 四地委员会 152－153

Counter Reformation 反宗教改革 154，155

court Jews 宫廷犹太人 162－163，167

courtier-rabbis 朝臣-拉比 83，84

Cromwell, Oliver 奥利弗·克伦威尔 162

Crusades 十字军 88－89，95，101－102，105，110，151，153

Cyprus 塞浦路斯 13，*48*，*58*，131

Cyrus 居鲁士 25，47，73

Czech Republic 捷克共和国 257，259

Czechoslovakia 捷克斯洛伐克 204，*205*，*207*

Czerniakow, Adam 亚当·捷尼亚科夫 214

D

Dachau 达豪 203

Damascus Affair 大马士革事件 139

Dark Ages 黑暗时代 75，76

David 大卫 *xiv*，9，10－12，14，15，48，56

    map of kingdom of～王国地图 *13*

De la Reina, Joseph 约瑟·德拉雷纳 135 - 136

Dead Sea Scrolls 死海古卷 40，41 - 42

Declaration of Principles《原则声明》246

Depression, Great 大萧条 195

Diaspora 流散 28，33 - 35，48，*48*，49，61，65，73，76，82，88，94，120 - 121，187，196，222，249 - 260，262，263

  estimated Jewish population per country in 2017 2017 年各国犹太人口估算 258 - 259

Dönmeh 转信派 134

Dreyfus, Alfred 阿尔弗雷德·德雷福斯 168，184，220

Dunash ben Labrat 杜纳什·本·拉布拉特 91

E

education 教育 192，193，195

Edward Ⅰ 爱德华一世 108

Egypt 埃及 1，3 - 8，*4*，12，13，15，*16*，18，20，28，29，33 - 35，43，46 - 47，49，68，69，73，76，82，85 - 88，90，95，109，125，126，*128*，131，137，139，142 - 146，239 - 240，*241*，242 - 244，259

  Soviet Union and 苏联和～238，239

Eichmann, Adolf 阿道夫·艾希曼 210，211，239

Eleazar of Mainz 美因茨的以利亚撒 110 - 111

Elephantine 象岛 28，32 - 33，35

Elisha 以利沙 17

England 英国 100，102，104，108，139，142，144，161 - 162，167，206，220，238，249，256

  Palestine and 巴勒斯坦和～225 - 227，229 - 231，233

Enlightenment 启蒙运动 149，164，165，176，196

Essenes 爱色尼派 40，41 - 42

Europe 欧洲 75，89，95，137，249，256

  Black Death in ～的黑死病 109，117

  Dark Ages in ～的黑暗时代 75，76

  eastern 东欧 151 - 153，173 - 187，193，217

  Jewish refugees in ～的犹太难民 *207*，230

  Jews expelled from 遭～驱逐的犹太人 108 - 109

  mass immigration to U.S. from eastern 从东欧向美国的大规模移民 190 - 192

  medieval 中世纪的～ 97 - 121，125，139

  Thirty Years' War in ～三十年战争 162 - 163

  western 西欧 149 - 171，217

Exodus《出埃及记》5

Ezra 以斯拉 *24*，31

F

fascism 法西斯主义 144

Fatah 法塔赫 242

fedayeen 费达因 238

Ferdinand 斐迪南 118 - 119，120，125

"final solution""最终解决"210 - 211

First Zionist Congress 第一届犹太复国主义者代表大会 220，248

Flaccus 弗拉库斯 47，64

Florence, synagogue of 佛罗伦萨犹太会堂 *148*

Ford, Henry 亨利·福特 194

France 法国 *48*，100，108，114，138 - 146，165 - 166，*205*，*207*，229，238，256 - 257，*258*

  anit-Semitism in ～的反犹主义 168

German invasion of 德国入侵～208 - 209

Revolution in～大革命 165 - 166

Frank, Jacob 雅各·弗兰克 134

Frederick Ⅱ 腓特烈二世 104

G

Galilee 加利利 *32*，55，229，231，235

Gaza Strip 加沙地带 240，245，246，252

geniza 戈尼萨 *70*，86 - 87，94

geonim 高昂 77 - 78，81，82，87

German Jews, in U.S. 美国德裔犹太人 188，190，191 - 192，193

Germany 德国 109，152，155，161 - 163，167，169，199 - 201，202，*205*，*207*，217，229，257，258

Nazi 纳粹～144，145，195 - 196，201 - 215，229，230

West 西德 239

ghettos 隔都

German 德国～206 - 208，211，212，213

in Italy 意大利～155，156，157

Warsaw 华沙～212，214 - 215

Golan Heights 戈兰高地 240，242

Gorbachev, Mikhail 米哈伊尔·戈尔巴乔夫 260

Gordon, A. D. A.D.戈登 224

Granada 格拉纳达 84 - 85，*113*，119，120

Greece 希腊 141，145，*205*，210，259

Greek (Hellenic) culture 希腊文化 33，35，36，37，39，40，43，46，68，114

anti-Semitism and 反犹主义和～68 - 69

Gregory Ⅰ 格里高利一世 65

Gregory Ⅸ 格列高利九世 107

Guide for the Perplexed, The (Maimonides)《迷途指津》(迈蒙尼德)88

gymnasium 体育场 37

H

Habiru (Apiru) 哈比鲁人(阿毗鲁人)4，5

Hadrian 哈德良 53 - 54，55，76

Haganah 哈加纳 227，228，229，231

Hagiographa 圣录 29

Halevi, Samuel 撒母耳·哈列维 115

Hamas 哈马斯 247，248

Hamburg 汉堡 161，163

Hanukkah 光明节 38

Hasdai Ibn Shaprut 哈斯达伊·伊本·沙普鲁特 83 - 84，111

Hashemites 哈希姆家族 225，226，227

Hasidism 哈西德主义 177 - 180，182 - 183，253，255

Lubavitch 卢巴维奇派～182 - 183，253 - 254，255

Hasmonean dynasty 哈斯摩尼王朝 39 - 40，42，43，44

Hebrew language 希伯来语 94，153 - 154，176，179，185，221，262

books in～语书籍 147，155，165，176，187，262

spoken, revival of～口语复活 220 - 224

Hebrew Language Academy 希伯来语学术院 223，224

Hebrew Language Committee 希伯来语委员会 223，224

Hebron 希伯仑 *226*，229，*241*

Hellenic culture, *see* Greek culture 见希腊文化

Heraclius 希拉克略 69

Herod Agrippa 希律·阿格里帕 45

Herod Antipas 希律·安提帕 44

Herod the Great 大希律王 42 - 44，45

Herzl, Theodor 西奥多·赫茨尔 219 - 220，221

Hess, Moses 摩西·赫斯 219

Hezbollah 真主党 245

Hezekiah 希西家 19, 21

Hillel 希列 56

Hillel Ⅱ 希列二世 65

Hitler, Adolf 阿道夫·希特勒 145, 196, 201 - 202, 203

Holland 荷兰 136, 160, 163, 209

Holocaust 纳粹大屠杀 199 - 215, 239
  map of European Jewry on eve of ～前夜的欧洲犹太人分布 205
  see also concentration camps 另见集中营

Hoshea 何细亚 18

Humanism 人文主义 153 - 154, 160

Hungary 匈牙利 188, 205, 210, 257, 258

Hussein Ⅱ 侯赛因二世 239, 242, 245

Hyrcanus, John 约翰·许尔堪 40 - 42, 43

I

Iberian Peninsula 伊比利亚半岛 85, 112, 113, 123, 155, 156

immigration restrictions 移民限制 194, 203, 206

India 印度 77, 259

Innocent Ⅲ, Pope 教宗英诺森三世 105, 106 - 107

Innocent Ⅳ, Pope 教宗英诺森四世 104

Inquisition 宗教裁判所 106 - 107, 118 - 120, 123, 130, 132 - 133, 155, 159

Inscriptions 铭文 xiv, 21 - 22

Intifada 因提法达 245, 246

Iran 伊朗 34, 47, 140, 259

Iraq 伊拉克 28, 73, 76, 77, 79, 82, 87, 88, 95, 125, 126, 140, 142, 144 - 146, 239, 259

Irgun 伊尔贡 228, 231, 243

Isaac 以撒 5, 6

Isaac, Levi 利未·以撒 183

Isabella 伊莎贝拉 118 - 119, 120

Islam, Muslims 伊斯兰教, 穆斯林 69, 71 - 95, 78 - 79, 101, 109, 112, 119, 134, 136, 137 - 138, 139 - 140, 141, 245, 248
  Crusades and 十字军和～ 88 - 89
  dhimmis and 迪米和～ 73 - 75, 85, 89 - 90, 93, 125, 134, 138, 142, 228
  Shiite 什叶派～140

Israel (northern tribes) 以色列(北方各支派) 10, 11, 14, 15 - 17, 16, 18 - 19, 33

Israel Baal Shem 以色列·巴阿尔·谢姆 177, 182, 183

Israel, State of 以色列国 217 - 233, 235 - 248, 249, 250 - 252, 255, 256, 260, 261 - 262, 263
  establishment of ～的建立 140, 146, 233, 250
  Jewish population in (2017) ～犹太人口 (2017 年) 258
  parade in～游行 216
  in Six-Day War～在六日战争中 240, 241, 242, 246, 252, 258
  war of Independence in ～独立战争 233, 235 - 237, 238, 246

Israelites 古以色列人 1 - 23, 13, 28, 29
  Twelve tribes of～的十二支派 7 - 8, 9 - 10, 14

Italy 意大利 97, 105, 109, 123, 126, 136, 147, 154 - 159, 166, 167, 205, 207, 217, 229
  ghettos in～隔都 155, 156, 157
  Jewish population in (2017)～犹太人口 (2017 年) 258
  main Jewish communities of ～主要犹太社群 156
  in World War Ⅱ 第二次世界大战中

的～ 209

J

Jabotinsky, Vladimir 弗拉基米尔·雅博
廷斯基 228

Jacob 雅各 5，6

Jannaeus, Alexander 亚历山大·雅拿 40 -
42，43

Jehoahaz 约哈斯 20

Jehoiachin 约雅斤 20，25，48，76

Jehoiakim 约雅敬 20

Jeroboam 耶罗波安 14，15

Jeroboam Ⅱ 耶罗波安二世 17

Jerusalem 耶路撒冷 4，9 - 11，13，16，
19 - 21，28，31，32，34，37 - 39，
42，44，51 - 54，58，66，67 - 69，
76，88，131，144，219

　fall of ～沦陷 46

　modern-day 现代～225 - 226，226，
229，231，232，235，237，240，
241，246，248

　Temple in～圣殿 14，15，28，31，36，
37，38，44，45，46，49，51，53，56，
61，64，66，68 - 69，169

Jesuit Order 耶稣会 154 - 155

Jesus 耶稣 45，61，65，107

Jewish Agency 犹太代办处 227，231

Jewish Brigade 犹太旅 230

Jewish Fighting Organization 犹太战斗组
织 215

Jewish Merchant 犹太商人 122

Jewish revolts 犹太起义 45，46，53 - 54，
64，66，69

Jewish Theological Seminary of America
美国犹太神学院 193

Jezebel 耶洗别 15，17

Johanan ben Zakkai 约哈南·本·扎卡伊
52 - 53

John Hyrcanus 约翰·许尔堪 40 - 42，43

Johnson Act《约翰逊法案》194

Joint Distribution Committee 联合分配委
员会 193

Jordan 约旦 235 - 237，241，247

Joseph 约瑟 5，6

Joseph Ⅱ 约瑟夫二世 164

Joseph, Jacob 雅各·约瑟 182

Joshua（Jason）约书亚（耶孙）36 - 37

Josiah 约西亚 19，20

Judah 犹大 7，9 - 10，14，15，16，17，
18，19，20，28，39

Judah the Maccabee 犹大·马卡比 38 - 39

Judah the Patriarch 族长犹大 56，58，62

Judaism 犹太教 23，51 - 55，59 - 64，68，
107

　American Reform 美国改革派～190

　Christianity and，see Christianity,
Christians 基督教与～，另见基督教、
基督教徒

　Conservative 保守派～171，193，255 -
256

　conversion to 改宗～55，60 - 61

　Enlightenment and 启蒙运动和～149，
164，165，176，196

　Hasidic 哈西德～177 - 180，182 - 183，
253，255

　Islam and，see Islam, Muslims 伊斯兰
教和～，见伊斯兰教，穆斯林

　Karaite 卡拉派～81 - 82

　Lubavitch 卢巴维奇派～182 - 183，253 -
254，255

　Orthodox 正统派～67，169，193，247 -
248，253 - 255，256，263

　pagans and 异教徒和～10，59，60，61 -
63，66，103

　as persecuted religion ～作为受迫害的
宗教 38

　Rabbanite 拉比派 82

　rabbinic 拉比～42，51 - 53，56，67，

80，81，82

reformed 改革派～ 168 - 171，177，189，190，193，255，256

as religion rather than national identity ～作为宗教而非民族身份 49，166，168，194，262

Judea 犹地亚 11，19，20 - 22，25 - 49，*32，34*，51，57

population deported from 迁离～的人口 54 - 55

Judeo-Arabic literature 犹太-阿拉伯语文学 94 - 95

Judezmo 犹代默语 126，141

Julian the Apostate 叛教者尤利安 66

Julius Ⅲ，Pope 教宗尤利乌斯三世 147

Justinian Ⅰ 查士丁尼一世 66 - 67

Justinian Ⅱ 查士丁尼二世 109

K

kabbalah 卡巴拉 108，114，115，153，159，177

Karaites 卡拉派 81 - 82

Khazaria 哈扎尔 111 - 112

Knesset 克奈塞特（以色列国议会）237，243

Kokhba，Bar（Simon bar Kosiba）巴尔·科赫巴（西蒙·巴尔·科西巴）54，55

Kristallnacht 碎玻璃之夜 *96*，204

Ku Klux Klan 三 K 党 194

L

Labor Zionists 劳工犹太主义复国者 227，228，230，247

Ladino（Judezmo）拉迪诺语（犹代默语）126，141

landowing 土地所有 99 - 100

Lateran Councils 拉特兰会议 105 - 106，115

League of Arab States 阿拉伯国家联盟 231 - 233

League of Nations 国际联盟 227

Lebanon 黎巴嫩 144，146，*241*，242，244

Lebanon War 黎巴嫩战争 244 - 245

Lessing，Gotthold Ephraim 戈特霍尔德·以法莲·莱辛 165

Levantine Jews 黎凡特犹太人 156

Libya 利比亚 146，230

Likud party 利库德集团 243，247，248

Lithuania 立陶宛 151，152，153，205

loaning of money 贷款 105，106，108，149，151，157，162，167

Lubavitch Hasidim 卢巴维奇派哈西德 182 - 183，253 - 254，255

Luria，Isaac（the Ari）以撒·卢里亚（狮子）132，136

Luther，Martin 马丁·路德 154

M

Maimonides 迈蒙尼德 *70*，85，86，87 - 88，107，114

Mameluk 马穆鲁克 131

Marranos 马拉诺 120，123，127，130，131，132，155，156，159，160，161 - 162，166

Mattathias 玛他提亚 38

Mein Kampf（Hitler）《我的奋斗》（希特勒）145，202

Menasseh Ben Israel 玛拿西·本·以色列 162

Mendel，Menahem 梅纳赫姆·孟德尔 183

Mendelssohn，Moses 摩西·门德尔松 165，176

Menelaus 梅涅劳斯 37

menorah 七枝烛台 50

Merinid dynasty 马林王朝 93

Mesopotamia 美索不达米亚 3，4，*4*，6，18，20，34，*34*，35，47，66，76

messianic movements 弥赛亚运动 132 - 134，153

Mexico 墨西哥 249，256，258

Middle Ages 中世纪 67，97 - 121，139，151

Middle East 中东 125，137，139 - 146，151，167，219，238，247，249

midrash 米德拉什 62，63，67

Mishnah《密释纳》56，58，62，67

Molcho, Solomon 所罗门·莫尔科 132 - 133

moneylending 放贷 105，106，108，149，151，157，162，167

Mongols 蒙古人 89，90

Montefiore, Moses 摩西·蒙蒂菲奥里 139

Morocco 摩洛哥 93 - 94，138 - 139，142，144，145 - 146，256，259

Moses 摩西 6 - 7，30，68，69

Moses de Leon 摩西·德·莱昂 115，116

Muhammad 穆罕默德 71 - 72，74

Murad Ⅲ 穆拉德三世 134

Muslims, see Islam, Musilims 穆斯林，见伊斯兰教、穆斯林

N

Nahman of Bratslav 布拉斯拉夫的纳赫曼 183

Nahmanides (Moses ben Nahman) 纳赫马尼德(摩西·本·纳赫曼)114，115

Napoleon 拿破仑 137，166，175

Nasi, Gracia 格拉西娅·纳西 129 - 130，131，158

Nasi, Joseph 约瑟·纳西 129，130 - 131

Nasser, Gamal Abdel 迦玛尔·阿卜杜尔·纳赛尔 238，239

Nathan of Gaza 加沙的拿单 133

nationalism 民族主义 217，221

　　Arab 阿拉伯～142，144，146，225，227，228 - 230，231 - 233，240

　　Palestinian 巴勒斯坦～240

Nazi Germany 纳粹德国 144，145，195 - 196，201 - 215，229，230

Nebuchadnezzar 尼布甲尼撒 20，25

Negev Desert 内盖夫沙漠 229，231，*232*，235

Nehemiah 尼希米 31，33

Netanyahu, Benjamin 本雅明·内塔尼亚胡 243，247 - 248

Netanyahu, Yonatan 约拿单·内塔尼亚胡 243

Netherlands 尼德兰 123，160，*205*，*207*，258

New York 纽约 160，187，188，191，195

Nuremberg Laws《纽伦堡法案》203，204

O

Omri 暗利 15

Oppenheimer, Samuel 撒母耳·奥本海默 163

Ottoman Empire 奥斯曼帝国 74，95，*122*，125 - 138，*128 - 129*，140，141，142，143，146，155，217

P

Pact of Umar《欧麦尔条约》73 - 74，89 - 90

pagans 异教徒 10，59，60，61 - 63，66，71，73，103

Palestine 巴勒斯坦 8，20，35 - 36，43，47，49，55，57 - 59，61，62，64 - 67，69，73，76，82，86，88，95，101，109，125，126，*128*，131，140 - 143，206，240，247 - 248，261

　　Jewish Settlement in～犹太人定居点 *226*

　　partitioning of～分治 146，227，229 - 230，231 - 233，*232*，235，240

violence in～暴力活动 244，245

Zionism and 犹太复国主义与～ 143 - 144，219，220，222，224，227，228 - 233

Palestine Liberation Organization（PLO）巴勒斯坦解放组织（巴解组织）239 - 242，243，244，245，246，247，248

Palestinian Authority 巴勒斯坦权力机构 246，247，248

Palestinian nationalism 巴勒斯坦民族主义 240

papacy 教廷 105 - 106，108 - 109，154

Parthian Empire 帕提亚帝国 47 - 48，55，57

Passover 逾越节 19，103

patriarchs 犹太族长 56，57，66

Paul 保罗 61

Paul Ⅳ, Pope 教宗保禄四世 155

pawnbroking 典当业 106，157

Peel Commission 皮尔委员会 229

Peres, Shimon 西蒙·佩雷斯 246，247

Persian Empire 波斯帝国 25 - 28，31，32，33，57，67 - 69，71，73，81，89，95

Pharisees 法利赛派 40 - 42，43，45

Philip the Fair "美男子"腓力 108

Philistines 非利士人 8 - 9，10，11，12，13，15，16，19，54

Philo of Alexandria 亚历山大城的斐洛 80

Pilate, Pontius 本丢·彼拉多 45

Pinsker, Leon 利奥·平斯克 219

Pitichowski, Leopold 利奥波德·皮提秋斯基 172

Pius Ⅻ, Pope 教宗庇护十二世 209

piyyut 皮尤特 62，63

poetry 诗歌 63，67，83 - 84，91 - 93，110 - 111，157

Poland 波兰 151 - 152，153，186 - 187，193，205，207，228，257

concentration camps in～集中营 208，211 - 212，213

German invasion of 德国入侵～ 206

Jewish population in（2017）～犹太人口（2017 年）259

Partitioning of 瓜分～173，176

resistance in～的抵抗 212，215

popes 教宗 105 - 106，108 - 109，154

Portugal 葡萄牙 107，113，119，120，123，126，155，159，163，205，207

Prophets 先知 29

Protocols of the Elders of Zion《锡安长老会纪要》145，181，194

Provence 普罗旺斯 85，97，99，107，108 - 109，114，155

Prussia 普鲁士 173

Ptolemid dynasty 托勒密王朝 34，35 - 36，35，47

Pumbedita 蓬贝迪塔 59，77，82

Puritans 清教徒 162

Q

Quran《古兰经》72，74

R

rabbinic Judaism 拉比犹太教 42，51 - 53，56，67，80，81，82

rabbis 拉比 51 - 57，59，62，67，77，101

courtier - 朝臣 - ～83，84

grand 大～138

women as 女性～253

zaddikim 柴迪克 180，182 - 183

Rabin, Yitzhak 伊扎克·拉宾 246

Ramses Ⅱ 拉美西斯二世 5

Rashi 拉熹 62，101

Rashi-Synagogure 拉熹犹太会堂 96

Red Scare 红色恐慌 194

Reformation 宗教改革 154

refugees, in Europe 在欧洲的难民 207，230

Renaissance 文艺复兴 114，155，157

Reubeni, David 大卫·卢本尼 132－133

Reuchlin, Johannes 约翰内斯·鲁希林 154

Revisionists 修正派 228，230，231，243

revolts 起义 45，46，53－54，64，66，69

Revolutionary War 美国革命战争 187，188

Roman Empire, Romans 罗马帝国，罗马人 36，39，42－43，45－47，49，51－57，59－60，64，66，67－69，71，75，76，97

　anti-Semitism and 反犹主义与～68－69

　collapse of ～的崩溃 64

　Jews under, map of ～统治下的犹太人分布图 58－59

Roosevelt, Franklin D. 富兰克林·德拉诺·罗斯福 195

Rothschild family 罗斯柴尔德家族 167，170－171，220

Rumania 罗马尼亚 128，141，205，210，259

Russia 俄国 173－176，180－185，190，191，193，205

　Bolshevik revolution in ～布尔什维克革命 184－185，201

　Jewish population in (2017) ～犹太人口(2017 年) 258

　Pale of Settlement in ～栅栏区 173，175，176，177，180，184

　pogroms in ～的集体迫害 184，219，224

　see also Soviet Union 另见苏联

S

Saadia ben Joseph 萨阿迪亚·本·约瑟 78－79，80－81，82，83，84，88

Sadat, Anwar 安瓦尔·萨达特 243－244，247

Sadducees 撒都该派 42

Safed 采法特 131，132，135－136，229

Salonika 萨洛尼卡 126，127，145，210

Samaria 撒玛利亚 18，31，32，33

Samaritans 撒玛利亚人 33－34

Samuel the Nagid 撒母耳·纳吉德 84

Sanhedrin 犹太教公会 43，55－56，166

Sardinia 撒丁岛 48，78，123

Sassanid Empire 萨珊帝国 57，58－59，71，77

Saul 扫罗 9，11

Schechter, Solomon 所罗门·谢克特 193

Schneerson, Menahem Mendel 梅纳赫姆·孟德尔·施内尔松 254

sefirot 塞菲洛 116－117

Seleucid dynasty 塞琉古王朝 34，35，35，36，37，38，39，47

Selim Ⅱ 塞里姆二世 130－131

Sennacherib 西拿基立 19

Sephardim 塞法迪犹太人 121，125－129，141，143，151，152，160，161，162，163，166，187，210，219，221－222

Serbia 塞尔维亚 141，210

Sethos Ⅰ 塞索斯一世 5

Shabbetai, Zevi 沙巴塔·泽维 133－134，153

Shamir, Yitzhak 伊扎克·沙米尔 245

Sharansky, Natan 纳坦·夏兰斯基 260

Sharon, Ariel 阿里埃勒·沙龙 244

Shepherd's Crusade 牧羊人十字军 108

shtetls 犹太小镇 175，179，184，185

Sicily 西西里 48，78，89，97，109，123

Sinai 西奈 4，238，239，240，241，242，244，252

Sisebut 西塞巴特 65

Six-Day War 六日战争 240，241，242，246，252，258

slavery 奴隶制 65

socialism 社会主义 181－184，185，212，

224

Solomon 所罗门 10, 12 - 14, 15, 21

　map of kingdom of ～王国地图 13

Soviet Union 苏联 179, 185 - 186, 211, 212, 213, 230, 231, 238 - 239, 242 - 243, 246, 257 - 260

　Jewish population in former (2017) 前～的犹太人口(2017 年) 258

　German invasion of 德国入侵～ 210

Spain 西班牙 48, 49, 65, 73, 82 - 85, 89, 91, 93, 95, 97, 104, 107 - 109, 111, 112 - 121, 126 - 127, 129, 159, 163, 205, 207, 257

　Jewish exiles from 遭～驱逐的犹太人 120, 123, 125, 120 - 121, 125 - 129, 135, 155,219

　Jewish population in (2017) ～犹太人口(2017 年) 259

Spinoza, Benedict 贝内迪克特·斯宾诺莎 161

Stalin, Joseph 约瑟夫·斯大林 257

Stern gang 斯特恩帮 231

Suez Canal 苏伊士运河 238, 242

Switzerland 瑞士 205, 207, 249, 256, 258

synagogues 犹太会堂 53, 169, 189, 251, 252, 262 - 263

　Ben Ezra 本·以斯拉～86 - 87

　Choral 合唱～181

　Dura Europos 杜拉-欧罗普斯～24

　of Florence 佛罗伦萨～148

　havurot and 哈夫罗特和～253

　in Worms 沃尔姆斯～96

Syria 叙利亚 4, 13, 18, 20, 24, 34, 34, 55, 125, 139, 144, 146, 239, 240, 241, 242, 244

Syria-Palestina 叙利亚-巴勒斯坦 54

T

Tacitus 塔西佗 64, 69

Talmud《塔木德》62, 63, 101, 147, 154, 159

　Babylonian 巴比伦～62, 67, 77

　Christianity and 基督教与～107

　Palestinian 巴勒斯坦～ 62, 67, 77

　printing of～印制 147

Tel Aviv 特拉维夫 224, 226, 241

Thirty Years' War 三十年战争 162 - 163

Tiberias 太巴列 53, 88, 131

Tiglath-pileser Ⅲ 提革拉毗列色三世 18

timelines 年表 2, 26 - 27, 52, 72, 98 - 99, 124, 150, 174 - 175, 200, 218, 236

Toland, John 约翰·托兰德 165

Toledo 托莱多 78, 113, 115

Torah《托拉》14, 28 - 32, 35, 36, 37, 38, 40, 53, 54, 63, 68, 115

　Zohar and《佐哈尔》与～116

trade 贸易 76 - 77, 83, 99, 101, 105, 106, 136, 137, 157, 188

　routes of～路线 102 - 103

Tunisia 突尼斯 93, 128, 138, 141, 144, 145, 245, 256, 259

Turkey 土耳其 142, 146, 205, 225, 258

Tyre 推罗 4, 12, 13, 14, 15, 16, 17, 19, 32

U

Uganda 乌干达 220

Ukraine 乌克兰 153, 183, 184, 186, 205

United Kingdom 英国 205, 207, 258

　see also England 另见英格兰

United Nations 联合国 238 - 239, 243

　Palestine partitioned by 巴勒斯坦被～分割 146, 231 - 233, 232, 235, 240

United States 美国 179, 181, 187 - 197, 242 - 243, 249 - 256, 260, 262 - 263

　immigration restrictions in～的移民限制 194, 203

Jewish population in（2017）～的犹太
人口（2017 年）258
universities 大学 195
Uzziah 乌西雅王 17

V

Venice 威尼斯 105，131，155，156
Vespasian 韦斯巴芗 46，52

W

Wailing Wall 哭墙 44
War of Attrition 消耗战 240
War of Independence 独立战争 233，235 -
237，238，246
Warsaw Ghetto 华沙隔都 212，214 - 215
Weizmann, Chaim 哈伊姆·魏茨曼 225，
227，237
Wertheimer, Samson 参孙·韦特海默
163
West Bank 约旦河西岸 237，240，245，
246，248，252
West Semites（Amorites）西闪米特人（亚
摩利人）3，4
White Paper 白皮书 230
Wise, Isaac Mayer 以撒·梅耶·怀斯
189，190
women 女性
in business ～商人 158 - 159
in clergy ～神职人员 253

World War Ⅰ 第一次世界大战 141 - 142，
144，184，193 - 194，199，200，201，
225，230
World War Ⅱ 第二次世界大战 145 - 146，
179，202，206 - 215，230，239
World Zionist Organization 世界犹太复国
主义组织 144，193 - 194，227

Y

Yahweh 耶和华 8，10，17，18，19，22，
31，37，38，68
Yemen 也门 139 - 140，145，146
Yeshiva University 叶施瓦大学 193
Yiddish 意第绪语 152，176，178 - 180，
185，187，191，222，250
Yom Kippur attack 赎罪日攻击 242 - 243

Z

zaddik, zaddikim 柴迪克 180，182 - 183
Zalman, Shneur 史努尔·扎尔曼 172
Zealots 奋锐党 46
Zedekiah 西底家 20
Zionism 犹太复国主义 143 - 144，145，
146，184，185，193 - 194，196，212，
219 - 233，243，248，250，252
Labor 工党 227，228，230，247
Revisionist 修正派 228，230，231，243
Zohar《佐哈尔》115，116 - 117，132，159

译后记

当这本《犹太人三千年简史》译稿终于完成的时候，我心中却未有丝毫的如释重负，因为这虽然是我的第二本译作，却只能算是我学术征途上的一声发令枪而已。我的求学道路可谓曲折离奇，蹉跎至奔四才跟从宋立宏老师攻读博士，开始了在南京大学的研修。眼看年将不惑，心中所惑却未见收敛地与日俱增起来，其中之一便是造化之奇妙。许多年前我在新加坡国立大学读书时，曾涉猎过海外华人史，于是第一次接触到"流散"（Diaspora）这个概念。仔细一查，此词原本专指犹太人的流散，不由得心中一动：犹太人和海外华人在流散模式上确实有许多可以比较的异同，岂不值得研究？可惜其时我的专业是汉学，没有余力再去探讨比较文化之类宏大的专题了，只能作罢。殊不知当时的灵光一现，竟成了我如今学术生涯的一颗种子。

时隔多年，我竟真的步入犹太研究领域，才发现这实在是一片风景独特的广阔天地：既有耶路撒冷古城般的浑厚凝重，也有特拉维夫海滩般的时尚活泼；既有奥斯威辛集中营般的阴冷肃杀，也有安息日家宴般的惬意温馨。这些都让我对未来的学术道路充满期待与憧憬，也让我对犹太文化、犹太人有了更深的体悟。

犹太人可能是世界上最早在实践层面贯彻"全球化"理念的族群，这既是犹太人的生存策略，也是犹太人繁荣兴盛的秘诀。不过，由于种种复杂的原因，非犹太世界对犹太人的看法往往陷入两个极端：要么是各种反犹色彩的偏见、诋毁、诽谤甚至迫害；要么言犹太必称优秀，继而盲目地推崇……这种或棒杀或捧杀的态度，无助于我们从犹太人现象中获得有益的启示。当然，要避免武断的评价，首先需要对犹太人历史有一个比较全面的了解。恰好，《犹太人三千年简史》在这个越来越讲究简约高效的时代为我们提供了一个洞察数千年犹太文明史的理想平台——篇幅适中，脉络清晰，语言简洁，本书也正是我在治学伊始不可或缺的参考。由此我萌发了译介的念头。

将本书推荐给我的，正是我的恩师宋立宏教授。他不仅在翻译阶段从专业和语言两方面给了我许多宝贵意见，还花费大量时间亲自对我的译稿逐字逐句进行了校订，以惊人的细致和渊博纠正了原译稿中的诸多讹误与疏漏，不但工作量远超我这个译者，还让本以为译文尚佳的我深刻认识到自己在学术上的差距。作为学生的我，唯有努力学习和研究，才能报答老师的悉心指导和栽培。

此外，还要感谢在我茫然时为我迷途指津的南京大学萧玲教授、新加坡国立大学杨松年教授。更要感谢一直对我寄予殷切期望和关爱的侯惠勤教授、徐新教授、洪修平教授、孙亦平教授、周矩敏教授等众多先生。当然，也要感谢我的父母在我求学之路上无怨无悔的理解与支持。所憾者，目前只有这一本译作聊以为酬，末学小子还当自强不息，以更多成果答谢诸位师长。

张鋬良

2019 年 1 月 27 日

于姑苏桃花坞